Christoph Bördlein

Das sockenfressende Monster in der Waschmaschine

Eine Einführung ins skeptische Denken

Alibri Verlag
Aschaffenburg

2002

Deutsche Bibliothek – CIP-Einheitsaufnahme

Ein Titeldatensatz für diese Publikation ist bei
Der Deutschen Bibliothek erhältlich.

Alibri Verlag
Aschaffenburg
Mitglied in der Assoziation Linker Verlage (*aLiVe*)

1. Auflage 2002

Umschlaggestaltung: KomistA, Sternstr. 35, 63450 Hanau
Druck und Verarbeitung: GuS Druck, Stuttgart

ISBN 3-932710-34-7

Inhalt

„Ich will den Menschen lieber aufgrund meiner Naturerkenntnis offen verkünden, was ihnen dienlich ist, auch wenn es keiner begreift, als unter Zustimmung zum Unsinn den brausenden Beifall der Menge auf mich lenken.“

Epikur

Vorwort

Unser Leben ist voller Vermutungen und Behauptungen: Gibt es den Osterhasen? Ist die Erde eine flache Scheibe? Ist noch Senf im Kühlschrank? Warum häufen sich einzelne Socken in meinem Schrank und wohin verschwanden ihre Sockengeschwister?

Wenn Sie sich „gemäß dem Erscheinenden und nach den väterlichen Sitten“ mit diesen Aussagen beschäftigen (wie Pyrrhon aus Ellis, den wir später in diesem Buch kennen lernen werden, empfahl), liegen die Antworten auf der Hand: Den Osterhasen gibt es – denn Ihre Eltern sagen, dass es ihn gibt. Die Erde ist eine flache Scheibe, denn so erscheint sie ja zweifelsohne. Wenn sie glauben, dass noch Senf im Kühlschrank ist, dann ist noch Senf im Kühlschrank. Und die Socken verschwinden einfach ins Nichts, basta!

Wenn Sie jedoch nicht dem ersten Eindruck und dem Althergebrachten folgen, dann fangen Sie an, *kritisch* zu denken.

„Normalerweise“ machen Sie sowieso den ersten Schritt in Richtung aufs kritische Denken: Sie glauben nicht einfach, dass noch Senf im Kühlschrank ist, Sie sehen nach, ob es sich so verhält. Wenn Sie aber nicht dem ersten Augenschein folgen, sondern genauer nachsehen, dann sind Sie ein Skeptiker. Ein Skeptiker glaubt nicht einfach, er prüft.

Oft sind die Vermutungen und Behauptungen von großer Bedeutung für unser Leben. Beim Senf ist es meistens belanglos, ob Sie sich über sein Vorhandensein im Kühlschrank täuschen oder nicht. Hier genügt der erste Eindruck, das Kurz-mal-Nachsehen, denn wenn Sie sich täuschen, sind die Folgen relativ unbedeutend (z.B. ein fades Wurstbrot). Erstaunlicherweise nehmen Menschen aber auch bei schwerwiegenden Entscheidungen oft nicht die Mühe des kritischen Denkens auf sich. Bei der Entscheidung, mit welcher Therapie sie sich behandeln lassen, folgen sie dem nur schlecht begründeten Rat eines Bekannten („Bei mir hat das geholfen"). Wenn sie für viele tausende Mark einen Brunnen bohren lassen, verlassen sie sich auf den Ausschlag einer Wünschelrute. Wenn sie mit ihren Kindern nicht zurechtkommen, geben sie sie irgendjemandem, der meint, er könne durch Bewegungsübungen die „Energieströme" der Kinder neu ordnen. – Ohne sich zu erkundigen, was an diesen Methoden „dran" ist, ohne zu prüfen, was „Sache ist"!

Dieses Buch kann Ihnen dabei helfen, richtige Entscheidungen zu treffen. Skeptisches Denken ist aber nicht nur nützlich, es macht auch Spaß. Von vielen Behauptungen, die ich Ihnen hier vorstelle, werden Sie nicht glauben, dass jemand sie im Ernst vertritt: Dass es eine antike Mars-Zivilisation gab, dass regelmäßig Menschen von Außerirdischen entführt werden usw. Trotzdem werden sie fair geprüft werden. Zudem erfahren Sie bei der Prüfung von Behauptungen viele Dinge, die „gut zu wissen sind", z.B. was Hypnose wirklich ist und welchen optischen Täuschungen und Denkfehlern wir alle immer wieder erliegen.

Dieses Buch ist aber auch ein Lehrbuch: Wenn Sie es durcharbeiten, sollten Sie danach besser in der Lage sein, zweifelhafte Behauptungen zu prüfen. Wenn Sie es als ein Lehrbuch benutzen wollen, versuchen Sie die ab und an auftauchenden Fragen an den Leser (die durch diesen Pfeil ➽ eingeleitet werden) zunächst selbst zu beantworten. Machen Sie sich Notizen und *benutzen* Sie dieses Buch – denn nur durch aktive Auseinandersetzung lernt man wirklich.

1. Jeder kann sich mal irren...

➽ *Haben Sie schon einmal etwas geglaubt, von dem sich nachher herausstellte, dass es falsch war?*

➽ Sicher haben Sie schon einmal etwas geglaubt, von dem Sie nun wissen, dass es nicht stimmt. Das kann etwas ganz Banales sein (dass Kalkutta am Ganges liegt), etwas sehr Abstraktes (dass alle mathematischen Probleme lösbar sind), etwas, das Sie in Ihrer Kindheit geglaubt haben (dass es einen Osterhasen gibt) und vieles anderes.

Dies ist nur ein ganz kleiner Ausschnitt aller möglichen Irrtümer. Man kann sich über fast alles täuschen, und einige Irrtümer sind so verbreitet, dass sie sogar in ein Lexikon – das *Lexikon der populären Irrtümer* – Eingang gefunden haben. Walter Krämer und Götz Trenkler (1996) listen hier Irrtümer aus allen möglichen Fachgebieten auf: aus Medizin, Statistik, Ernährung, Wirtschaft, Geschichte und anderen mehr. Die Idee, einmal alle Irrtümer zu sammeln, ist auch gar nicht so neu: Adolf Brodbeck verfasste bereits 1893 eine Art „Lexikon der populären Irrtümer", nämlich *Die Welt des Irrthums. Hundert Irrthümer aus den Gebieten der Philosophie, Mathematik, Astronomie, Naturgeschichte, Medicin, Weltgeschichte, Aesthetik, Moral, Socialwissenschaften, Religion.* Auch er sah bereits eine Zunahme des Unwissens und schrieb daher im Vorwort: „Häufiger, als je früher, finden wir, dass Jemand in einem oder einigen Gebieten zuhause ist, dabei aber in anderen Gebieten noch alten Irrthümern huldigt." Von wenigen Ausnahmen abgesehen, sind seine Richtigstellungen auch nach heutigem Kenntnisstand noch zutreffend, ja man muss bemerken, dass so mancher „Irrthum" noch heute verbreitet ist: „Es ist ein Irrthum zu meinen, dass kalte Waschungen und kalte Bäder für jedermann gut seien" (S. 46).

Sie sehen, die Anzahl der Möglichkeiten, sich zu täuschen, ist fast unendlich. Und vermutlich ist ein großer Teil dessen, was wir zu wissen glauben, falsch. Wenn Sie mir bis jetzt folgen und mir eingestehen, dass es möglich ist, sich zu irren, dann können wir beginnen: Irgendwann einmal bemerkten Sie, dass die Dinge sich nicht so verhalten, wie Sie es sich bis dahin dachten.

➽ *Wie fanden Sie heraus, dass es falsch ist?*

➽ Sie haben neue Informationen erhalten, indem Sie eigene Erfahrungen oder Beobachtungen gemacht haben oder indem Sie an den Beobachtungen oder Erfahrungen anderer teilhatten. Zum Beispiel haben Sie Ihren Vater erwischt, wie er die Ostereier im Garten versteckt hat. Oder Sie haben auf der Landkarte gesehen, dass Kalkutta gut 100 km vom Ganges entfernt liegt. Und so weiter.

Meistens haben Sie vermutlich nicht bewusst versucht, ihre bisherige Überzeugung (der Osterhase bringt die Ostereier, Kalkutta liegt am Ganges) zu hinterfragen, sondern Sie sind mehr oder minder zufällig über die Wahrheit gestolpert.

In vielen Fällen ist es vollkommen unwichtig, ob das, was Sie zu wissen glauben, auch wahr ist. Jedenfalls solange keine wichtigen Entscheidungen anstehen. Ob Kalkutta wirklich am Ganges liegt oder nicht, könnte z.B. dann für Sie wichtig werden, wenn Sie eine Kanufahrt auf dem Ganges planen, die in Kalkutta enden soll. Dann sollten Sie wissen, dass die Stadt zwar an einem Mündungsarm des Ganges liegt, der Fluss allerdings einen eigenen Namen trägt – sonst versäumen Sie vielleicht die Abzweigung. (Ich weiß nicht, ob Kanufahrten auf dem Ganges anzuraten sind, ich stelle mir den Ganges als einen ziemlich dreckigen Fluss vor – aber vielleicht täusche ich mich ja darüber.) Und ich muss zugeben, dass ich es irgendwie befriedigend finde, wenn das, was ich zu wissen glaube, mit einer gewissen Wahrscheinlichkeit wahr ist, auch wenn aktuell keine Entscheidung ansteht. Wenn es Ihnen ähnlich geht, dann sollten Sie sich jetzt folgende Frage stellen:

➽ *Was aber ist der optimale Weg, das, was Sie zu wissen glauben, zu überprüfen?*

➽ Sie können gezielt Informationen suchen, z.B. in einem Lexikon nachschauen, einen Inder aus Kalkutta fragen, sich Bücher über höhere Mathematik besorgen usw. Sie könnten sich auch schon vorher überlegen, was der Fall sein muss, um Ihre Annahmen zu bestätigen.

Nach Aristoteles ist Wahrheit die Übereinstimmung einer Behauptung mit einem Sachverhalt (mit der Realität). Wenn Sie wissen wollen, ob etwas wahr ist, dann stellen Sie gewissermaßen Fragen an „die Welt da draußen". Und die Welt gibt Ihnen Antworten: Was erwarten Sie von diesen Antworten, wie müssen diese aussehen, damit sie für Sie „wahr" sind?

➽ ***Was müsste der Fall sein, damit Sie eine Aussage als „wahr" oder „richtig" akzeptieren könnten?***

➽ Genügt es Ihnen, dass sie von „einem Professor" stammen oder dass es in einem Buch steht? Was gehört noch zum „Wissen", dass etwas „wahr" ist?

Dass in Büchern nicht immer die Wahrheit steht, ist ja bekannt. Und auch Professoren und andere Autoritäten können sich irren: Vielleicht haben sie es selbst nur gehört, vielleicht haben sie nur bei jemandem abgeschrieben, der es selbst nicht genau wusste. So ist z.B. die – irrige – Annahme, Spinat sei besonders eisenhaltig, auf ein falsch gesetztes Komma in einer wissenschaftlichen Publikation zurückzuführen.[1] Spätere Autoren übernahmen den Tippfehler.

Offenbar genügt es nicht, dass eine Aussage von einer Autorität stammt, damit sie „wahr" wird. Wir kommen scheinbar nicht umhin, die Übereinstimmung der Behauptung mit der Realität selbst zu prüfen.

---

1 100 g Spinat enthalten nicht 22 sondern 2,2 mg Eisen – ungefähr genausoviel wie Bohnen oder Eier (vgl. Krämer et al., 1996, S. 294).

2. Wie prüft man Vermutungen?

Die einfachste Form von Prüfung ist: Nachgucken! Wenn es möglich ist, eine Vermutung durch einfaches Nachsehen zu überprüfen, dann tun Sie das!

➽ *Kennen Sie andere Beispiele, wie man eine Vermutung über die Welt durch einfaches Nachschauen überprüfen kann?*

➽ Der antike Philosoph Aristoteles – dessen Definition von „Wahrheit" wir bereits kennengelernt haben – galt im Mittelalter als *die* Autorität in Fragen der (Natur-)Wissenschaft. Er hat unter anderem angeblich einmal behauptet, dass Frauen weniger Zähne als Männer haben. Über viele Jahrhunderte hinweg wurde das einfach geglaubt, bis mal jemand irgendwann nachsah und feststellte, dass das gar nicht der Fall ist.

Viele Behauptungen kann man dadurch prüfen, dass man nachsieht, ob es sich wirklich so verhält: Das können Existenzbehauptungen sein („In meinem Garten gibt es ein Einhorn"), es können aber auch allgemeine Aussagen sein („Alle Steine fallen, wenn man sie loslässt, nach unten"). Zwischen diesen beiden Arten von Behauptungen gibt es einen feinen Unterschied hinsichtlich der Möglichkeit, sie zu prüfen:

Allgemeine Aussagen („Allaussagen") sind Aussagen von der Art: „Jeder Kupferdraht leitet Strom". Diese Art von Behauptungen kann durch ein einziges Gegenbeispiel **widerlegt** werden.

Existenzaussagen sehen dagegen so aus: „Es gibt Menschen, die Kontakt zu Verstorbenen aufnehmen können". Diese Art von Aussagen kann man durch ein einziges Beispiel **beweisen**.

Umgekehrt ist es aber nicht möglich, Allaussagen zu beweisen und Existenzaussagen zu widerlegen. Das wird im Folgenden klar:

Die Aussage, die Aristoteles gemacht hat, war vermutlich eine Art von Allaussage: *Frauen haben weniger Zähne als Männer.*

Wie gesagt, kann man diese Behauptung durch einfaches Nachgucken überprüfen.

➽ *Hätte es genügt, wenn man nur einer Frau (und einem Mann) in den Mund geguckt hätte?*

➽ Es würde aber kaum genügen, wenn man nur *einer* Frau und *einem* Mann in den Mund gucken würde. Denn immer wieder kommt es vor, dass Menschen Zähne verlieren und so (zufällig) doch eine beliebige Frau weniger Zähne hat als ein beliebiger Mann.

In schwierigeren Fällen muss man anscheinend schon ziemlich oft und ziemlich genau hingucken, damit man wenigstens einigermaßen sicher sein kann. Im Extremfall müsste man wohl allen Männern und Frauen in den Mund schauen. Im Schnitt würde man wahrscheinlich finden, dass Männer und Frauen ungefähr gleich viele Zähne haben. Ein Kritiker unserer Methode könnte nun einwenden, dass es Aristoteles aber vermutlich darum gegangen ist, dass Frauen „von ihrer Anlage her" weniger Zähne haben als Männer. Wenn wir feststellen, dass Frauen und Männer gleich viele Zähne im Mund haben, dann könnte das auch darauf zurückzuführen sein, dass Männer ihre Zähne aus irgendeinem Grund leichter verlieren als Frauen.

➽ *Ist dieser „Streitfall" darum unentschieden?*

➽ Offenbar können wir den Fall nur entscheiden, wenn wir von vornherein die Frage genau formulieren, die wir beantworten wollen und den Weg festlegen, auf dem wir diese Frage beantworten können. Aus diesem Grunde machen wir eine möglichst konkrete Annahme darüber, was wir, wenn Aristoteles bezüglich der Zähne Unrecht hat, zu finden erwarten. Man könnte auch sagen, wir müssen **eine eindeutige Hypothese formulieren**.

➽ *Wie könnte die Hypothese ausschauen?*

➽ Ein Vorschlag könnte lauten: *Alle erwachsenen Frauen, die noch keine Zähne verloren haben und alle Männer, die noch keine Zähne verloren haben, haben jeweils gleich viele Zähne.*

Nun haben wir eine klar formulierte Hypothese. Wir können losgehen und Männern und Frauen in den Mund gucken. Immer wenn wir eine Frau finden, die genausoviele Zähne im Mund hat wie ein Mann, freuen wir uns und fühlen uns bestätigt. Irgendwann haben wir alle Männer und Frauen untersucht und bewiesen, dass Aristoteles Unrecht hatte und wir Recht haben, oder?

➽ *Können wir „allen" in den Mund gucken?*

➽ Wir wollen mal realistisch sein: Wohl kaum. Offenbar kommen wir mit dieser Methode nicht sehr weit. So werden wir es nie beweisen können.

Ein anderes (gebräuchlicheres) Beispiel für ein solches Dilemma ist die Behauptung: „Alle Schwäne sind weiß". Wir werden nie alle Schwäne dieser Welt untersuchen können und haben dasselbe Problem.

Literaturtipp: Mehr zu diesen Stolpersteinen auf dem Weg zur Erkenntnis finden Sie in: Poundstone, W. (1992). *Im Labyrinth des Denkens*. Reinbek: Rowohlt.

Allaussagen sind diejenigen Aussagen, mit denen sich Wissenschaftler am häufigsten beschäftigen („Alle Steine fallen nach unten", „Alle Menschen sind von Natur aus aggressiv" usw.). Karl Popper, ein bedeutender Philosoph, der auf dem Gebiet der Wissenschaftstheorie gearbeitet hat, erkannte das gerade angesprochene Problem: Etwas letztgültig beweisen können wir nicht. Aber wir können etwas widerlegen! Zum Beispiel müssen wir nur *einen* schwarzen Schwan finden, um die Behauptung „Alle Schwäne sind weiß" zu widerlegen.

Widerlegbarkeit

Popper (1972, S. 33ff) berichtet, dass ihm um 1919 herum ein Unterschied zwischen einer Theorie wie der Einsteinschen Relativitätstheorie und den Theorien von Marx, Freud und Adler auffiel. Welcher Art dieser Unterschied war, konnte er selbst zunächst nicht beschreiben.

Er bemerkte, dass Freunde von ihm, die Anhänger einer der drei letztgenannten Theorien waren, vor allem von deren Erklärungskraft beeindruckt waren: Die Theorien schienen beinahe *alles* erklären zu können: Die Welt war voller Bestätigungen (Verifikationen) für die Theorie („the world was full of *verifications* of the theory", S. 35). So betonten auch die Anhänger Freuds (die „Freudianer") immer, dass die Theorie ständig von der „klinischen Beobachtung" bestätigt würde.

Derartige Theorien sind so formuliert, dass sie *immer* bestätigt werden. Es gibt keinen denkbaren Fall, der sie widerlegen könnte. Und dieser Umstand, der die Anhänger solcher Theorien so begeistert, ist in Wahrheit ihre große Schwäche.

Popper arbeitete zu dieser Zeit selbst gelegentlich für Alfred Adler in der Kinderfürsorge. Adler war ein ehemaliger Schüler Freuds und der Begründer der so genannten Individualpsychologie. Einmal schilderte Popper ihm einen bestimmten Fall und sogleich konnte Adler ihn in den Begriffen seiner Theorie erklären. Popper fragte Adler, wieso er so sicher sei, den Fall richtig zu interpretieren, da er doch das Kind nie gesehen habe, und Adler antwortete, er könne das wegen seiner tausendfältigen Erfahrung. Und Popper erwiderte, dass Adlers Erfahrung durch diesen neuen Fall nun wohl tausend-und-ein-fältig geworden sei.

Popper kritisiert, dass jedes denkbare Verhalten durch beide tiefenpsychologischen Theorien (Freuds und Adlers) erklärt werden könne. So sei ein Mann, der ein Kind ertränke, für Freudianer jemand, der seinen Ödipuskomplex nicht verarbeitet habe und irgend etwas verdränge. Für den Adlerianer müsse dieser Mann Minderwertigkeitsgefühle irgendeiner Art kompensieren. Ebenso ist ein Mann, der ein Kind vor dem Ertrinken rette, für die Psychoanalyse jemand, der „sublimiere", d.h. die Energie seines Triebes in sozial akzeptierte Bahnen lenke. Für die Individualpsychologie muss der Mann wiederum seine Minderwertigkeitsgefühle kompensieren, indem er zeigt, dass er ein Kind retten kann. Beide tiefenpsychologischen Theorien, die Psychoanalyse und die Individualpsychologie, sind schlichtweg nicht-testbar und nur daher „unwiderlegbar". Es gibt kein denkbares menschliches Verhalten, das sie widerlegen könnte. Möglicherweise beschreiben diese Theorien die psychische Wirklichkeit in einigen Punkten korrekt, jedoch wenn, dann nur mehr oder minder zufällig.

Bei Einstein lag die Sache anders: So sagte seine Relativitätstheorie voraus, dass das Licht von Fixsternen durch ein großes Gravitationsfeld wie das der Sonne abgelenkt würde. – Eine Voraussage, die dann auch durch Eddingtons Beobachtungen während einer Sonnenfinsternis bestätigt wurde. Das Besondere an derartigen Voraussagen ist das damit verbundene Risiko: Wenn Eddington (und alle anderen, die später seinen Versuch wiederholten) keine Abweichungen gemessen hätte, dann wäre Einsteins Theorie widerlegt worden.

So kam Popper zu folgenden Annahmen über die Merkmale von wissenschaftlichen und unwissenschaftlichen Theorien:

1. Es ist leicht, Bestätigungen für eine Theorie zu finden, wenn man nach Bestätigungen sucht.
2. Bestätigungen zählen nur dann, wenn sie das Ergebnis einer „riskanten" Voraussage sind, einer Voraussage, die auch hätte scheitern können.

3. Gute wissenschaftliche Theorien „verbieten" viele mögliche Zustände der Welt. Genau genommen machen gute Theorien weniger Aussagen darüber, was *möglich* ist, als vielmehr darüber, was *nicht möglich* ist.
4. Eine Theorie, die durch nichts widerlegt werden kann, ist nicht wissenschaftlich.
5. Jeder echte Versuch, eine Theorie zu prüfen, ist ein Versuch, sie zu widerlegen.
6. Augenscheinliche Bestätigungen zählen nicht, außer wenn sie das Ergebnis eines echten Versuches sind, die Theorie zu testen.
7. Einige ursprünglich testbare Theorien, die sich als falsch herausstellten, werden von ihren Anhängern weiterhin aufrechterhalten, indem sie „Ad hoc"-Annahmen in sie einfügen. Das sind Annahmen, die ursprünglich nicht in der Theorie enthalten waren und die zusätzlich aufgenommen werden, um widersprüchliche Daten zu „erklären". Im Endeffekt verwandeln sie die Theorien so in unwissenschaftliche Theorien.

Popper fasst zusammen, dass das Kriterium für die Wissenschaftlichkeit einer Theorie ihre Falsifizierbarkeit oder Widerlegbarkeit oder Testbarkeit ist.[2]

Die Astrologie, eine klassische Pseudowissenschaft, sagt zwar Dinge voraus, aber so schwammig und unpräzise, dass ihre Voraussagen nur selten auffallend falsch sind.

Die Marxistische Theorie der Geschichte ist ein gutes Beispiel für die Wandlung einer Theorie angesichts widersprüchlicher Tatsachen. Ursprünglich machte sie klare Voraussagen über den weiteren Verlauf der Geschichte. Als sich die Dinge dann aber nicht so entwickelten, wie vorausgesagt, wurde die Theorie von ihren Anhängern so verändert, dass sie der Widerlegung entging.

Wenn wir eine Behauptung prüfen wollen, können wir also fordern: Aussagen über die Welt müssen präzise sein, und sie müssen so formuliert sein, dass sie auch widerlegt werden könnten.

Nehmen wir zum Beispiel den Spruch „Wenn der Hahn kräht auf dem Mist, ändert sich's Wetter oder's bleibt, wie's ist." Er persifliert Bauern-

[2] „One can sum up all this by saying that the criterion of the scientific status of a theory is its falsifiability, or refutability, or testability" (S. 37).

regeln: Diese Regel ist *unwiderlegbar*. Und wie wir hier sehen, ist das kein Vorteil, sondern ein Nachteil.

Aber auch eine (denkbare) Regel „Wenn der Hahn kräht auf dem Mist, ändert sich's Wetter“ wäre nicht befriedigend, denn sie ist zu *unpräzise*. Das Wetter ändert sich (in unseren Breiten) fast jeden Tag „irgendwie“.

Beispielsweise ist aber die Siebenschläfer-Regel (dass das Wetter vom Siebenschläfer-Tag an sieben Wochen lang gleich bleibt) widerlegbar und auch (mehr oder minder) präzise genug formuliert, um sie testen zu können. Und tatsächlich lässt sich zeigen, dass diese Regel berechtigt ist, denn um den Termin des Siebenschläfertages[3] herum etabliert sich oft eine stabile Wetterlage. Womit übrigens auch schön gezeigt ist, dass die Vermutungen, die man wissenschaftlich prüfen kann, nicht unbedingt von Wissenschaftlern stammen müssen und dass – gute – Wissenschaftler nicht pauschal die Hypothesen von Nicht-Wissenschaftlern ablehnen, sondern sie lediglich einer wissenschaftlichen Prüfung unterziehen.

Wie sieht es nun andererseits mit den Existenzaussagen aus? Existenzaussagen lassen sich in „Es gibt...“-Sätze umwandeln. Die Behauptung, ein Einhorn im Garten zu haben, lässt sich umwandeln in den Satz „Es gibt (mindestens) ein Einhorn in meinem Garten!“ Die Wahrheit dieses Satzes lässt sich leicht beweisen: Ich muss es nur herzeigen, das Einhorn. Und eigentlich lässt sich dieser Satz auch widerlegen – denn mein Garten ist ein recht überschaubares Areal, das einem Einhorn nur wenig Versteckmöglichkeiten bietet. Die meisten Existenzaussagen sind nicht so leicht zu prüfen: „Elvis lebt!“ beinhaltet z.B. nicht die Angabe, wo sich Elvis gerade aufhält. Vielleicht lebt Elvis auf Alpha Centauri oder in einem Paralleluniversum. Den Garten aber haben Sie leicht durchsucht und mich dadurch widerlegt, gell? – Nein, so einfach mache ich es Ihnen nicht, denn ich sage, dass mein Einhorn mikroskopisch klein ist (wer sagt, dass Einhörner so groß wie Pferde sein müssen?). Außerdem ist es unsichtbar. Einhörner sind Fabelwesen und Fabelwesen können natürlich unsichtbar sein.

Was können Sie tun, wenn Sie meiner Behauptung nicht einfach Glauben schenken wollen? Versuchen Sie mal, ein Argument zu finden, das mich widerlegt...

---

[3] Der Siebenschläfertag ist der 25 Juni. Im alten, julianischen Kalender galt die Regel für diesen Tag. Nach heutigem Kalender ist der „kritische“ Termin ungefähr der 5. Juli. Siehe hierzu Malberg (1999).

Carl Sagan (1997) hat das Ganze mal auf die Spitze getrieben und behauptet, es gäbe einen unsichtbaren, nicht-materiellen Drachen in seiner Garage. Auch das ist nicht widerlegbar und damit – wie Sagan ausführt – auch nicht *wissenschaftlich.*

Literaturtipp: Sagan, C. (1997). *Der Drache in meiner Garage.* München: Droemer Knaur. Das letzte Buch des großen Wissenschaftsjournalisten und ein Plädoyer für Aufklärung, Rationalismus und Wissenschaft.

Die Lösung ist ganz einfach: Ziehen Sie sich diesen Schuh nicht an! Sie *müssen* solche Behauptungen nicht widerlegen. Sie *können* es im übrigen auch gar nicht. Das ist schlechterdings unmöglich. Man kann nicht beweisen, dass es etwas nicht gibt. Merken Sie sich lieber die

Erste Spielregel für Skeptiker:
Die Beweispflicht liegt beim Behauptenden.

Man kann diese Regel mit Hilary Putnams (1982) „Dämonentheorie Nr. 16“ verdeutlichen: Ich behaupte, wenn Sie 16 mal auf den Tisch klopfen, dann wird ein Dämon erscheinen. Testen Sie es! – Nun, kein Dämon ist erschienen? – Dann modifiziere ich meine Theorie: Dämonentheorie Nr. 17 lautet: Wenn Sie 17 mal auf den Tisch klopfen, dann wird ein Dämon erscheinen. Testen Sie es! Kein Dämon ist erschienen? Nun, dann modifiziere ich wieder... Den weiteren Verlauf können Sie sich vorstellen.

Sie sind nicht dafür verantwortlich, Belege für oder gegen ungewöhnliche Behauptungen zu suchen. Wer etwas behauptet, egal ob es eine Allaussage oder eine Existenzaussage ist, muss uns erst mal mindestens einen Beleg zeigen und sei es nur ein unscharfes Foto von einem im Garten angeleinten Einhorn, ein Videoband mit dem Erscheinen eines Dämons nach 16-maligem Klopfen usw. Unsere Aufgabe ist es, diese Belege fair und unvoreingenommen zu prüfen. Dies unterscheidet den Wissenschaftler vom Dogmatiker: Dass er nicht grundlos glaubt oder ablehnt, sondern prüft. Doch dazu später mehr.

3. Wissenschaft als Methode zur Prüfung von Behauptungen

Wissenschaft ist eine Methode zur Prüfung von Vermutungen. Wenn Sie eine Vermutung (z.B. „Im Kühlschrank ist noch Senf") nachprüfen (*Kühlschrank auf!*), dann betreiben Sie im Grunde schon eine Vorform von Wissenschaft. Wissenschaft ist nur eine sehr ausgefeilte Methode, Vermutungen zu prüfen.

Nicht das *Aufstellen* von Vermutungen ist das Wesentliche an der Wissenschaft, sondern deren *Prüfung*. Wenn Wissenschaftler komplizierte Methoden anwenden, um Vermutungen zu prüfen, so haben sie dafür gute Gründe. Zum einen kann das an der Natur der Sache liegen. Manche Vermutungen sind relativ leicht zu prüfen („Gegenstände fallen nach unten, wenn man sie loslässt"), manche erfordern schon etwas mehr Aufwand. Zum Beispiel ist die Vermutung, dass die Erde eine Kugel ist, außer aus dem Weltall nicht mit Nachgucken zu prüfen. Dennoch haben es Wissenschaftler schon vor über 2000 Jahren herausgefunden. Zum anderen – und vor allem davon handelt dieses Buch – kann man sich aus den verschiedensten Gründen **täuschen**. Ich würde sogar sagen:

Wissenschaft ist eine Sammlung von Methoden, um sich bei der Prüfung von Vermutungen nicht zu täuschen.

Wenn ich es beim Nachgucken belasse oder auf mein Gefühl vertraue, kann ich mich nun mal sehr leicht täuschen: Nach meiner ganz persönlichen Einschätzung ist ein Kilo Federn *viel* leichter als ein Kilo Blei. Eine simple Balkenwaage – in diesem Sinne ein wissenschaftliches Messinstrument – belehrt mich eines Besseren: Der große Sack mit Federn und das kleine Bleigewicht balancieren sich gegenseitig aus.

Die Wissenschaft hat erst nach und nach alle diese Methoden entwickelt, die den Wissenschaftler vor der Täuschung schützen sollen. Und es ist keineswegs ausgemacht, dass sie beim jetzigen Stand stehenbleiben wird. Die Methoden, die Wissenschaftler in einigen Bereichen anwenden, erscheinen uns unter anderem deshalb so kompliziert, weil sie das Ergebnis einer jahrhundertelangen Geschichte der fortschreitenden Einsicht in die Täuschbarkeit sind. So glaubte Freud (der Begründer der Psychoanalyse) noch, es genüge, wenn er sich einfach zurückhalte, um seine Patienten (die „Versuchspersonen“ seiner Untersuchungen) nicht zu beeinflussen. Heute wissen wir es besser: Ein kaum merkliches Räuspern, ein Rücken des Stuhles zum entscheidenden Zeitpunkt können die Versuchsperson – ohne dass es beabsichtigt war – im Sinn des Versuchsleiters beeinflussen. Nach und nach äußert der Patient die Gedanken, von denen der Therapeut gerne möchte, dass er sie äußert.

Der „kluge Hans“

Hans, das Pferd des Herrn von Osten, erregte zu Beginn des 20. Jahrhunderts das Aufsehen der Öffentlichkeit. Aber auch Wissenschaftler – Psychologen, Physiologen, Tierärzte – interessierten sich für Hans. Das Pferd schien offenkundig rechnen – multiplizieren, dividieren usw. – zu können. Und Hans konnte weiterhin Fragen beantworten wie „Wenn der 8. eines Monats ein Dienstag ist, der wievielte ist dann der folgende Freitag?“ (Pfungst, 1907, S. 21). Dies geschah auf diese Weise: Nachdem die Frage gestellt worden war, begann Hans mit dem Huf zu klopfen. Dies tat er so lange, bis die Anzahl der Hufschläge dem Ergebnis entsprach. Manchmal verschätzte sich Hans um eine Ziffer, in der Regel aber waren seine Antworten korrekt. Hans war als „kluges“ Tier nicht allein, es gab zur selben Zeit noch andere, z.B. die „kluge Rosa“, eine Stute, deren Besitzer mit ihr gegen Entgelt auftrat. Bei Herrn von Osten war es anders: Er verfolgte keinerlei eigennützige Interessen und war an einer ernsthaften Untersuchung des Phänomens interessiert. Und anders als beim Besitzer der „klugen Rosa“, konnte man bei Herrn von Osten keine augenscheinlichen Signale erkennen, die dem Pferd als Hinweis, wann es mit dem Klopfen beginnen oder aufhören sollte, hätten dienen können. Eine Kommission aus Wissenschaftlern, die Hans im September 1904 untersuchte, stellte fest, dass Hans offenkundig nicht durch seinen Besitzer beeinflusst wurde. Zudem konnte Hans auch in Abwesenheit Herrn von Ostens an ihn gerichtete Fragen beantworten.

Oskar Pfungst war ein Student von Carl Stumpf, dem Lehrstuhlinhaber für Psychologie an der Universität Berlin. Professor Stumpf war einer jener Wissenschaftler, die an der erwähnten Untersuchung beteiligt waren und die zugeben mussten, dass Hans nicht bewusst beeinflusst wurde.

Pfungst vereinbarte mit Herrn von Osten eine Nachuntersuchung. Die methodische Sauberkeit und Gründlichkeit mit der er dabei zu Werke ging, ist auch heute noch vorbildlich. Zunächst wiederholte er die Ergebnisse der so genannten Septemberkommission: Hans konnte die Fragen seines Besitzers und anderer Personen beantworten. Daraufhin führte Pfungst verschiedene Änderungen ein. Wenn Hans Augenklappen trug, konnte er die an ihn gerichteten Fragen nicht mehr zuverlässig beantworten. Ebenso, wenn der Fragesteller selbst die korrekte Antwort nicht wusste. Die Zuverlässigkeit von Hans' Antworten wurde um so ungenauer, je weiter der Fragesteller von ihm entfernt war. Offenkundig hing Hans' Klugheit doch vom Verhalten des Fragenden ab. Aber wie konnte Hans die Informationen erhalten? Pfungst selbst stellte fest, dass das Pferd, auch wenn er allein mit ihm war, seine Fragen richtig beantwortete, obwohl er sich bemühte, dem Tier keine Zeichen zu geben, nicht mit dem Kopf zu nicken usw.

Schließlich bemerkte Pfungst, dass der Fragende das Signal zum Klopfen gab, indem er sich leicht nach vorne beugte, um das Klopfen zu beobachten. Pfungst konnte das Klopfen auslösen, indem er sich, ohne eine Frage gestellt zu haben, in dieser Art leicht nach vorne beugte. Wenn er den Kopf wieder hob, hörte Hans sofort auf zu klopfen. Zuvor hatte besonders beeindruckt, dass Hans um so schneller klopfte, je mehr Hufschläge für die Antwort erforderlich waren. Es wirkte so, als wüsste Hans im voraus, dass er länger klopfen musste. Auch dafür fand sich eine Erklärung: Hans klopfte um so schneller, je weiter sich der Fragesteller nach vorne beugte. Bei einer längeren Beobachtungszeit dürfte eine weiter nach vorn gebeugte Haltung bequemer sein.

Es bedurfte aber nicht einmal solcher vergleichsweise grober Bewegungen. Auch ein Hochziehen der Augenbrauen oder ein Beben der Nasenflügel war für Hans ein Zeichen. Selbst als Pfungst diese Signale erkannt hatte, gelang es ihm nicht, diese bei sich bewusst zu unterdrücken.

Pfungst ging noch einen Schritt weiter. Im Labor sollten sich insgesamt 25 Versuchspersonen z.B. auf eine Zahl oder eine Additionsaufgabe konzentrieren. Pfungst selbst übernahm die Rolle des Pferdes und begann nun mit der Faust zu klopfen, so lange, bis er ein Schlusszeichen wahrzunehmen glaubte. Fast immer traf er die von der Versuchsperson gedachte Zahl, er hörte – genau wie Hans – höchstens mal eine Ziffer zu früh oder zu spät auf. Die Versuchspersonen wussten nicht, welchem Zweck die Experimente dienten, und sogar ein Psychologe mit dem Spezialgebiet Selbstbeobachtung, der als Versuchsperson teilnahm, kam nicht dahinter, dass er Pfungst Signale übermittelte. Um diese Signale zu erfassen, verwendete Pfungst verschiedene Instrumente, die u.a. die Kopfbewegungen und die Atembewegungen der Versuchsperson aufzeichneten. Diese Aufzeichnungen ließen gewisse minimale Änderungen erkennen, wenn Pfungst die richtige Anzahl geklopft hatte.

Literaturtipp: Oskar Pfungsts Originalarbeit ist auch heute noch lesenswert und für psychologische Laien verständlich. Pfungst, O. (1907/*1977*). *Der kluge Hans. Das Pferd des Herrn von Osten.* Frankfurt a.M.: Fachbuchhandlung für Psychologie.

Pfungsts Forschungen waren in vielerlei Hinsicht wegweisend. Sie warfen nicht nur Licht auf die damals aktuelle Frage nach der „Tierseele", sie dienten vor allem als Ausgangspunkt für spätere Forschungen zum Versuchsleitereffekt (der unwillentlichen Einflussnahme des Versuchsleiters auf die Ergebnisse eines Experimentes) und zur nonverbalen Kommunikation. Und nicht zuletzt sind sie ein Vorzeigebeispiel für die kritisch-wissenschaftliche Untersuchung einer ungewöhnlichen Behauptung. Aus diesem Grund wurde Pfungst auch von der amerikanischen Skeptikervereinigung CSICOP unter den herausragendsten Skeptikern des 20. Jahrhunderts genannt.

Das Prüfen von Vermutungen wird dann „Wissenschaft" genannt, wenn man sich etwas komplexerer Methoden bedient. Dabei ist der Übergang fließend. Hätte ich Herrn Pfungst nicht als Wissenschaftler, sondern als „Entlarver" (z.B. Journalisten) vorgestellt, würde das noch deutlicher. Pfungst tat zunächst nichts, was nicht auch ein kritisch denkender „Laie" hätte tun können. Erst im Labor verwendete er Messinstrumente zur Aufzeichnung von minimalen Bewegungen – ein Vorgehen, das uns „wissenschaftlich" *vorkommt*. Seine Untersuchungen von Hans' Rechenfähigkeit, die keinerlei wissenschaftliches Gerät erforderten, waren aber ebensosehr „Wissenschaft" wie die Experimente im Labor. Und seine Versuche im Labor, so „wissenschaftlich" sie erscheinen, waren doch nichts anderes als die Prüfung einer Vermutung.

Pfungst hätte noch weitermachen können: Er hätte z.B. die Ergebnisse seiner Laboruntersuchungen – seine „Trefferquote" – statistisch auswerten können. So hätte er feststellen können, mit welcher Wahrscheinlichkeit der „Empfänger" der Signale *wirklich* häufiger die richtige als die falsche Zahl geklopft hat. Dabei würde er sich bestimmter Methoden bedient haben, die nur denjenigen unter Ihnen vertraut sind, die sich schon einmal mit Statistik beschäftigt haben. Im Prinzip ist das nicht gar so schwer, wie es zunächst – wenn man sich noch nie mit Statistik beschäftigt hat – erscheinen mag. Die Methoden, die man bei einer statistischen Auswertung verwendet, sind meist einfach nachvollziehbar. Man muss sie nur kennen.

Wissenschaftler argumentieren häufig mit den Ergebnissen aus Untersuchungen, bei denen sie komplizierte Methoden – z.B. statistische Auswertungen – angewandt haben (und meistens auch anwenden mussten, um überhaupt etwas herauszufinden). Wer, wie die Mehrheit der Menschen, diese Methoden nicht kennt und versteht, ist dem ausgeliefert. Für die Meisten steht da vor allem ein Wissenschaftler, der behauptet, Recht zu haben. Und als Beleg dafür wird ein komplexes Verfahren angeführt, das man nicht nachvollziehen kann.

An diesem Punkt setzt die prinzipielle Kritik an „der Wissenschaft" an, nicht an leicht nachvollziehbaren Prüfungen von Vermutungen, wie sie z.B. Pfungst durchgeführt hat. Im Folgenden nehmen wir immer wieder auf die Aussagen von Wissenschaftlern Bezug und wir betrachten Wissenschaft und die Prüfung von Vermutungen als „ein und dasselbe". Daher scheint es angeraten, sich mit dieser Kritik etwas näher auseinanderzusetzen und zu prüfen, ob und inwiefern sie gerechtfertigt ist.

4. Kritik an der Wissenschaft

„Alles konnte wahr sein. Die so genannten Naturgesetze waren Unsinn. Das Gesetz der Schwerkraft war Unsinn. 'Wenn ich wollte', hatte O'Brien gesagt, 'dann könnte ich mich von diesem Boden erheben wie eine Seifenblase.' Winston verfolgte diesen Gedanken weiter. 'Wenn er glaubt, *sich vom Fußboden erheben zu können, und ich gleichzeitig* glaube, *dass ich ihn das tun sehe, dann geschieht es wirklich.' Wie ein Teil eines überschwemmten Wracks hochkommend die Oberfläche des Wassers durchbricht, so durchdrang ihn plötzlich der Gedanke: 'Es geschieht nicht wirklich. Wir bilden es uns ein. Es ist eine Sinnestäuschung.' Sofort wies er diesen Gedanken von sich. Der Trugschluss war offensichtlich. Er setzte voraus, dass es irgendwo außerhalb einem selbst eine 'wirkliche' Welt gab, in der 'wirkliche' Dinge geschahen. Aber wie konnte es eine solche Welt geben? Was wissen wir von irgend etwas, außer durch unser eigenes Denken? Alle Geschehnisse spielen sich im Denken ab. Was immer sich im Denken aller abspielt, geschieht wirklich."*

George Orwell, *1984*

4.1. Solipsismus und Pyrrhonische Skepsis

Noch ehe man die Wissenschaft kritisiert, kann man auch ganz prinzipiell in Zweifel ziehen, ob Erkenntnis über die Welt überhaupt möglich ist. Dies kann auf zwei Arten stattfinden:

Solipsismus: Die Welt existiert gar nicht, alles was wir wahrzunehmen glauben, ist eine Art Traum

Stellen Sie sich vor, Ihr Gehirn wäre eines Nachts von einem verrückten Wissenschaftler (!) aus ihrem Kopf entfernt, in ein Glas gesteckt und mit Elektroden verbunden worden. Nun gaukelt Ihnen ein Computerprogramm dieses Wissenschaftlers eine Außenwelt vor. Jeder Impuls von Ihren Sehnerven stammt nicht aus einer äußeren Welt, sondern wird vom Computer erzeugt. Jeder Impuls, den Ihr Gehirn an die motorischen Nerven aussendet, wird vom Computer in entsprechender Weise verarbeitet und an ihre sensorischen Nerven zurückgemeldet. Wenn Sie meinen, den Arm auszustrecken, sendet der Computer ihren Sehnerven die Impulse, die bei Ihnen den Eindruck entstehen lassen, Ihr Arm sei ausgestreckt. In Wirklichkeit haben Sie gar keinen Arm und sind nur ein Gehirn in Nährlösung. Wenn Sie den Film *Matrix* kennen, wissen Sie in etwa, was ich meine. Die Story dieses Films besagt, dass die Welt, wie wir sie erleben, nur eine computergenerierte Illusion ist und dass wir in Wahrheit die Sklaven von Maschinenwesen sind, die uns als ihre Energielieferanten in Nährlösung halten. Die Illusion ist so perfekt, dass (fast) niemand auf den Gedanken kommt, an dieser computergenerierten Welt – der „Matrix“ – könne etwas nicht in Ordnung sein. Der Film *Matrix* greift ein altes philosophisches Gedankenspiel auf: Den Solipsismus, die Vorstellung, es gäbe nur mich, und alles, was ich wahrnehme, sei eine Illusion.

In der Tat gibt es keine Möglichkeit, diese Vermutung zu widerlegen. Denn alles, was ich über die Welt weiß, wurde mir durch meine Sinne vermittelt. Ich kann nicht beweisen, dass es die Welt „da draußen“ gibt. 1:0 für den Solipsismus.

Aber: Da ich die Welt meiner Illusion, wie sie der Solipsismus entwirft, anders als im Film *Matrix* nicht verlassen kann, ist der Solipsismus mit dem Realismus – der Annahme, dass es eine Welt „da draußen“ gibt und dass mir meine Sinne ein mehr oder minder getreues Abbild davon liefern –, was die Folgen angeht, deckungsgleich. Ich kann auch in einer lediglich computergenerierten Welt Vermutungen darüber anstellen, ob noch Senf im Kühlschrank ist oder ob alle Gegenstände, die ich loslasse, nach unten fallen. Und ob die Welt computergeneriert oder echt ist, hat keinen Einfluss auf die Methode der Prüfung. In beiden Fällen hat Wissenschaft ihre Berechtigung, im Falle des Solipsismus entdecke ich eben nur die Naturgesetze, die das Computerprogramm mir vorgaukelt. Da es aber keine andere Welt für mich gibt, ist das im Grunde egal.

Pyrrhonische Skepsis: Vielleicht gibt es eine Welt außerhalb meiner selbst, aber ich kann nichts über sie aussagen, da ich von Fall zu Fall nicht unterscheiden kann, ob ich richtig liege oder mich täusche

Philosophen verstehen unter „Skepsis“ etwas anderes als der alltägliche Sprachgebrauch. Während philosophische Laien (wie auch ich in diesem Buch) darunter das kritische Nachfragen bei zweifelhaften Behauptungen verstehen, ist für die Philosophen der Begriff der Skepsis verbunden mit einer der folgenreichsten Bewegungen innerhalb der Philosophie, die auf Pyrrhon aus Ellis (circa 360-270 v.u.Z.) zurückgeht. Pyrrhon behauptete nicht, dass man nichts wissen könne. Denn diese Behauptung ist selbstwidersprüchlich: Woher weiß man, dass man nichts wissen kann, wenn man das auch nicht wissen kann? Pyrrhon behauptete eigentlich gar nichts. Er kritisierte lediglich die Wissensbehauptungen anderer und zeigte auf, dass es zu jeder Aussage eine andere, genau gegenteilige gibt, die mit gleichem Recht besteht. Pyrrhon enthielt sich daher eines eigenen Urteils und meinte, gerade dadurch zu der von ihm erstrebten „Meeresstille des Gemüts" zu gelangen.

Im Aufzeigen von Widersprüchen und im Nachfragen ähnelt die Pyrrhonische Skepsis der in diesem Buch praktizierten. Sie unterscheidet sich aber dahingehend von unserem Vorgehen, dass sie vollkommen rückhaltlos ist und dadurch im Grunde handlungsunfähig macht.

Warum sollte Skepsis *nicht* rückhaltlos sein? Ist es nicht eine Tugend, alles bis zum Letzten anzuzweifeln? Wenn ich sehe, dass der Senf im Kühlschrank steht, lasse ich es dabei bewenden und zweifle die Sehkraft meiner Augen für gewöhnlich nicht an. Habe ich aber einen guten Grund anzunehmen, dass ich das Senfglas mit dem Glas Apfelmus verwechsle, nehme ich das vermeintliche Senfglas doch noch einmal in die Hand und gucke es mir genau an. Unter Umständen öffne ich es sogar und probiere von seinem Inhalt. Jetzt allerspätestens sollte meine Skepsis enden, finde ich. Allerdings könnten mich auch meine Geschmacksnerven trügen. In der Tat können sie das und ich erinnere mich, einen ausgezeichneten Wein einmal als bitter empfunden zu haben, weil ich zuvor ein Stück Schokolade gegessen hatte. Warum also keine weitere Prüfung der Senf-Frage?

Die Schwierigkeit, die der pyrrhonischen Skepsis zugrunde liegt, ist, dass man *im Grunde* nie ganz sicher sein kann. Aber: Man kann der Wahrheit näher kommen. Je mehr Prüfungen die Senf-im-Kühlschrank-Vermutung besteht, desto wahrscheinlicher wird, dass es wirklich Senf im Kühlschrank ist. Es bleibt zwar immer entweder Senf oder kein Senf, aber die Wahrscheinlichkeit, dass ich mich täusche, wird immer geringer. Es hängt von den Erfordernissen ab, wann ich die Fehlerwahrscheinlichkeit als ausreichend gering ansehe. Geht es lediglich um die Frage Apfelbrei oder Dijon-Senf kann ich wohl spätestens bei der gustatorischen Prüfung (dem Schmecken) abbrechen. Wäre die Alternative zum „Senf" jedoch ein tödliches Gift, das Senf äußerlich und vom Geschmack her in allem gleicht, dann sollte ich zumindest noch eine Laboranalyse des vermeintlichen Senfs anschließen.

In der amerikanischen Rechtsprechung gibt es den Grundsatz, dass etwas – z.B. die Schuld des Angeklagten – „*beyond any reasonable doubt*" (jenseits vernünftigen Zweifels) erwiesen sein muss: Wenn der „genetische Fingerabdruck" des Angeklagten mit dem des Täters mit einer Wahrscheinlichkeit von eins zu einer Million übereinstimmt und auch sonst Indizien für seine Schuld sprechen, wäre es unvernünftig, weiter an seiner Schuld zu zweifeln. Mit sehr großer Wahrscheinlichkeit ist er auch der Täter.

Aber auch die Behauptung, man käme der Wahrheit näher, wird von pyrrhonischen Skeptikern angezweifelt, nicht ganz zu Unrecht, denn so richtig beweisen kann man das nicht.

Was aber wäre die Alternative? Pyrrhon sah das Ziel seiner Philosophie darin, sich des Urteils zu enthalten und so zur Seelenruhe zu gelangen. Für den *praktischen* Bedarf empfahl er, sich an das herkömmliche Wissen zu halten und dem Augenschein zu vertrauen: „Denn wir folgen einer bestimmten Lehre, die uns gemäß dem Erscheinenden ein Leben nach den väterlichen Sitten, den Gesetzen, den Lebensformen und den eigenen Erlebnissen vorzeichnet" (Sextus Empiricus, I, 8). Das ist alles andere als „skeptisch" oder gar aufklärerisch.

Literaturtipp: Das wichtigste Werk zur Pyrrhonischen Skepsis stammt von Sextus Empiricus, der zu Beginn des 3. Jahrhunderts n.u.Z. lebte und die Lehren des Pyrrhon zusammenfasste: Sextus Empiricus. (1999). *Grundriß der pyrrhonischen Skepsis*. Frankfurt a.M.: Suhrkamp. Auch für philosophische Laien lesbar.

Pyrrhonische Skepsis ist, um es zusammenzufassen, unwiderlegbar aber trivial. Ich kann sie nicht widerlegen, weil ich nicht beweisen kann, dass „sichere" Erkenntnis möglich ist. Sie ist trivial, weil sie gerade dadurch nicht handlungsleitend sein kann.

4.2. Landläufige Kritik an der Wissenschaft in Thesen

Viele der heutigen Kritiker der Wissenschaft benutzen Argumente, die schon Pyrrhon angewandt hat, um die „Dogmatiker" (das sind die, die nicht rückhaltlos skeptisch sind und unbewiesene Annahmen machen) zu verunsichern. Allerdings hat keiner von ihnen diese Überlegungen so konsequent zu Ende gedacht wie er. Daher enthalten sich die Kritiker der Wissenschaft auch nicht jeglicher Meinung. Häufig geht es darum, Entscheidungen zu beeinflussen, bei denen das Wort von Wissenschaftlern ein gewisses Gewicht hat. Pyrrhonische und andere Argumente sollen in diesen Fällen „die Wissenschaft" diskreditieren. Ich will hier einige dieser wohl immer gleichen Schlagworte erläutern und prüfen, ob sie wirklich Bestand haben.

„Wahrheit ist relativ“

Was mir als wahr erscheint, hängt von meiner persönlichen Sichtweise und von der Kultur, in der ich lebe, ab. Uns, in unserer westlichen Kultur erscheint das Wissen, das durch die Methoden der Wissenschaft erworben wurde, wahr. Aus einem anderen Blickwinkel, z.B. aus der Sicht eines indianischen Schamanen, sind andere Dinge wahr. Für uns ist wahr, dass viele Krankheiten durch Viren und andere Mikroorganismen verursacht werden, für den Schamanen werden sie durch böse Geister hervorgerufen.

Im Grunde besagt der Relativismus (so nennt man die geistige Strömung, auf der dieses Schlagwort beruht), dass Wahrheit etwas Subjektives ist. Und natürlich kann ich die Welt nur aus meiner subjektiven Warte heraus betrachten. Ich beurteile die Intelligenz von farbigen Mitbürgern sicher anders als ein Neonazi oder ein Mitglied des Ku Klux Klan; ein heutiger Geograph schätzt die Gestalt der Erde anders ein („annähernd rund“), als sein babylonischer Kollege es vor 2500 Jahren getan hat oder die Mitglieder der *Flat Earth Society*[4] es auch heute noch tun („flach“). Aus der relativistischen Position folgt unweigerlich, dass es keine objektiven, für alle Menschen gültigen Wahrheiten gibt, denn sonst käme es zu Widersprüchen: Die Erde kann nicht rund und flach zugleich sein. Wahr ist etwas für den Relativisten immer nur subjektiv, *für jemanden.* Wenn es aber nur subjektive Wahrheiten gibt, dann enden wir, konsequent gedacht, beim Solipsismus: Jeder von uns lebt in seiner eigenen, subjektiven Welt, die sich mit der der anderen nicht überschneidet.

Was dem Relativismus zugrunde liegt, ist die unbestreitbare Tatsache, dass verschiedenen Menschen dieselben Dinge oder Sachverhalte verschieden *erscheinen.* Als Kind erschien mir das Wohnzimmer meiner Eltern sehr groß, heute ist das nicht mehr so. Ist es geschrumpft? Widersprüche zwischen subjektiven Eindrücken lassen sich lösen, indem man *objektiviert*: Ich kann den Plan meines Elternhauses (das gebaut wurde, als ich ein Kind war) zur Hand nehmen und mir die Länge und Breite, die dort für das Wohnzimmer angegeben ist, notieren. Sodann kann ich das heutige Wohnzimmer ausmessen und die beiden Messungen vergleichen. Für die beobachtbare Außenwelt klappt die Objektivierung im Allgemeinen recht gut.

Es gibt aber auch Angelegenheiten, die auf immer subjektiv bleiben werden, z.B. Fragen des Geschmacks oder der Neigung: Ich mag Tomaten, meine Freundin mag sie nicht; ich finde Händel-Opern schön, andere

---

[4] im Internet unter www.flat-earth.org

Leute finden sie zum Davonlaufen. Diese Aussagen sind aber per Definition subjektiv, denn sie beschreiben einen subjektiven Zustand. Und genau genommen können auch sie objektiv wahr oder falsch sein: Es ist (zur Zeit) wahr, dass ich (sage, dass ich) Tomaten mag.

Somit bleibt auch für den Relativismus festzuhalten: Er ist entweder unwiderlegbar – solipsistisch – oder trivial – wir erleben die Welt unterschiedlich.

Auch wenn man die erkenntnistheoretische Seite des Relativismus ablehnt, muss man immer beachten, dass andere Menschen die Welt anders wahrnehmen als man selbst. Nichts garantiert uns, dass wir die Dinge „richtig" sehen und jemand anderes „falsch". Niemand hat die Wahrheit gepachtet – wessen Sicht der Realität näher kommt, kann nur eine objektive Prüfung klären. Seinen Standpunkt relativieren, heißt nicht, ihn aufgeben.

Literaturtipp: Nach Ansicht einiger Naturwissenschaftler sind die Sozial- und Geisteswissenschaften und die Philosophie (unter dem Schlagwort „Postmoderne") z.Zt. von konstruktivistischem und relativistischem Gedankengut regelrecht durchtränkt, und sie empfinden dies als einen Mangel und eine Gefahr für die Wissenschaft und ihre Stellung in der Gesellschaft. Dass der Kaiser nackt ist und der postmoderne Jargon mehr oder minder aus Wortblasen besteht, zeigte der Physiker Alan Sokal in einem mittlerweile berühmten „Experiment": Er schrieb ein Essay über die „transformative Hermeneutik der Quantengravitation", das im wesentlichen eine Aneinanderreihung der peinlichsten Aussagen postmoderner Philosophen darstellte, vermengt mit eigenen Imponierphrasen. Das Essay wurde in der renommierten Fachzeitschrift *Social Text* veröffentlicht und ernsthaft diskutiert, ehe Sokal damit rausrückte, was er eigentlich mit dem Essay bezweckt hatte. Seine „Richtigstellung" wollte *Social Text* dann allerdings nicht mehr drucken. Gemeinsam mit Jean Bricmont veröffentlichte Sokal sein Essay zusammen mit einer Analyse der Texte einiger in Fachkreisen hochgeschätzter postmoderner Philosophen: Sokal, A. & Bricmont, J. (1999). *Eleganter Unsinn. Wie die Denker der Postmoderne die Wissenschaften missbrauchen.* München: Beck.

„Wir konstruieren uns verschiedene Realitäten"

Den „Konstruktivismus" könnte man als eine Variante des Relativismus betrachten. Was der Konstruktivismus besagt, ist wiederum zum einen wahr und banal, zum anderen unwiderlegbar (und damit unbrauchbar).

Wahr und banal ist, dass unser Gehirn uns kein getreues Abbild der Welt zeigt, sondern dass es ein Bild konstruiert. Diese Tatsache allein ist lange bekannt, spannend wird es erst, wenn es um das „wie" geht. Und hier gibt es Prozesse, die man wissenschaftlich untersuchen kann, was in letzter Zeit auch verstärkt geschieht. Allerdings bekennt sich meines Wissens keiner dieser Wahrnehmungsforscher zum „Konstruktivismus".

Der Radikale Konstruktivismus als Erkenntnistheorie besagt, dass alles, was wir erleben, nur eine Konstruktion ist. Damit ist er deckungsgleich mit dem Solipsismus, nur ohne verrückten Wissenschaftler und Computerprogramm, Typ „Matrix". Aber auch in seinen milden Formen führt Konstruktivismus als Erkenntnistheorie zum Subjektivismus, mit den bekannten Folgen.

Im übertragenen Sinne wird die Rede von der konstruierten Realität zur Zeit gerne in den Sozialwissenschaften geführt. Demnach konstruieren wir uns verschiedene soziale Realitäten, in denen wir verschiedene Dinge gut oder schlecht finden usw. Ob diese Schule sich längerfristig durchsetzen wird, weiß ich nicht. In der Psychologie erbringt sie – meiner Meinung nach – zur Zeit allenfalls die Leistung, Längstbekanntes im Sinne des Konstruktivismus umzudeuten. Auch meine bescheidenen wissenschaftlichen Leistungen sind bereits einmal als konstruktivistisch bezeichnet worden: In meiner Arbeit zur „Modellreaktanz" unterscheide ich an einer Stelle zwischen dem Modell[5] und der Wahrnehmung des Modells durch die Versuchspersonen, um der Tatsache Rechnung zu tragen, dass nicht alle Versuchspersonen das Modell gleichermaßen beeindruckend finden. Als ich meine Arbeit in einem Vortrag erläuterte, meinte eine Zuhörerin, dass meine Theorie (deswegen) „konstruktivistisch" sei. Ich vermute, sie wollte mir damit ein Kompliment machen...

„Wissenschaft ist nur ein Überzeugungssystem neben anderen, gleichwertigen"

Diese Aussage ist gewissermaßen die Summe und die Folgerung aus den beiden vorigen. Gemeint ist, dass mancher glaubt, was die Wissenschaft sagt und manch einer, was die Astrologie, der Schamanismus oder wer auch immer sagt. Alles nur Meinungen und es steht in unserem Belieben, was wir davon glauben mögen.

Das klingt recht freiheitlich und demokratisch. In der Tat steht es jedem frei, zu glauben was er mag, dies verbürgt in Deutschland das Grundgesetz. Wenn aber eine Entscheidung getroffen werden muss (z.B. welche Behandlungsmethoden von den gesetzlichen Krankenkassen und damit der Allgemeinheit bezahlt werden sollen und ob die Homöopathie dazu gehört), müssen wir leider doch entscheiden, welches Überzeugungssystem dem anderen vorzuziehen ist. Wenn aber alle Überzeugungssysteme, einschließlich der Wissenschaft, gleichwertig sind, dann ist es egal und wir

[5] Modelle sind so etwas ähnliches wie Vorbilder.

können unserem Gefühl folgen, eine Münze werfen oder die Bevölkerung darüber abstimmen lassen. Also: Ist Wissenschaft nur ein Überzeugungssystem neben anderen?

Zunächst einmal liegt dieser Frage eine Verwechslung zugrunde, denn Wissenschaft ist nicht ein System von Überzeugungen, sondern eine (Sammlung von) Methode(n), die der Gewinnung von Erkenntnissen dient. Korrekt formuliert müsste es also heißen: „Wissenschaft ist nur eine Methode der Erkenntnisgewinnung neben anderen, gleichwertigen“.

Nun, dass die einzelnen Methoden der Wissenschaft anderen Methoden überlegen sind, nehmen Wissenschaftler an und sie müssen es im Einzelfall unter Beweis stellen: Sie müssen zeigen, dass sie wirklich einen besseren Schutz vor Fehlern bieten als andere Methoden. So lässt sich zeigen, dass die klinische Erfahrung eines Homöopathen („Ich erlebe tagtäglich in meiner Praxis, dass Homöopathika helfen“) dem klinischen Doppelblindversuch unterlegen ist. Beim Doppelblindversuch werden einer Gruppe von Patienten homöopathische Pillen gegeben. Die andere Gruppe erhält Placebos: Das sind wirkstofffreie aber äußerlich identische Pillen. Dabei weiß aber weder der Patient noch der Arzt (bzw. Homöopath), wer welche Pillen bekommt. Am Ende werden die Ergebnisse aus beiden Gruppen verglichen. In diesen Versuchen kommt regelmäßig ans Licht, dass es offenkundig egal ist, ob eine Pille ein Homöopathikum oder ein Placebo ist. Ausschlaggebend ist, ob Arzt und Patient an eine Wirkung glauben (vereinfacht ausgedrückt).

Was unterscheidet nun aber all jene Methoden, die wir „wissenschaftlich“ nennen – „*die* Wissenschaft“ – von anderen Methoden zur Gewinnung von Erkenntnissen? All die Methoden, die wir wissenschaftlich nennen, beinhalten die **Prüfung** von Vermutungen. Dieses Buch beschäftigt sich unter anderem damit, zu zeigen, warum man bestimmte Methoden bei der Prüfung von Vermutungen anwenden muss, um sich möglichst nicht zu täuschen.

Dabei ist zu beachten, dass es verschieden gute Methoden der Prüfung gibt. Wie wir gesehen haben, ist „einfaches Nachgucken“ (die primitivste Art von Prüfen) oft nicht ausreichend, um eine Vermutung zu prüfen. Eine Methode ist um so wissenschaftlicher, je weniger sie für Fehler anfällig ist. Andere – unwissenschaftliche – Methoden der Erkenntnisgewinnung verzichten auf eine Prüfung ihrer „Erkenntnisse“ (d.h. Vermutungen) oder sie prüfen sie nur unzureichend.

Wissenschaftler verweisen oft auf Möglichkeiten, sich zu täuschen, wenn sie unwissenschaftliche Aussagen verwerfen. Die Anhänger unwissenschaftlicher Thesen argumentieren nun, dass auch Wissenschaftler diesen Täuschungen und Fehlern unterliegen und daher die Aussagen der Wissenschaft ebenso zweifelhaft seien wie die von ihr kritisierten Überzeugungen und dass jene darum gleichberechtigt neben denen der Wissenschaft stünden. Man könnte erwidern: Wissenschaftler sind zwar nicht unfehlbar, sie beachten aber zahlreiche Vorsichtsmaßnahmen gegen ihre eigene „Fehlbarkeit". Ein Beispiel: Unser Gedächtnis ist, wie wir heute wissen, keine Art Recorder, der alles Erlebte wie ein Film wiedergibt. Vielmehr *rekonstruieren* wir die Vergangenheit, u.a. mit Hilfe sog. *Skripts*, die gewissermaßen Anweisungen enthalten, was typischerweise in eine Situation gehört. Notwendigerweise müssen uns dabei Fehler unterlaufen, was wir spätestens dann merken, wenn sich mehrere Personen über den Ablauf eines Ereignisses uneins sind. Wenn wir aber ein Tagebuch führen, so sind wir schon ein bisschen weniger anfällig für diese Erinnerungstäuschungen. Ein Tagebuch ist kein perfekter Schutz gegen Täuschungen, aber es ist besser als unser Gedächtnis. Und auch die Methode, ein Tagebuch zu führen, kann verbessert werden: Setzt man sich zum Beispiel zur Regel, sich selbst gegenüber im Tagebuch offen zu sein und nichts nachträglich zu verfälschen oder fügt man ihm externe Belege (z.B. den Fahrschein von einer Reise) bei, so wird dadurch die „Wahrheitsnähe" des Tagebuchs verbessert.

Andere Methoden der Erkenntnisgewinnung

Welches sind nun die „anderen Methoden der Erkenntnisgewinnung", die der Wissenschaft gleichwertig sein sollen? Häufig berufen sich Menschen auf diese „anderen Wege", insbesondere dann, wenn ihre Meinungen und Überzeugungen von den Ergebnissen der Wissenschaft nicht gestützt werden. Was sind die anderen Wege zur Erkenntnis? Im Folgenden sei kurz auf einige andere Wege, zu „Erkenntnissen" zu kommen, eingegangen:

Erfahrung

„Deine wissenschaftlichen Studien sagen das. Aber meine Erfahrung sagt mir etwas anderes!" Oder, besser, da authentisch (und an mich gerichtet): „Es gibt nicht nur Deine Forschungsergebnisse, es gibt auch andere Erfahrungen, die Aussagekraft haben und die es zu respektieren gilt" (aus einer Diskussion in der Newsgroup de.sci.psychologie).

Mit Erfahrung wird oft das aus persönlichen Beobachtungen gewonnene Wissen bezeichnet. Doch leider – und wir werden das im weiteren Verlauf noch öfter sehen – kann man dabei einer Täuschung unterliegen, z.B. weil man nur auf die eigene Meinung bestätigende Fälle achtet u.ä. (man nennt das den „*confirmation bias*“; dt. Bestätigungstendenz). Um die eigenen Beobachtungen zu überprüfen, ist es notwendig, entsprechende Sicherheitsmaßnahmen gegen die Selbsttäuschung zu ergreifen. Einfach „Aufpassen“ genügt nicht!

„Erfahrung“ ist demnach nicht getestetes Wissen aus Beobachtung. „Erfahrungswissen“ kann wahr sein, muss es aber nicht. Ein Psychotherapeut (derselbe, von dem das obige Zitat stammt) behauptete mir gegenüber einmal, er *wisse* aus seiner langjährigen Erfahrung in der Praxis, dass Arachnophobie (das ist die krankhafte Angst vor Spinnen) häufig mit Beziehungsproblemen beim Patienten zusammenhängt. Ich weiß nicht, ob das stimmt. Ich bezweifle es allerdings aufgrund dessen, was ich über die Verursachung psychischer Störungen bislang zu wissen glaube. Der *Eindruck* dieses Therapeuten ist mir kein ausreichender Beleg, um seine Behauptung als allgemeinen, gesetzmäßigen Zusammenhang zu akzeptieren.

Intuition

Hier ist sich die Person nicht vollständig klar, wie sie zu einer Aussage kommt. Sie „weiß es einfach“, dass es so ist. Und oft – so erlebt sie es zumindest – liegt sie damit auch richtig.

Ein Beispiel: Menschen, die in einer bestimmten Region leben, können durch Beobachtung der Wolken oftmals relativ gut voraussagen, ob es regnen wird oder nicht – ohne dass sie die Kriterien für ihre Prognose explizit benennen könnten.

Jedoch ist die Intuition keine zuverlässige Methode der Erkenntnisgewinnung, da sie nicht objektivierbar und ihr Erfolg (ob die Intuition zutrifft) nicht voraussagbar ist. Sichere Erkenntnis entsteht durch einen Prozess, der für andere nachvollziehbar ist.

Verstehen

Der Intuition ist das „Verstehen“ verwandt. Mit Verstehen ist hier gemeint, dass man sich in die Psyche eines anderen hineinversetzen kann, dass man so sein Naturell kennt usw. Tatsächlich beobachtet man einige Verhaltensausschnitte dieses anderen und zieht daraufhin den Schluss, dass dieser sich in einem ähnlichen Zustand befindet, wie man selbst schon einmal war. Keineswegs ist es so, dass man von Natur aus irgendwie erspürt, wie jemand anderes sich fühlt, sondern man macht einen Analogieschluss aufgrund von Informationen, von Verhalten dieses anderen, das man beobachten konnte. Dieser Schluss muss nicht unbedingt zutreffend sein: Das rote Gesicht muss nicht darauf hindeuten, dass sich der andere ärgert, es kann auch sein, dass er sich zuvor einfach nur angestrengt hat. Je öfter man diese Vermutung über den innerpsychischen Zustand eines anderen prüft, desto geringer wird das Risiko, dass man sich täuscht. Unmittelbares, intuitives Verstehen ist etwas, was Psycho-Gurus und Heiler oft für sich in Anspruch nehmen (vgl. *Kasten: Hellingers Ordnung*, S. 40). Ob sie recht haben, darüber kann nur im Einzelfall eine objektive Prüfung entscheiden.

Visionen, Träume und Offenbarungen

Von Heiligen wird oft berichtet, dass sie eine Offenbarung hatten und dann von dieser geleitet handelten. Anscheinend waren sich die Betreffenden völlig sicher, dass das Wissen, das ihnen in ihrer Offenbarung zuteil wurde, absolut gewiss ist. Manchmal geht es auch „ganz gewöhnlichen" Menschen so, wenn sie eine Art „Wahrtraum" haben: Sie haben es geträumt und sie wissen nun, dass es auch so passieren wird. Und bisweilen finden sie sich darin bestätigt.

Aber auch für diese „Offenbarungen" – so überzeugend sie für denjenigen, der sie erlebt, sein mögen – gilt: Sie können ebenso richtig wie falsch sein. Es kommt auf die Überprüfung an.

Die Methoden der Wissenschaft machen uns weniger anfällig gegen Selbsttäuschung. Sie sind kein *perfekter* Schutz, sie sind aber besser als ein rein „intuitives" Vorgehen. Dieses Prinzip der *Annäherung an die Wahrheit* scheint einigen Anhängern von Thesen der postmodernen Philosophie nicht eingängig zu sein. Relativistische und konstruktivistische Argumente funktionieren, solange es abstrakt und unanschaulich bleibt. Wer würde schon von sich (einem Relativisten gegenüber) behaupten wollen, dass er im Besitz der *absoluten Wahrheit* sei? Sobald dies eingestanden ist (dass niemand die absolute Wahrheit kennt), meint der Relativist, nachgewiesen zu haben, dass eben niemand „recht" habe und dass darum die Position des Wissenschaftlers und jede beliebige andere Position gleichberechtigt und gleichermaßen „wahr" oder „unwahr" sei. Sobald es aber konkret wird (und ein Skeptiker in der Diskussion mit dem Anhänger einer zweifelhaften Behauptung – der eben jene „Relativismus-Finte" anwendet – sollte darauf bestehen), fallen die relativistischen Argumente in sich zusammen. Wenn sich z.B. zwei Personen über die Gestalt der Erde uneinig sind und einer – in Übereinstimmung mit der Wissenschaft – behauptet, die Erde sei annähernd eine Kugel, während der andere – in Übereinstimmung mit der *Flat Earth Society* – behauptet, die Erde sei eine flache Scheibe, haben dann beide gleichermaßen „recht“? Auf wen sollte ein potentieller Weltumsegler hören? – Am konkreten Beispiel wird meist augenfällig, dass relativistische und konstruktivistische Positionen in der Praxis unhaltbar sind. Dennoch werden sie von den Anhängern zweifelhafter Behauptungen gerne dann verwendet, wenn die Wissenschaft ihnen die Bestätigung für ihre Behauptungen versagt. Und in den meisten Fällen ist die Falschheit der angezweifelten Behauptung nicht so offenkundig wie in dem Beispiel mit der flachen Erde. Meist sind die Methoden, die Wissenschaftler anwenden, um Behauptungen zu prüfen, komplex und für Laien nicht auf Anhieb verständlich. Doch das einfache Beispiel zeigt zumindest das eigentlich einfache Prinzip, das jedem Menschen normalerweise völlig klar ist und das die Anhänger zweifelhafter Behauptungen das Publikum vergessen lassen wollen: Dass nicht zwei sich widersprechende Aussagen zugleich wahr sein können.

„Was wir heute zu wissen glauben, kann sich schon morgen als gänzlich falsch erweisen“

Wissenschaftliche Erkenntnisse sind nur vorläufig. Immer wieder mussten Wissenschaftler einsehen, dass sie sich (manchmal sogar lange Zeit hindurch) getäuscht haben und ihr bisheriges Wissen als falsch verwerfen. Nichts kann uns versichern, dass nicht das, von dem Wissenschaftler heute behaupten, dass es wahr ist, sich morgen als gänzlich falsch herausstellt.

Breuer (1991) schreibt, nachdem er den Übergang vom ptolemäischen zum kopernikanischen zum galileischen Weltbild dargestellt hat: „Wir müssen damit rechnen, dass sich die Ansichten über die Struktur und Dynamik unseres Planetensystems bzw. des Universums in der Zukunft in ganz grundsätzlicher und unvereinbarer Weise gegenüber den heutigen Vorstellungen verändern werden“ (S. 19). D.h., es könnte sich in Zukunft herausstellen, dass sich beispielsweise die Erde doch nicht um die Sonne dreht usw. (Ich bin mir sicher, dass ich Breuer hier nicht missverstehe, er scheint das *wirklich* so zu meinen...)

Vertreter der obigen Behauptung beziehen sich mitunter gern auf Thomas Kuhn. Der habe ja in seinem Werk *The Structure of Scientific Revolutions* (*Die Struktur wissenschaftlicher Revolutionen*) gezeigt, dass Wissenschaft tatsächlich nie so ablaufe, wie Popper das dargestellt hat.

Theorien würden nicht verworfen, sobald sie falsifiziert seien. Das, was wir gegenwärtig für den Stand der Wissenschaft halten, sei so eine Art Abmachung unter den Wissenschaftlern. Gelegentlich käme es zu einem so genannten Paradigmenwechsel, d.h. Wissenschaftler würden ihre Erklärungsmuster durch neue ersetzen, in ähnlicher Art, wie in der Gesellschaft Moden wechseln. Wir könnten also nie sicher sein, dass das, was uns heute Wissenschaftler als wahr präsentieren, in einigen Jahren noch wahr sein wird.

Dem lässt sich zum einen entgegenhalten, dass Kuhn dies nie so geschrieben hat. Kuhn hat vor allem einen Blick auf die Soziologie der Wissenschaftler und Wissenschaften geworfen, der uns zeigt, dass – letztendes – auch Wissenschaftler nur Menschen sind, die für Vorurteile und Ehrgeiz anfällig sind. Zum anderen ändert dies jedoch nichts am prinzipiellen Fortschritt der Wissenschaft, auch wenn einzelne Wissenschaftler Fehler machen und auch wenn sogar ganze Zweige der Wissenschaft über längere Zeit sich in eine falsche Richtung entwickeln können.

Für die empirischen Wissenschaften gibt es nämlich ein Kriterium, an dem sich letztlich alle Aussagen messen lassen müssen: Die Übereinstimmung mit der realen Welt. Moden und Trends mögen im Wissenschaftsbetrieb eine Rolle spielen, sie sind aber bei weitem nicht alles. Da auch die gerade modischen Theorien Aussagen über die reale Welt da draußen und nicht über Phantasiegebilde machen, werden sie früher oder später an dieser Welt gemessen, d.h. geprüft.

Auch Wissenschaftler können sich irren, können betrügen und fälschen; dies spricht aber allenfalls gegen bestimmte Personen oder Personengruppen, nicht gegen die Gesamtheit der Wissenschaftler (bzw. „die Wissenschaft“ als gesellschaftliches Subsystem) oder gar die Wissenschaft als Methode. Im Gegenteil, die Methode der „eingebauten Prüfung“ macht es wahrscheinlicher als in anderen Systemen, dass Betrug und Irrtum früher oder später auffallen.

„Wissenschaft“ ist die bislang erfolgreichste *Methode* der Erkenntnisgewinnung. Als solche wird sie ständig verändert und verbessert. Sie ist nicht definiert über den Inhalt (die Erkenntnisse) oder die Personen und Institutionen, die sie ausüben.

„Gut“, mögen nun die Kritiker der Wissenschaft entgegnen, „nehmen wir an, dass es wirklich so ist, dass Theorien nur im Lichte neuer Erkenntnisse über die Welt verworfen werden. Was aber versichert uns, dass nicht demnächst jemand neue Tatsachen findet, die alles, was wir bislang für wahr hielten, als falsch erweisen. Jahrhundertelang glaubte man ja, Newtons Mechanik sei richtig, bis Einstein bewies, dass Newton Unrecht hatte. Kann dies nicht genauso für alles andere, was die Wissenschaft nun für wahr hält, gelten?"

Abgesehen davon, dass Newtons Mechanik durch Einstein nicht widerlegt wurde (ein verbreiteter Irrtum!), sondern dass sie als ein Spezialfall in der Relativitätstheorie enthalten bleibt: In der Tat wissen wir nichts *sicher*. Die meisten Wissenschaftler sind sich dessen aber wohl bewusst und sprechen darum auch meistens von *Belegen* für eine Annahme, nicht von *Beweisen*. Beweise im strengen Sinn sind mehr eine Sache für Mathematiker. Vielmehr sieht man die Wahrheit einer Behauptung (Hypothese) oder Theorie als eine Wahrscheinlichkeit an (probabilistischer Wahrheitsbegriff). Behauptungen sind immer mit einer gewissen Wahrscheinlichkeit wahr oder falsch: Dass sich die Erde um die Sonne dreht (vereinfacht ausgedrückt; tatsächlich bewegen sich beide um ihren gemeinsamen Schwerpunkt – der allerdings innerhalb der Sonne liegt), ist einfach *sehr* wahrscheinlich wahr; dass die Erde eine flache Scheibe ist, ist einfach *verdammt* unwahrscheinlich.

Wohlgemerkt: Etwas ist immer entweder wahr oder falsch, allein die Wahrscheinlichkeit, dass wir fälschlich annehmen, dass etwas wahr ist, wird durch die Wissenschaft verkleinert. Je weiter die Erkenntnis fortschreitet, desto unwahrscheinlicher wird es, dass wir uns täuschen. Ein Beleg dafür ist, dass die grundsätzlichen Erkenntnisse einer Wissenschaft, um so seltener verworfen werden, je älter diese Wissenschaft ist. Die basalen Aussagen der Physik sind in Jahrhunderten immer wieder geprüft worden und sie wurden schon seit langem nicht mehr geändert. Die Psychologie, eine vergleichsweise junge Wissenschaft, hat noch in den letzten Jahrzehnten das Verwerfen einiger Kernannahmen erlebt.

Die Wahrscheinlichkeit, dass Behauptungen wie „die Erde ist eine flache Scheibe" dennoch wahr sind, ist u.a. deshalb sehr klein, weil dann viele andere Behauptungen, von denen wir annehmen, dass sie wahr sind, falsch sein müssten und weil viele unwahrscheinliche Ereignisse zusammen kommen müssten: Nicht nur dass beinahe alles, was Geographen, Geologen, Astronomen und Physiker zu wissen glauben, falsch sein müsste. Wir müssten auch annehmen, dass eine gigantische Verschwörung am Werk ist, die uns die Mondlandung vorgetäuscht hat. Planetensonden, Satelliten – alles inszeniert und gefälscht! Da es so vieler unwahrscheinlicher Ereignisse bedürfte, damit die Behauptung, die Erde sei eine flache Scheibe, wahr sein könnte, nennt man diese Art von Behauptung auch eine außergewöhnliche Behauptung (*extraordinary claim*). Mehr dazu im nächsten Kapitel.

„Wissenschaft ist nur ein Instrument zum Machterhalt reicher, weißer Männer"

Ist Wissenschaft „rechts" oder „links"? Wissenschaftler werden gerne dem Kreis der Mächtigen zugeordnet. Sie sind die Büttel der Machthaber, ihre Aussagen und ihre Autorität dienen diesen dazu, die Freiheit der Andersdenkenden zu beschneiden. Verständlich wird diese Einschätzung insbesondere dann, wenn man sich vor Augen führt, dass Wissenschaftler noch immer überwiegend weiße, männliche Europäer und Nordamerikaner sind. Dies trifft ebenso auf die politisch und wirtschaftlich Mächtigen zu und es erklärt die Abneigung einiger Feministinnen, Farbiger und Vertreter anderer Kulturen gegenüber „der Wissenschaft". Ich weiß nicht, ob die Mehrzahl der Wissenschaftler eher politisch links oder rechts steht. Es ist aber auch unerheblich. Denn wer – echte oder eingebildet-stereotype – Wissenschaftler mit der Wissenschaft als Methode verwechselt und diese ablehnt, der beraubt sich einer der wirksamsten Waffen im Kampf gegen „die Mächtigen". Verzichte ich auf die Unterscheidung zwischen wahr und falsch und auf den Versuch, diese Unterscheidung objektiv treffen zu können, so verzichte ich auf die Möglichkeit, die Behauptungen anderer zu prüfen. Irrationalismus *befreit* nicht, er macht ohnmächtig.

Und so sind auch viele Denkrichtungen, Therapieschulen, Überzeugungssysteme, die sich von der Wissenschaft und von der Vernunft abwenden, in ihrer Tendenz nicht freiheitlich, fortschrittlich oder auch nur demokratisch (siehe Kasten: *Hellingers Ordnung*, S. 40). Da in diesen Systemen, die sich der Möglichkeit einer objektiven Prüfung beraubt haben, jede Aussage, die einmal zum Lehrgebäude gehört, nicht mehr hinterfragbar ist, bieten sie sich Führerfiguren geradezu als ideale Grundlage an. Denn hier ist mit einer Widerlegung der Ansichten des Führers nicht zu rechnen. „Schlimmstenfalls" steht hier – unentscheidbar – Meinung gegen Meinung. Wenn das aber so ist, so entscheiden allein die Stimmung, die Sympathie der Anhängerschaft und allerlei sozialpsychologische Prozesse über den Ausgang dieses Widerspruchs. Führergestalten, die sich dieser Prozesse bedienen können, haben leichtes Spiel.

Verzicht auf Wissenschaft heißt: Glauben müssen, was andere sagen. – Viele Menschen empfinden dasselbe in Bezug auf „die Wissenschaft" (auf das, was Wissenschaftler sagen): Auch ich weiß nicht, ob es das Ozonloch wirklich gibt, ich muss es den Wissenschaftlern, die das behaupten, einfach glauben (anders sieht das für mich im Bereich der Psychologie aus, hier habe ich meistens die Mittel, um die Behauptungen anderer Psychologen zu prüfen). Im Gegensatz zu einem irrationalen Überzeugungssystem bietet aber „Wissenschaft" wenigstens die prinzipielle Möglichkeit, sich die Fähigkeit anzueignen, um die Wissensbehauptungen anderer zu prüfen: Wenn ich anzweifle, dass wirklich nichts schneller als das Licht sein kann, dann kann ich – wenigstens im Prinzip – Physik studieren und mir die Methoden aneignen, die es mir ermöglichen, diese Behauptung *selbst* objektiv zu prüfen. Wenn ich aber die Möglichkeit der objektiven Prüfung verneine, dann bin ich in allen Angelegenheiten zum Glauben verdammt.

Literaturtipp: Kern, G. & Traynor, L. (Hrsg.). (1995). *Die esoterische Verführung*. Aschaffenburg: Alibri. In diesem Band finden Sie zahlreiche Beiträge zur Weltanschauung der „sanften" Esoteriker, so zum Rassismus eines Rudolf Steiner, des Begründers der Waldorfschulen, und anderes mehr.

Es gibt nicht bloß Meinungen, die gleichwertig nebeneinander stehen. Darum ist meine Ansicht, dass Farbige von Geburt nicht weniger intelligent sind als Weiße nicht „dasselbe" wie die Ansicht eines Rassisten, dass „Schwarze dumm sind". Meine Ansicht ist eine begründete Annahme, die sich auf die korrekte Anwendung der Methoden der Wissenschaft „Psychologie" stützt. Die Ansicht des Rassisten hingegen ist „Glaube", denn seine Ansicht kann sich allenfalls auf eine Nachahmung von Wissenschaft berufen. – Glauben heißt Für-wahr-halten in Abwesenheit von stützender Evidenz. Im Klartext: Ich habe Recht und er hat Unrecht. Ich *weiß* – er *meint*. So einfach ist das.

In diesem Beispiel und in ähnlich gelagerten Fällen (in denen die Wissenschaft die derzeit gesellschaftlich akzeptierte Meinung unterstützt) fällt es den meisten „wohldenkenden" Menschen leicht, sich der Ansicht der Wissenschaftler anzuschließen und sie bedienen sich gerne wissenschaftlicher Argumente als Munition in der Auseinandersetzung. Wenn es jedoch den persönlichen Vorlieben nicht entspricht (z.B. was die Wirksamkeit verschiedener alternativer Heilverfahren angeht), sind die erwähnten Argumente der Gegner der Wissenschaft schnell zur Hand. Wissenschaftlichkeit ist aber kein Etikett, das man sich nach Belieben anheften kann. „Wissenschaftlich" werden Aussagen dadurch, dass sie in einer strengen Prüfung an der Realität gemessen wurden.

Hellingers Ordnung

Seit einiger Zeit sind sie *der* Renner in der Psycho-Szene: „Familienaufstellungen nach Hellinger". Für ein paar hundert Mark kann man vor Publikum seine Probleme offenbaren. Bert Hellingers Methode der Familienaufstellungen (vgl. Goldner, 2000) geht von zwei Grundannahmen aus: „Es gibt eine Ordnung im Leben jeder Familie" und „Kinder wollen ihre Eltern lieben" (Fincke, 1998, S. 16). Die Lösung von Konflikten besteht bei Hellinger darin, diese „Ordnungen der Liebe" (Buchtitel, Hellinger, 1996) wiederherzustellen. Nach Hellinger ist ein Verstoß gegen die „Ordnung der Liebe" die Ursache für Erkrankungen, psychische wie physische: „Also Krebs ist meistens eine Sühne, und zwar für Verachtung der Eltern" (Hellinger nach Offergeld, 1997, S. 23).

Die Aufstellungen finden meist in großem Rahmen statt, vor bis zu 500 Teilnehmern. Diese Veranstaltungen werden häufig auf Tonband oder Videokassette aufgezeichnet und später im Handel vertrieben (vgl. Hellinger, 1995, 1999). Einige Teilnehmer sind „Aufsteller" – also die eigentlichen Klienten, deren Probleme auf der Bühne thematisiert werden. In der Regel dauert dies nur wenige Minuten (dann kommt der nächste Aufsteller dran). Die anderen Teilnehmer schauen zu oder assistieren als Statisten für die Aufstellung: Bei der Aufstellung nimmt sich der Klient andere Teilnehmer als Repräsentanten seiner Familie. Diese stellt er dann so auf, dass sie seine Wahrnehmung der Beziehungen innerhalb der Familie widerspiegeln bzw. symbolisieren.

Der Therapeut greift dann in diese Aufstellung ein und verändert sie, so dass sich eine „Lösung" ergibt. Oft besteht diese Lösung in der Wiederherstellung konservativer Strukturen (Hellinger war früher Ordenspriester), d.h. die Kinder müssen die Eltern respektieren, die Frau den Mann usw. Dies sollen sie oft auch durch einen Satz, den Hellinger ihnen einsagt, den Repräsentanten ihrer Familie gegenüber zum Ausdruck bringen. Es sind immer wieder dieselben Sätze, die Hellinger „verordnet": „Ich gebe Dir die Ehre" ist wohl Hellingers Lieblingssatz, gemessen an der Verwendung in den protokollierten Aufstellungen. In Verbindung mit einer Verneigung vor der Stellvertreterin der Mutter dient er z.B. als „Behandlung" gegen Rückenschmerzen (Hellinger, 1996, S. 68). Hellinger selbst liefert im Interview mit *Psychologie heute* einige weitere erschreckende Beispiele für sein Vorgehen, z.B. bei sexuellem Missbrauch: „Ich habe sie sagen lassen: 'Papa, ich habe es gerne für dich gemacht'" (Krüll & Nuber, 1995, S. 23). Eine Diagnose stellt Hellinger nie, auch wird nicht ausreichend abgeklärt, ob z.B. eine organische Erkrankung vorliegt (was ja bei Rückenschmerzen nicht gerade abwegig ist).

Fincke (1998) berichtet von einem Selbstmord, der sich 1997 im Anschluss an eine derartige Veranstaltung ereignete. Eine Frau und Mutter von vier Kindern wurde von Hellinger mit der Bemerkung, sie habe ein kaltes Herz, aus der Familienaufstellung entfernt: Sie solle gehen und gehen könne auch sterben heißen, soll Hellinger, zum Publikum gerichtet, gesagt haben. 24 Stunden später hatte sich die Frau das Leben genommen.

Hellingers Arbeiten wird oft als „systemisch" bezeichnet. Simon und Retzer (1995, 1998) verwehren sich gegen einen Vergleich der Aufstellungen mit der Systemischen Therapie im eigentlichen Sinne, einem vergleichsweise anerkannten Therapieverfahren. Hellingers Vorgehen hat mit der Systemischen Therapie praktisch nichts gemeinsam. Die Autoren sehen diese Differenzierung zwischen der Systemischen Therapie und Hellingers Arbeiten „als Akt der Aufklärung des Verbrauchers, ja des Verbraucherschutzes" (Simon & Retzer, 1998, S. 65).

Obwohl Hellinger selbst keine Schüler ausbildet, gibt es mittlerweile einige Dutzend Therapeuten, die „Familienaufstellungen nach Hellinger" anbieten. Die Esoterik-Blättchen in größeren Städten sind voller Anzeigen für derartige Veranstaltungen. – Hellinger selbst fühlt sich für diese Nachahmer nicht zuständig, unternimmt aber andererseits auch nichts, um seinen Namen oder seine Methode schützen zu lassen. Stöhr (1999) berichtet über ein Seminar im Berliner Dom, in dem die Technik der Familienaufstellung nach Hellinger geübt wurde. Er erkennt zwar, dass die Vermittlung therapeutischer Techniken an Laien ohne Vorbildung kritisch zu sehen ist, verkennt aber – vermutlich mangels ausreichender eigener Vorbildung –, dass die Technik als solche selbst unter fachkundiger Anleitung nutzlos bis schädlich ist.

Andere Kritiker (Offergeld, 1997) untersuchten die Theorie bzw. die Weltsicht Hellingers. Hellinger grenzt den sonst üblichen Begriff der „Diagnose" von seiner „Wahrnehmung" bzw. „Wahrheit" ab. Hellinger ist also die „Wahrheit" unmittelbar zugänglich, er behauptet, oft mit einem Blick die Probleme des Klienten zu erkennen. Aber Hellinger will nicht nur heilen, er vermittelt auch seine Weltsicht. Diese stützt sich in vielen Teilen auf die Philosophie Martin Heideggers – oder was Hellinger darunter versteht. Bei Heidegger spielt das Ordnungsprinzip der Zeit eine große Rolle. Daraus leitet sich Hellingers Ansicht vom Vorrang des Zuerstgekommenen ab: „Jetzt wird verständlich, warum Hellinger dem Vater diese überragende Rolle zubilligt. Der war schließlich zuerst da" (S. 25).

Auch Bezüge auf Nietzsches Vernunftkritik lassen sich bei Hellinger finden, insbesondere der Begriff der „Vernunft vom Leib her". Hellinger grenzt diese „leibförmige" Vernunft von der analytischen Vernunft ab. Kritikern wird von Hellingers Anhängern gerne unterstellt, sie würden sich ausschließlich am naturwissenschaftlichen Vernunftbegriff orientieren. „Das ist Unsinn. Wogegen sie sich wehren, ist die Verabsolutierung eines Vernunftbegriffes, der nur noch die 'Wahrnehmung' als einzige Quelle der Erkenntnis zulässt" (S. 25).

Viele Intellektuelle und Therapeuten greifen diese Abkehr von der Vernunft und Rationalität gerne auf. Und so gehören vor allem Menschen, die selbst in therapeutischen Berufen tätig sind, zu Hellingers Kundschaft: „Er hat ihnen eine neue Religion gegeben, in der sie selbst Priester sein dürfen" (Offergeld, 1997, S. 26).

Was ist, zusammenfassend, an Hellingers Methode zu kritisieren (vgl. auch Anonymus, 1998)? Es wird keinerlei Diagnose gestellt. Insbesondere, wenn der Verdacht auf eine psychische Erkrankung im engeren Sinne naheliegt, wäre eine dementsprechende Abklärung nötig, denn bei solchen und bei körperlichen Leiden gibt es bewährte Medikamente und Behandlungsmethoden. Die Aufstellungen dauern nur wenige Minuten. Anhänger erwidern dazu oft, dass das Setting oft monatelang nachwirke und erst dann seine Wirkung entfalte und dass nur solche Aufsteller angenommen werden, die sich in Therapie bei einem anderen Therapeuten befänden. Abgesehen davon, dass sich diese beiden Argumente gegenseitig aufheben (so Anonymus, 1998), steht das zweite Argument im Widerspruch zur Wirklichkeit der Familienaufstellungen: Zwar unterschreibt jeder Teilnehmer, dass er sich in Therapie befindet, geprüft wird das allerdings nicht. Überhaupt gibt es keinerlei Evaluation (d.i. die Überprüfung des Effekts der Behandlung). Ob die Aufstellungen beim Klienten eher positive, negative oder gar keine Effekte hatte, lässt sich somit nicht feststellen. Begeisterte Kommentare einzelner Anhänger widerlegen nicht den Verdacht, dass einige Teilnehmer durch Hellingers knappe Statements eher noch tiefer in die Krise gestürzt wurden.

Bei Aufstellungen vor bis zu 500 Teilnehmern lässt sich ein gewisser Show-Effekt nicht vermeiden. Anzeichen einer ernsten Störung werden so leicht übersehen.

„Patriarchale Strukturen, fragwürdige Naturgesetzlichkeiten und antiemanzipatorische Werthaltungen stehen im Mittelpunkt von Hellingers 'Ordnungen'" (Wiemann, 2000). Die Lösung vieler Konflikte liegt überwiegend im Bezug auf konservative Werte. Der Tochter wird gesagt, sie solle den Vater respektieren, der Mutter, sie solle dem Mann gehorchen. Die erste Frau hat Vorrang vor der zweiten. Und so weiter. Es erstaunt, wie viele Frauen – keine Hausmütterchen, sondern meist Akademikerinnen – sich das gefallen lassen.

Alles in allem ist „Hellinger“ ein gutes Beispiel, wie auf dem Boden von Wissenschaftsfeindlichkeit und Irrationalismus nicht Freiheit und Emanzipation wachsen, sondern der nicht-diskutierbare Glaube an einen reaktionären Übervater. Auch wenn Hellinger betont, dass er sich selbst nicht als „Guru“ sehe: An kritischer Rückmeldung bezüglich seiner „Weisheiten“, ist er offenkundig nicht interessiert (vgl. Krüll & Nuber, 1995).

5. Außergewöhnliche Behauptungen

Ob im Kühlschrank noch Senf ist, mag bisweilen für Sie selbst spannend sein, aber eine wirkliche Herausforderung ist die Prüfung dieser Vermutung sicherlich nicht.

➽ ***Welche Vermutungen könnten Sie noch prüfen?***

➽ Sie können so ziemlich alle Vermutungen, Annahmen und Behauptungen prüfen, die Ihnen tagtäglich begegnen. Manchmal werden diese von außen an Sie herangetragen, manchmal suchen Sie sich selbst die Fragen aus. Manchmal ist eine schnelle Entscheidung erforderlich, manchmal können Sie in Ruhe alle Faktoren abwägen. Wie intensiv Sie prüfen können, darüber entscheiden also Sie und die Situation. Mit Vermutungen und Behauptungen haben Sie es zum Beispiel zu tun, wenn Sie ein Auto kaufen wollen: Der Händler der Marke X behauptet, sein Modell sei zwar teurer in der Anschaffung, aber billiger im Unterhalt. Dies ist eine Behauptung, die Sie mehr oder weniger intensiv prüfen können. Die Prüfung kann hier darin bestehen, dass Sie im Prospekt der Firma X nachlesen, was das Modell auf hundert Kilometern an Sprit verbraucht. Sie können desweiteren einen Testbericht in einer Zeitschrift zu Rate ziehen und sich über die Einschätzung eines mutmaßlichen Experten informieren. Sie können sich aber auch selbst hinsetzen und eine Rechnung aufmachen: In dieser Rechnung sollten Sie neben den Anschaffungskosten den Wiederverkaufswert, sowie alle laufenden Kosten berücksichtigen, z.B. nicht nur den Benzinverbrauch (in Relation zu ihrer voraussichtlichen Kilometer-Leistung, solange Sie das Auto nutzen), sondern auch die Kosten für Reparaturen (in Relation zur vermutlichen Reparaturanfälligkeit) usw.

Prinzipiell können Sie alles prüfen, ja nach Sachlage mehr oder weniger intensiv. Jedoch werden Sie durch zwei Faktoren behindert:

Ihre Möglichkeiten

Ich kann leider nicht prüfen, ob man nicht doch schneller als das Licht durch das Weltall fliegen kann. Ich besitze weder die technischen Möglichkeiten, noch die entsprechenden Kenntnisse. Ich könnte aber, wie erwähnt, Physik studieren und mich so zumindest theoretisch dieser Frage nähern. Da mir das zu viel Aufwand ist (weil mir die Frage persönlich einfach nicht wichtig genug ist), kann ich auch Physiker zu diesem Thema befragen und mich bemühen, wenigstens so weit in die Materie einzusteigen, dass ich ihre Antworten verstehen kann. Ich sollte vorzugsweise Physiker fragen, da diese mit größerer Wahrscheinlichkeit *Experten* für diese Frage sind als – sagen wir mal – Psychologen.

Die Art der Vermutung

Die Vermutung muss solcherart sein, dass sie in eine präzise und widerlegbare Aussage umformuliert werden kann. Die Vermutung muss zumindest etwas beinhalten, das mir einen Hinweis darauf gibt, wie ich sie objektiv prüfen könnte. Die Behauptung, dass in meiner Garage ein Drache ist (vgl. Sagan, 1997), den niemand sehen kann, ist einfach nicht prüfbar. Nicht jede Vermutung ist von vornherein so formuliert, dass wir sie prüfen können. Jedoch sind viele Vermutungen in solche Hypothesen „übersetzbar“. Die Vermutung, bestimmte Steine („Heilsteine“) besäßen physikalisch nicht messbare „positive Energien“ beinhaltet die Annahme, dass sie sich dennoch auf lebendige Organismen (im Guten) auswirken und dass z.B. ein Heilstein unterm Kopfkissen zu gutem Schlaf führt. Wenn möglich sollte man diese Übersetzung mit dem Vertreter einer solchen Behauptung zusammen durchführen oder aber zumindest in seinem Sinne.[6]

➽ ***Gibt es Aussagen, die keinesfalls prüfbar sind, egal wie man sie formuliert?***

➽ Einige Behauptungen sind keinesfalls prüfbar. Dies sind Aussagen, die nicht die beobachtbare („reale“) Welt zum Inhalt haben, also metaphysische Aussagen. Sobald aber jemand etwas sagt, was die reale Welt betrifft, können wir prinzipiell von ihm verlangen, dass er seine Aussage prüfbar formuliert und dass er sie dann auch prüft, um seinen Anspruch aufrechtzuerhalten.

Insbesondere kann man *außergewöhnliche* Behauptungen prüfen; das sind Behauptungen derart, dass die ägyptischen Pyramiden von Außerirdi-

[6] Ray Hyman spricht in diesem Zusammenhang vom „Prinzip der Wohltätigkeit“ (*principle of charity*).

schen erbaut wurden, dass man Kontakt zu Verstorbenen aufnehmen kann und dass „sensible“ Menschen mit einer Wünschelrute Wasser finden können. Sie stehen in mehr oder minder großem Widerspruch zu dem, was wir heute von der Welt wissen. Wenn die außergewöhnlichen Behauptungen wahr wären, müsste vieles, was wir jetzt wissen, falsch sein.

Einige Kennzeichen außergewöhnlicher Behauptungen

Das eigentliche Kennzeichen für eine „außergewöhnliche Behauptung“ ist, dass sie sich nicht oder nur schwer mit dem, was man gegenwärtig von der Welt weiß, vereinbaren lässt. Nochmals sei darauf hingewiesen: Eine außergewöhnliche Behauptung ist nicht notwendigerweise falsch. Sie erfordert nur unsere genaue Prüfung, ehe wir sie akzeptieren. Die folgenden Kennzeichen sind weder notwendig noch ausreichend und sie stellen schon gar nicht Argumente für oder wider die Wahrheit der Behauptung dar. Betrachten Sie sie als Hinweise, die Ihre Aufmerksamkeit erregen sollten:

Der Behauptende ist kein Experte für dieses Gebiet

Die Vermutung, dass ein Experte sich mit dem Gebiet, auf dem er als Experte gilt, gut auskennt, und dass dagegen ein Fachfremder sich mit größerer Wahrscheinlichkeit täuschen kann, ist meiner Meinung nach nicht ganz unvernünftig. In den meisten Bereichen verlassen sich Menschen gerne auf den Rat oder die Arbeit einer Person, die für diesen Bereich ausgebildet wurde, z.B. wenn sie ihr Auto reparieren lassen oder in ähnlichen Situationen. Merkwürdigerweise gilt dies aber nicht durchgängig, und viele Menschen stützen sich eher auf den Rat eines Heilpraktikers als eines Arztes, eines Wünschelrutengängers als eines Geologen, eines Wahrsagers als eines Psychotherapeuten usw. Oft spielt dabei eine Rolle, dass dem eigentlichen Experten unlautere Motive – z.B. sich durch unnötige Behandlungen zu bereichern – unterstellt werden (dass auch der Heilpraktiker an der Behandlung verdient, wird dabei vergessen). Sicherlich können solche Motive das Urteil eines Experten verzerren. In gleicher Weise kann das aber auch für den Nicht-Experten gelten: Oft ist für diese schon die Aufmerksamkeit, die ihnen zuteil wird, ein starker Anreiz für ihr Engagement für eine bestimmte Position (wenn z.B. ein ehemaliger Elektrofachverkäufer in Diskussionen über die angeblich schädlichen Auswirkungen von Mobilfunkmasten gleichberechtigt neben Physik- und Medizin-Professoren gehört wird, so möchte ich doch vermuten, dass das seinem Ego sehr gut tut). Insofern müssen wir beide Faktoren in unsere Bewertung einbeziehen: Ist der Behauptende Experte und hat er bestimmte Motive, diese Meinung zu vertreten?

Der Behauptende gehört nicht dem wissenschaftlichen „Mainstream“ an, d.h. er ist ein Außenseiter in seinem Fach

Es ist zwar richtig, „dass die Gegner Galileis sich übrigens auch am Mainstream orientiert haben“. Da aber auf einen Galilei ca. 100.000 Spinner, deren Theorien sich nie bestätigen, kommen, ist a priori die Wahrscheinlichkeit, dass jemand, der nicht dem wissenschaftlichen Mainstream angehört, trotzdem recht hat, sehr gering. – Allerdings ist sie gegeben.

Es ist zwar schade, aber die Chancen auf eine sensationelle Entdeckung von einem Außenseiter stehen denkbar schlecht. In Abwesenheit anderer Informationen sollte uns die Tatsache, dass der Vertreter einer ungewöhnlichen Behauptung mit den meisten seiner Fachkollegen nicht übereinstimmt, skeptisch machen. Natürlich gibt es auch Theorien, die die überwiegende Mehrheit der Wissenschaftler für richtig hält, die sich dann aber irgendwann einmal doch als falsch herausstellen. Jedoch gilt: Je weiter eine Wissenschaft entwickelt ist, desto unwahrscheinlicher wird dieser Fall.

Es werden unkonventionelle erkenntnistheoretische Annahmen gemacht

Der Bezug auf andere Erkenntnistheorien als den Realismus muss nicht notwendigerweise der Stützung ungewöhnlicher Behauptungen dienen. Oft ist er aber der Endpunkt in der Entwicklung einer ungewöhnlichen Behauptung: Wenn „die Wissenschaft“ – oder vielmehr schlicht und einfach die Realität – die erhoffte Bestätigung versagt und Belege ausbleiben, dann wird oft vorgebracht, es gäbe halt einfach mehrere Realitäten, die gleichwertig nebeneinanderstehen usw. (vgl. Kapitel 4.2.)

Verschwörungstheorien

Eine andere Entwicklung, die eine ungewöhnliche Behauptung einschlagen kann, ist die Einführung einer Verschwörungstheorie in das System. Dass die Belege für die Behauptung so wenig überzeugend und so gering an der Zahl sind, liegt demnach an einer Verschwörung, die der Vertuschung und der Unterdrückung dient. Warum gibt es so wenige Beweise dafür, dass Außerirdische die Erde besucht haben? Eine gigantische Verschwörung (vornehmlich US-amerikanische Regierungsstellen, z.B. die CIA) versucht, diese Tatsache vor der Öffentlichkeit zu verbergen und lässt Belege verschwinden, besticht oder ermordet Zeugen usw. Wohlgemerkt: Es gab und gibt immer wieder Verschwörungen – der Skandal um die Geheimloge P2 in Italien in den achtziger Jahren ist ein Beispiel. Es gibt aber bei weitem weniger Verschwörungen als angenommen wird. Das hat einen einfachen Grund: Den Menschen fällt es schwer, etwas für sich zu behalten. Großangelegte Verschwörungen, speziell wenn sie der Verheimlichung einer Sensation (wie der Existenz von Außerirdischen) dienen, sind extrem schwer aufrecht zu erhalten.

Literaturtipp: Pipes, D. (1998): *Verschwörung. Faszination und Macht des Geheimen.* München: Gerling Akademie Verlag.

Eine mildere Form der „Verschwörung“ stellt das „Desinteresse etablierter Wissenschaftler“ dar. Dies ist allerdings bei weitem wahrscheinlicher. So wurde Wegeners Kontinentaldrift-Hypothese (dass sich die Kontinente im Laufe der Jahrmillionen auseinander und aufeinander zu bewegen) lange Zeit ignoriert, heute gilt sie jedoch – in der so genannten Plattentektonik – als allgemein akzeptiert. Jedoch ist der Fall Wegener eher eine Ausnahme. Neue Theorien haben es in unterschiedlichem Ausmaß schwer, akzeptiert zu werden. Jedoch ist das Ausbleiben der Akzeptanz *trotz der Vorbringung von stützenden Befunden* über einen längeren Zeitraum ein recht seltenes Vorkommnis. Wissenschaftler sind keine verschworene Gemeinschaft, sie stehen vielmehr in Konkurrenz zueinander. Wem es als erstem gelingt, ein neues Forschungsfeld zu erschließen oder ein bislang unbekanntes Phänomen zu erkunden, der hat einen Vorteil gegenüber seinen Mitkonkurrenten. Das Aufspringen auf den fahrenden Zug mag hier bequemer sein, Ruhm bringt es nicht ein. Andererseits sind auch Wissenschaftler für Moden und den Zeitgeist anfällig und einer, der seiner Zeit zu weit voraus ist bzw. zu weit vom „Mainstream“ abweicht, wird eventuell auch dann nicht akzeptiert, wenn er eigentlich recht hat. An sich lässt das „Desinteresse etablierter Wissenschaftler“ aber weder auf die Wahrheit noch auf die Falschheit einer Annahme schließen.

Das Prüfen außergewöhnlicher Behauptungen nennt man „skeptische Untersuchung“ (*skeptical inquiry*). Man bezeichnet diese Form des Skeptizismus auch als „methodischen Skeptizismus“, denn die Frage, die am meisten interessiert, ist, mit welchen Methoden das Wissen gewonnen wurde. Skeptische Nachprüfung bzw. Untersuchung bedeutet, dass es Kriterien gibt, anhand derer wir Wissensbehauptungen überprüfen können: logische Gesichtspunkte und experimentelle Prüfung an den Konsequenzen. Die Methode der skeptischen Untersuchung hat starke Ähnlichkeit mit den Methoden „guter" Wissenschaft: Dies ist kein Zufall, denn auch die Wissenschaft versucht, Wissensbehauptungen zu prüfen. Die ethische Maxime dieser Richtung lautet: Handle nach dem besten zur Verfügung stehenden Wissen.

Das *Committee for the Scientific Investigation of Claims of the Paranormal* (CSICOP) in den USA, die *Gesellschaft zur wissenschaftlichen Untersuchung von Parawissenschaften* (GWUP) e.V. in Deutschland und ähnliche Organisationen in anderen Teilen der Welt widmen sich der Verbreitung wissenschaftlichen Denkens, der Aufklärung über den Wahrheitsgehalt „außergewöhnlicher" Behauptungen und nicht zuletzt der Erforschung dieser Behauptungen und Ansprüche.

Literaturtipp: Als Begründer dieser neuen (der Pyrrhonischen Skepsis so unähnlichen) Form des Skeptizismus gilt der amerikanische Philosoph Paul Kurtz. Einen kurzen Abriß des „Skeptical Inquiry" findet man in: Kurtz, P. (1996). Der neue Skeptizismus. In G. v. Randow, *Der Fremdling im Glas und weitere Anlässe zur Skepsis, entdeckt im „Skeptical Inquirer"* (S. 91-106). Reinbek: Rowohlt. Weiterführende Literatur: Kurtz, P. (1992). *The New Scepticism. Inquiry and Reliable Knowledge.* Buffalo, NY: Prometheus Books.

Außergewöhnliche Behauptungen stehen selten allein da. Meist sind sie eingebettet in ein System solcher Behauptungen. Wenn ich annehme, dass Heilsteine wirklich heilen, dann muss ich mir auch Gedanken darüber machen, wie das funktionieren soll. Einige behaupten, die vermutete Heilwirkung geschähe vermittels von „Energien". Dummerweise sind solche „Energien" physikalisch nicht nachweisbar, also sind es – „unbekannte" Energien. So zieht eine außergewöhnliche Behauptung die andere nach sich. Alles in allem ergeben sie ein „paranormales Überzeugungssystem", das bestenfalls in sich stimmig ist, aber nicht unbedingt etwas mit dem zu tun hat, was die Wissenschaft über die Welt aussagt. Manche dieser Überzeugungssysteme versuchen, sich den Anschein von Wissenschaftlichkeit zu geben; man spricht dann von Pseudowissenschaften.

Para-, Pseudo- und Protowissenschaften

Man sollte unterscheiden:

- *Parawissenschaften* sind Wissenschaften, deren Status noch ungeklärt ist, die „wahr" oder „falsch" sein können.

- *Pseudowissenschaften* betreiben „Wissenschaftsmimikry“: Sie bedienen sich wissenschaftsähnlicher Verhaltensweisen, Begriffe und Methoden, sind aber im Grunde keine Wissenschaften.
- Als *Protowissenschaft* bezeichnet man eine Wissenschaft im Entstehen, eine, die sich noch nicht durchgesetzt hat. Ein geläufiges Beispiel für eine protowissenschaftliche Behauptung ist Wegeners Kontinentaldrifthypothese, die zur Zeit ihrer Entstehung – und noch lange danach – umstritten war, heute aber im Rahmen der Plattentektonik Teil einer allgemein anerkannten Wissenschaft ist.

Ob eine Parawissenschaft eine Pseudowissenschaft oder eine Protowissenschaft ist, lässt sich erst nach eingehender Untersuchung, oft erst nach geraumer Zeit, sagen.

Der Glaube an paranormale Überzeugungssysteme ist ein gesellschaftlich bedeutsames Phänomen. Zahlreiche Talkshows, Esoterikmessen, Horoskope, „alternative“ Heilmethoden u.ä. belegen dies.

➽ Haben Sie Erfahrungen mit derartigen paranormalen Überzeugungssystemen gemacht?

➽ Fast jeder ist schon in Berührung gekommen mit Esoterik, Astrologie, Mondrhythmentheorie, Bachblütentherapie usw. Einige von Ihnen werden sich fragen: *Warum sollte man „solch krauses Zeugs“ überhaupt prüfen?*

Zunächst aus Gründen der Fairness: Nur weil sie ungewöhnlich ist, muss eine Behauptung nicht unbedingt falsch sein. Sie sollten (z.B. Freunden und Bekannten gegenüber, die an derartige Dinge glauben) so fair sein, ihnen wenigstens die Chance zu geben, ihren „Fall“ darzulegen. Wenn Ihnen nicht gefällt, was andere Leute behaupten, dann müssen Sie in einer fairen Diskussion bestehen können. Sie sollten etwas nicht einfach dogmatisch ablehnen.

Oft erscheint uns etwas zwar abstrus und eindeutig „falsch“ – aber wir können nicht so recht angeben, warum das so ist. Eine Prüfung dessen lässt uns unsere eigenen Überzeugungen besser verstehen. Nichts eignet sich nach meiner Meinung besser zur Schulung des kritischen Denkens als die Untersuchung außergewöhnlicher Behauptungen. Zudem geht „krauses Zeug“ fließend in „allgemein akzeptiertes Wissen“ über, und auch das kann falsch sein, wie die letzten Beispiele in diesem Buch zeigen werden.

Vor allem gilt für einige paranormale Behauptungen, dass die Folgen für uns phantastisch wären, wenn sie denn wahr wären: Wenn man wirklich mit Handauflegen Krebs heilen könnte, würde das Gesundheitssystem phänomenal entlastet werden. Und denken Sie nur: Wenn uns tatsächlich bereits Außerirdische besucht hätten...

Zum anderen bergen pseudowissenschaftliche Behauptungen auch einige Gefahren, die es moralisch rechtfertigen, ihnen fair und unvoreingenommen aber entschlossen entgegenzutreten.

➽ *Welche Gefahren könnten aus paranormalen Überzeugungen erwachsen?*

➽ Abgesehen davon, dass einige Überzeugungssysteme der Aufklärung und der Rationalität – Grundwerten unserer Gesellschaft – feindselig gegenüberstehen und dass sie so der Freiheit und Demokratie indirekt Schaden zufügen, gibt es ganz konkrete Gefahren, die von paranormalen Überzeugungen und Praktiken ausgehen. So sind alternative Heilmethoden manchmal an sich schädlich, bisweilen nur dann, wenn ihretwegen eine wirksame Behandlung unterlassen wird. Auch die meisten Menschen, die gern ihr Horoskop lesen und die jeden neuen Bekannten als erstes nach dem Sternzeichen fragen, würden es empörend finden, wenn Stellenbewerber nach dem Rat eines Astrologen eingestellt oder abgelehnt werden (tatsächlich geschieht das gar nicht selten). Auch ist es mehr als bedenklich, wenn man erfährt, dass in vielen Kindergärten und Schulen die Kinder mit den äußerst umstrittenen Methoden der Edukinesiologie „gefördert“ werden (vgl. Walbiner, 1997 und Hund, 1997). Ganz abgesehen davon, dass sich, wer mit nachgewiesenermaßen wirkungslosen Verfahren Profit erwirtschaftet, des Betrugs schuldig macht.

Etwas Falsches glauben darf jeder gerne. Etwas Falsches glauben und es in die Welt hinausposaunen, halte ich für eine Art „geistige Umweltverschmutzung“. Etwas Falsches glauben, es hinausposaunen und in Folge davon anderen Menschen schaden, finde ich in der Tat ethisch fragwürdig. Aber die Frage, ob die Behauptung wahr oder falsch ist, ist unabhängig von solchen möglichen Auswirkungen zu prüfen.

6. Wie prüft man außergewöhnliche Behauptungen?

Um außergewöhnliche (und andere) Behauptungen prüfen zu können, benötigen Sie Fähigkeiten und Wissen.

Die **Fähigkeit**, die Sie vor allem benötigen, nennt sich „kritisches Denken". Stellen Sie sich bitte unter „kritischem" Denken nicht (wie ich, zugegebenermaßen, vor ein paar Jahren noch) ein substanzloses und spitzfindiges „Rumnörgeln" vor, etwa in der Art eines Literatur*kritikers*. Kritisches Denken ist eine absichtsvolle und zielgerichtete kognitive Aktivität. Genauer:

„Kritisches Denken ist die Benutzung jener kognitiven Fähigkeiten oder Strategien, die die Wahrscheinlichkeit eines erwünschten Ergebnisses erhöhen. Es handelt sich um ein Denken, das absichtsvoll, rational und zielorientiert ist" (Halpern, 1997, S. 4).

Einige jener kognitiven Fähigkeiten möchte ich Ihnen in diesem Buch nahebringen. Kritisches Denken beinhaltet vor allem das Berücksichtigen der zahlreichen Möglichkeiten, sich zu täuschen. Es ist wichtig, dass Sie diese immer im Hinterkopf behalten, auch um dies auf Ihre eigene Argumentation anzuwenden.

Es gibt keine Standard-Methode, um bei der Prüfung einer Behauptung kritisch zu denken. Sie müssen sich jeweils auf jeden Fall neu einstellen. Ein kleine Hilfe dabei wird ein Leitfaden sein, der Ihnen helfen soll, ihre Prüfung zu strukturieren und den ich Ihnen weiter unten vorstellen möchte.

Critical Thinking als Forschungsthema

„Wenn Ihnen jemand sagt, dieses Kritische Denken sei überflüssiges Zeugs, dann geben Sie ihm oder ihr ein Beispiel, in dem unkritisches Denken zu einer ungerechten Verurteilung führt. Wen würden Sie lieber über ihre Schuld oder Unschuld entscheiden lassen: Leute, die kritisch denken können oder solche, die zu voreiligen Schlüssen neigen und die leicht durch irreführende Informationen getäuscht werden?" (Halpern, 1997, S. 93).

Nicht wenige (vor allem kognitive) Psychologen beschäftigen sich direkt oder indirekt mit der Forschung zum kritischen Denken: Was es ausmacht, welche Fähigkeiten und Eigenschaften es begünstigen oder behindern und wie man es am besten lehrt (z.B. in der Schule). Dieses Buch verdankt der Arbeit dieser Wissenschaftler viele wertvolle Anregungen. Einige ihrer Bücher möchte ich Ihnen ans Herz legen. In ihnen sind viele Themen, die hier nur angeschnitten werden können, detaillierter dargestellt:

Diestler, S. (1998). *Becoming a Critical Thinker. A User Friendly Manual.* Upper Saddle River, NJ: Prentice Hall.

Gilovich, T. (1991): *How We Know What Isn't So: The Falliblity of Human Reason in Everyday Life.* Free Press, New York.

Halpern, D.F. (1997). *Critical Thinking Across the Curriculum: A Brief Edition of Thought and Knowledge.* Mahwah, NJ: Lawrence Erlbaum Associates.

Schick, T. & Vaughn, L. (1998). *How to Think About Weird Things. Critical Thinking for a New Age.* Mountain View, Cal.: Mayfield Publishing Company.

Welches **Wissen** Sie benötigen, um eine Behauptung zu prüfen, hängt von der Art der Behauptung ab. Einige Behauptungen erfordern nur das Wissen, das bei jedem von Ihnen bereits vorhanden sein sollte (so ungefähr das, was man durch eine solide Schulbildung erhält, sowie etwas Lebenserfahrung). Auf diese Art und Weise können Sie aber bei weitem nicht alle Behauptungen prüfen. Die Vertreter ungewöhnlicher Behauptungen sind oft „Experten" für ihre Behauptung. Ich bin mir ziemlich sicher, dass die meisten von Ihnen (ich eingeschlossen) nicht im Stande sind, einem Vertreter der „Flat Earth Society" auf seinem Gebiet das Wasser zu reichen. Was können Sie nun tun, wenn Ihr Wissen nicht ausreicht?

Sie können es sich aneignen. Früher oder später sind *Sie* auf diesem Gebiet Experte. Zudem kann sich Ihre Ausbildung oder Ihr Beruf in vielerlei Hinsicht als nützlich erweisen. An der Auswahl an Fallbeispielen in diesem Buch können Sie erkennen, dass ich Psychologie studiert habe. Dies verschafft mir bei einigen außergewöhnlichen Behauptungen einen gewissen Vorsprung an Wissen.

Sie können auch einfach jemanden fragen. Das „Fragen“ kann auch beinhalten, dass Sie sich Informationen aus Büchern, dem Internet und anderen Medien besorgen. Bei der Auswahl der Informationen müssen Sie wiederum kritisch denken können, um zu erkennen, welche Informationen zuverlässig sind. Hierfür gibt es keinen absoluten Maßstab. Zum einen hilft Ihnen dann hoffentlich dieses Buch, die Informationen anderer zu beurteilen, zum anderen gibt es einige meines Erachtens vernünftige Prinzipien, anhand derer Sie eine Quelle beurteilen können. Keines dieser Kriterien ist hinreichend und auch alle zusammen sind es nicht. Aber sie helfen beim gedanklichen Sortieren.

Quellen beurteilen

Wenn Sie sich auf Informationen aus zweiter Hand (z.B. aus einem Buch) stützen, um Behauptungen zu prüfen, dann sollten Sie unter anderem auf diese Punkte achten:

- Gibt der Autor Gründe an, warum seine Position richtig ist und stehen diese Gründe in einem logischen Zusammenhang mit dem, was er behauptet? Nicht jeder „Grund“ ist auch einer. Zum Beispiel ist die Aussage „Die CIA führt Gehirnwäscheexperimente durch, *weil* man Geheimdiensten grundsätzlich jede Gemeinheit zutrauen muss“, durch das „weil“ nicht wirklich begründet worden.
- Gibt er Belege für seine Behauptungen an? Sind diese Belege, z.B. empirische Untersuchungen, von Aussagekraft für die Behauptung? Wenn die Untersuchungen in einem ganz anderen Zusammenhang stattfanden, müssen sie nicht unbedingt auf die zur Diskussion stehende Behauptung übertragbar sein. Untersuchungen über die komplexe Struktur von Eiskristallen sagen kaum etwas darüber aus, ob Informationen in Wasser gespeichert sein können.
- Nennt er seine eigenen Quellen (Literaturstellen für Behauptungen); zitiert er so, dass man die Quellen wiederfinden kann? Sie kennen sicher Meldungen dieser Art: „Wissenschaftler haben herausgefunden...“ (fügen Sie hinzu, was Sie wollen). Wenn nicht erwähnt wird, welche Wissenschaftler wann, wo und wie was gemacht haben, ist die Behauptung wertlos.
- Sind seine Behauptungen in sich kohärent, d.h. widersprechen sie sich nicht? Wenn zwei Behauptungen im Text in offenkundigem Wider-

spruch zueinander stehen und der Autor diesen Widerspruch nicht aufklärt, sollte uns das stutzig machen.

- Ist der Autor ein Experte auf dem Gebiet, über das er Aussagen macht? – Nicht jede „Autorität“ ist ein Experte für das zur Frage stehende Gebiet. Pfarrer, auch wenn sie im Fernsehen auftreten, sind vielleicht Experten für theologische Fragen aber nicht für alternative Heilmethoden.
- Argumentiert er fair oder appelliert er an Ihr Gefühl, respektiert er andere Positionen zum Thema oder versucht er sie ins Lächerliche zu ziehen usw.? Zwar kann die Art und Weise, wie Aussagen vorgetragen werden, auch auf die Persönlichkeit des Autors zurückzuführen sein, aber wer es nötig hat, andere zu diffamieren oder uns einzuwickeln, hat unter Umständen nicht genügend echte Argumente (vgl. auch *Kasten: Argumentative Fallen*, S. 77).
- Woher stammt die Information? Eine private Internetseite ist beispielsweise anders zu bewerten als die Homepage eines Universitätsinstituts. Ein im Selbstverlag erschienenes Buch ist kritischer zu betrachten als ein Artikel in einer renommierten Fachzeitschrift. Letzteres liegt vor allem daran, dass Artikel in Fachzeitschriften in der Regel von Fachkollegen – anderen Experten – vor der Veröffentlichung geprüft werden und somit der Selbstkontrolle unter Wissenschaftlern unterliegen. Das alles heißt nicht, dass nicht auch in Büchern aus Selbstverlag oder kleineren Verlagen und auf privaten Homepages wahre Perlen der intellektuellen Redlichkeit und reiche Quellen solider Information zu finden sind. Und vor allem bedeutet es nicht, dass nicht auch auf den Seiten von Lehrstühlen und in Fachzeitschriften mancher Unfug steht (O ja...!). Es ist nur eine Orientierungshilfe.

Dieser Grundsatz gilt für alle eben erwähnten Punkte: Es sind nur erste Hilfen. Sie werden nicht immer die Zeit haben, alle möglichen Quellen eingehend zu prüfen. Einige der obigen Punkte lassen sich relativ schnell feststellen. Wenn sich eine so gefundene Information als wichtig für Sie erweist, bleiben sie nicht dabei stehen, prüfen Sie ihre Quelle erneut. Bleiben Sie kritisch!

Stellen Sie sich vor, ein Bekannter oder eine Bekannte von Ihnen behauptet Folgendes: *Heilsteine helfen gegen Kopfschmerzen.*

Wie sollten Sie nun konkret vorgehen, wenn Sie eine Behauptung wie diese prüfen wollen? Da Sie ein höflicher Mensch sind, werden Sie sie nicht einfach mit einem „Unfug!“ abtun, sondern die Person nach Gründen für ihre Behauptung fragen. Garantiert werden Sie Gründe erfahren und sei es „Ich habe ein Buch darüber gelesen“ oder „Bei meinem Bruder hat es geholfen“. Gehen Sie nicht überstürzt zu Werke. Beachten Sie einige Spielregeln für Skeptiker. Die erste Spielregel „Die Beweispflicht liegt beim Behauptenden“ haben Sie bereits erfahren. Ihr Gegenüber hat den ersten Schritt getan und Ihnen einen „Beweis“ angeboten. Was sollten Sie noch beachten?

Einige Spielregeln für Skeptiker

Um den Sinn der Spielregeln zu illustrieren, hier zunächst einmal ein „paranormales“ Phänomen und seine möglichen Erklärungen:

Wie viele andere Menschen – nach meiner Beobachtung sind es vor allem Männer – plagt auch mich ein Problem meine Leibwäsche betreffend: In meinem Schrank häufen sich viele einzelne Socken, denen ihr passendes Gegenstück abhanden gekommen ist. Den Verlust der Sockengeschwister bemerke ich in der Regel, wenn ich die getrockneten Socken vom Wäscheständer nehme. Ich arbeite seit längerem an Erklärungsmodellen, wo die verschwundenen Socken abbleiben. Unter anderem warf ich diese Frage einmal im Usenet (den Diskussionsforen des Internet) auf und erhielt einige interessante Anregungen. Im Folgenden seien einige der von mir und anderen entwickelten Theorien zur Erklärung des Sockenschwunds kurz aufgelistet:

1. Sockenfressendes Monster in der Waschmaschine

Die Theorie stammt von einem Kleinkind (dessen Mutter sie mir berichtete), das so das Fehlen einzelner Socken beim Anziehen rechtfertigte. Das Monster ist selbstverständlich unsichtbar. Wie das Monster die Socken verdaut, wo es herkommt, wie lange es lebt usw., ist unklar.

2. Hyperraumtunnel („Wurmloch“) in der Waschmaschine

Meine Lieblingstheorie! Demnach wird durch die Rotation der Waschmaschine beim Schleudern eine quantenphysikalische Singularität erzeugt, die mittels Tunnel durch die gekrümmte Raum-Zeit hindurch mit anderen Orten im Universum verbunden sind. (Sie haben das eben nicht verstanden? – Macht nichts...). Gelegentlich führen diese Tunnel sogar in andere Waschmaschinen – was das sporadische Auftauchen seltsam unvertraut erscheinender Socken in der Wäsche erklärt. Da Socken unter allen Kleidungsstücken die geringste Masse besitzen, können sie am ehesten in die Tunnel hineingezogen werden. Zudem fällt der Schwund von Socken aufgrund ihrer paarweisen Existenzform besonders auf. Das Fehlen anderer Kleidungsstücke wird einfach seltener bemerkt.

3. Einbeiniger Dieb

Demnach werden die vom Sockenschwund Betroffenen von einbeinigen Dieben heimgesucht, die sich auf diese Weise ihre Fußbekleidung ergaunern. Warum werden nur Socken und nicht auch noch Schuhe gestohlen? – Eine naheliegende Frage. Die Antwort lautet, dass es sich um eine Vorsichtsmaßnahme der einbeinigen Diebe handelt. Da diese Wiederholungstäter sind, möchten sie keine Aufmerksamkeit erwecken. Das Fehlen eines Schuhs würde zu große Aufmerksamkeit beim Bestohlenen und eventuell Vorsichtsmaßnahmen bewirken.

4. Schlechte Justierung der Waschmaschinentrommel

Ein Bekannter erzählte mir, dass er bei der Reparatur seiner Waschmaschine einmal auf mehrere einzelne Socken im Gehäuse stieß. Nur Socken sind ausreichend klein, um durch die schmale Spalte zwischen Trommel und Gehäuse fallen zu können.

5. Hastiges Ausziehen

Ein Teilnehmer der Diskussion im Usenet berichtete, dass ihm einmal auf offener Straße eine Socke aus dem Hosenbein fiel. Die Socke war offenkundig tags zuvor beim (hastigen) Entkleiden im Hosenbein steckengeblieben.

➽ ***Welche der angebotenen Erklärungen halten Sie für wahrscheinlich, welche für eher unwahrscheinlich?***

➽ Die meisten von Ihnen werden die letztgenannten Theorien für wahrscheinlicher halten als die ersten. Warum eigentlich? Sind nicht von vornherein erst mal alle Theorien gleich wahrscheinlich? Nein, denn die ersten Erklärungen enthalten *außergewöhnliche* Behauptungen. Außergewöhnliche Behauptungen sind solche Behauptungen, die eine Vielzahl von Zusatzannahmen über die Welt erfordern, um denkbar zu sein (dass Singularitäten bereits durch die in Waschmaschinen auftretenden Kräfte erzeugt werden können, nicht aber in anderen Systemen, in denen ähnliche Kräfte wirken usw.). *Normale* Behauptungen lassen sich relativ problemlos mit unserem Weltwissen vereinbaren (dass jemandem beim Ausziehen seiner Hose eine Socke im Hosenbein hängenbleibt, ist nichts Außergewöhnliches).

Außerdem wurden Ihnen für die ersten Theorien keine oder nur unzureichende Belege geliefert, für die anderen Theorien wurde wenigstens ein Augenzeugenbericht zugrundegelegt. Hätte ich gesagt, dass ich bereits einmal einen Einbeinigen aus meiner Wohnung habe flüchten sehen, dann dächten sie vermutlich *etwas* anders über Theorie 3. Dies führt uns zu einem weiteren Grundsatz skeptischer Untersuchung:

Zweite Spielregel für Skeptiker: „Außergewöhnliche Behauptungen verlangen außergewöhnliche Beweise"

Martin Gardner, ein berühmter amerikanischer Skeptiker und Autor vieler populärwissenschaftlicher Bücher, sagte einmal: „Wenn Sie behaupten, Sie hätten eine Ziege im Garten, würde ich Ihnen wahrscheinlich glauben. Wenn Sie dagegen behaupten, Sie hätten ein Einhorn im Garten, könnte mich nicht einmal ein Foto davon überzeugen. Ich würde nicht eher ruhen, bis ich es mit eigenen Augen gesehen habe" (nach Randow, 1993).

Dies dürfte diese Spielregel einigermaßen plausibel gemacht haben. Darüber hinaus gibt es dafür aber noch ein wissenschaftstheoretisches Argument:

Ein Prinzip, das auch als „Occams Rasiermesser"[7] bekannt ist, besagt, dass man in einer Theorie auf nicht notwendige Annahmen (oder „Entitäten") verzichten soll. Wenn man ein Ereignis (z.B. ein Naturphänomen) sparsam, mit wenigen Annahmen erklären kann, dann soll man nicht ohne Not weitere Annahmen hinzufügen.

Außergewöhnliche Behauptungen oder Erklärungen verlangen in der Regel eine Vielzahl neuer „Entitäten", die „gewöhnliche" Erklärungen nicht benötigen. Occams Prinzip besagt hier, dass ich, wenn ich ein Ereignis (z.B. zwei Menschen denken zur selben Zeit an das selbe) in Übereinstimmung mit den bereits bekannten Naturgesetzen und -kräften erklären kann, ich nicht ohne Not neue Annahmen (z.B. es gibt Telepathie) hinzufügen soll. Man muss schon sehr gut nachweisen können, dass ein Ereignis nicht nach dem jetzigen Stand der Wissenschaft erklärt werden kann, ehe man neue Gesetze einführen darf. Dabei aber ist Vorsicht geboten:

---

[7] Dem englischen Scholastiker William von Occam (ca. 1300 bis 1349) wird der Ausspruch „Pluralitas non est ponenda sine neccesitate" (ungefähr: Die Vielzahl soll nicht ohne Notwendigkeit vermehrt werden) zugeschrieben. (Nach Imbach, 1987, lautet die tatsächlich von Occam stammende Formulierung "quia frustra fit per plura quod potest fieri per pauciora.")

Occams Rasiermesser ist nur ein pragmatisches Argument – wenn auch ein sehr sinnvolles und bewährtes.

Einige Anhänger paranormaler Phänomene finden die Spielregel „außergewöhnliche Behauptungen verlangen außergewöhnliche Beweise" unfair. Warum sollen parapsychologische Experimente, die dem Nachweis von Telepathie oder Psychokinese dienen, derartig gut kontrolliert sein? So sollen sie doppelblind sein, d.h. so angelegt, dass weder der Versuchsleiter noch der „Empfänger" in einem Telepathieexperiment vorher wissen, was das gesendete Bild zeigt. Und warum müssen positive Resultate mehrfach repliziert (erfolgreich wiederholt) werden, ehe andere Wissenschaftler, die keine Parapsychologen sind, sich ernsthaft damit beschäftigen? All das angesichts der Tatsache, dass nur die allerwenigsten normalpsychologischen Experimente doppelverblindet sind oder repliziert werden!

Der Unterschied zwischen parapsychologischen Annahmen und solchen, die in den Versuchen der normalen Psychologie geprüft werden, besteht darin: Normal-psychologische Annahmen werden nicht nur von all dem, was wir bereits bis jetzt in der Psychologie erkannt haben, sondern auch von allen anderen Wissenschaften und deren Erkenntnissen, gestützt. Angenommen, ich prüfe eine Annahme, die mit dem, was wir bereits wissen, in Einklang steht, und erziele ein positives Resultat. Dann wird meine Annahme nun nicht nur durch das Ergebnis dieses einen Experimentes gestützt, sondern auch durch alle anderen Forschungen, die je in der Psychologie durchgeführt wurden. Parapsychologische Annahmen können diese Unterstützung nicht (oder nur teilweise) für sich in Anspruch nehmen.

Dritte Spielregel für Skeptiker: „Unterscheide Allaussagen und Existenzaussagen!"

Allaussagen („Jeder Kupferdraht leitet Strom") kann man nur widerlegen, Existenzaussagen kann man nur beweisen. Sie sollten nicht auf den Fehler verfallen, eine Allaussage belegen oder eine Existenzaussage widerlegen zu wollen.

Im Bereich der Parawissenschaften haben wir es vor allem mit Existenzaussagen zu tun. Oft wird die Existenz irgendeines Phänomens (geistige Kräfte, Psi, morphogenetische Felder, das Unterbewusstsein usw.) behauptet. Auf die Bitte, dieses Phänomen doch nachzuweisen, wird oft entgegnet: „Beweisen Sie mir doch, dass es das **nicht** gibt!" Man kann aber, wie erwähnt – *prinzipiell nicht* – die Nicht-Existenz einer Sache beweisen. Der Skeptiker Wolfgang Hund drückt das so aus: „Man kann nicht die Nicht-Existenz des Pumuckl beweisen“. Folgt daraus, dass der Pumuckl existiert? Nein, und darum dürfte auch der nächste Grundsatz klar sein:

Vierte Spielregel für Skeptiker: „Trenne zwischen behauptetem Sachverhalt und angebotener Erklärung“

Man sollte immer zwischen dem behaupteten Sachverhalt und der angebotenen Erklärung trennen. Werden wir beispielsweise mit der Behauptung: „Das Ungeheuer von Loch Ness ist ein überlebendes Exemplar eines Plesiosauriers“ konfrontiert, so müssen wir eigentlich zwei Fragen klären: Existiert „Nessie“ überhaupt? Wenn ja, um was handelt es sich?

Diese Unterscheidung erspart oft unnötige Arbeit, denn Vertreter paranormaler Thesen setzen meist einen Sachverhalt als gegeben voraus und diskutieren allenfalls noch über die mögliche Erklärung. So ist es müßig, sich mit einem Homöopathen auf eine Diskussion über „Informationen im Wasser“ einzulassen, solange nicht nachgewiesen ist, dass „hochpotente“ (d.h. milliardenfach verdünnte) Homöopathika überhaupt irgendeine (über den Placeboeffekt hinausgehende) Wirkung entfalten.

Mit diesen Spielregeln im Hinterkopf machen wir uns nun an die Untersuchung außergewöhnlicher Behauptungen. Um dabei möglichst fair, aber auch möglichst gründlich vorzugehen, werde ich mich an einem Leitfaden orientieren.

Ein Leitfaden zur Untersuchung „außergewöhnlicher Behauptungen“

Im Folgenden sei eine Richtschnur vorgestellt, an die wir uns bei der Analyse außergewöhnlicher Behauptungen künftig halten wollen. Dieser Leitfaden wurde im Juli 1998 von Ray Hyman und James Alcock auf dem zweiten *World Skeptics Congress* in Heidelberg in einem Workshop zum kritischen Denken vorgestellt (Hyman & Alcock, Juli 1998).

Wenn wir uns dieses Leitfadens bedienen, können wir einigermaßen sicherstellen, dass wir nichts vergessen und fair und systematisch vorgehen. Dieser Leitfaden wird uns auch zur Gliederung der einzelnen Fallbeispiele dienen. Bei manchen Fallbeispielen werden wir uns nicht hundertprozentig an diesen Leitfaden halten können, aber wir sollten ihm immer so weit wie möglich folgen.

Natürlich genügt dieser Leitfaden nicht, um mit jeder außergewöhnlichen Behauptung zurande zu kommen, denn wir benötigen auch empirisches Faktenwissen, Kenntnisse der Methoden wissenschaftlichen Arbeitens usw. Aber als Leitfaden ist er brauchbar.

Werden wir nun mit einer dieser „außergewöhnlichen Behauptungen" konfrontiert, so gehen wir bei ihrer Prüfung nach folgenden Schritten vor:

I. Worum geht es eigentlich?

Oft ist in den zu untersuchenden Bereichen überhaupt nicht klar auszumachen, was eigentlich zur Debatte steht. Wir müssen dann erst herausfinden, was die Kernannahmen sind. Im Fallbeispiel „Uri Gellers Levitationsübung" (vgl. S. 71) etwa erzählt Uri Geller erst lang und breit von seiner Bekanntschaft mit dem damaligen US-Vizepräsidenten Al Gore, ehe er von dem angeblichen paranormalen Phänom berichtet.

II. Was wird behauptet?

Wir bringen den Anspruch in die Konditionalform, d.h. wir formulieren die Behauptung als einen Satz der Form: „Wenn..., dann...". Dazu brauchen wir folgende Komponenten:

ES (Explanatory System)

Das Erklärungssystem (ES) ist die Beschreibung einer möglichen Welt, in der bestimmte Ereignisse möglich sind. Ein Beispiel: Hinter der Behauptung „Uri Geller kann Löffel durch die Kraft seines Geistes verbiegen" steht ein Erklärungssystem. Dieses Erklärungssystem beschreibt eine mögliche Welt, in der es prinzipiell möglich ist, metallene Objekte durch Geisteskraft zu verbiegen.

H (Hypothese)

Die Hypothese lautet immer, dass das ES wahr ist, d.h. dass die mögliche Welt ein Teil der realen Welt ist.

IC (Initial Conditions)

Damit bezeichnen wir den ursprünglichen Zustand eines Systems, einer Person oder eines Objekts, der in einer bestimmten Art verändert wird, vorausgesetzt, der Zustand wird bestimmten anderen Bedingungen ausgesetzt und das ES ist wahr. Das heißt im Klartext: Was ist zunächst da, ehe der behauptete Vorgang stattfindet? Wenn es darum geht, dass Heilsteine Kopfschmerzen lindern, dann muss zunächst eine Person da sein, die Kopfschmerzen hat.

AC (Auxiliary Conditions)

Das sind diejenigen Bedingungen, die (explizit oder implizit) nötig sind, um das Ergebnis hervorzubringen. Beispielsweise könnte ein Anhänger der Heilsteinlehre behaupten, dass Heilsteine nur dann wirken, wenn sie nach dem Magnetfeld der Erde ausgerichtet sind oder etwas in der Art.

P (Predicted Outcome)

Das Ergebnis einer möglichen Prüfung, vorausgesetzt, die Behauptung ist zutreffend.

Zusammengefasst:
Wenn [ES / H & IC & AC], dann P.

Die Konditionalform einer Behauptung könnte dann beispielsweise so aussehen: „Wenn [die Heilsteinlehre (ES) richtig ist (H) und jemand, der Kopfschmerzen hat (IC), einen Heilstein auf bestimmte Art und Weise anwendet (AC)], dann hat er keine Kopfschmerzen mehr (P).“

Skeptischer Leitfaden

I. Worum geht es eigentlich?
II. Was wird behauptet?
III. Welche Gründe werden angeboten, um die Behauptung zu stützen?
IV. Wie gut wird die Behauptung gestützt?
V. Was wäre eine angemessene Bestätigung der Hypothese?
VI. Warum wird die Behauptung von ihren Anhängern geglaubt?

III. Welche Gründe werden angeboten, um die Behauptung zu stützen?

Welche Belege werden (explizit oder implizit) für die Behauptung angeboten? Wir gehen davon aus, der Behauptende habe die Daten tatsächlich in einem echten Test der Hypothese gewonnen (so wie Popper das verlangt). Auch gehen wir zu seinen Gunsten davon aus, er habe alle Daten, nicht nur diejenigen, die für seine Annahme sprechen, berichtet.

IV. Wie gut wird die Behauptung gestützt?

Dies ist der eigentliche Kern unserer Analyse. Dabei ist es hilfreich, wenn wir versuchen, einige Fragen zu beantworten:

Das Ergebnis (P) muss logisch aus den Ausgangsbedingungen (IC+AC) folgen, wenn das ES wahr ist. Das heißt: Sind die präsentierten Daten (der Bericht über das Ergebnis) wirklich relevant für die Behauptung / Hypothese?

Ein guter Test setzt voraus, dass das Ergebnis unwahrscheinlich ist, wenn die Hypothese falsch ist, oder anders formuliert: Wenn [Nicht-H & IC & AC], dann höchstwahrscheinlich Nicht-P.

Daher fragen wir: *Wie wahrscheinlich ist das Ergebnis unter der Voraussetzung, dass die Hypothese falsch ist?* Und wir sollten uns weiterhin fragen, wie wahrscheinlich es ist, dass ein bestimmtes Ergebnis einfach zufällig auftritt. Wenn uns beispielsweise jemand berichtet, dass seine Kopfschmerzen durch das Platzieren eines Heilsteins unter dem Kopfkissen über Nacht verschwanden, dann sollten wir klären, wie wahrscheinlich es ist, dass Kopfschmerzen von ganz allein über Nacht vergehen.

Ein guter Test setzt voraus, dass *vorher* klar ist, was P (das Ergebnis) und was Nicht-P (das Ausbleiben des erwarteten Ergebnisses) ist. *War klar, welches Ergebnis als eine Bestätigung genügt und welches nicht?*

Wie gut sind die angebotenen Belege? Welche Art von Daten (z.B. Ergebnisse aus einer kontrollierten Studie oder nur Augenzeugenbericht) wurden herangezogen? Eine kleine Hilfe hierbei soll die Auflistung von Methoden der Datengewinnung sein, die Sie im auf dieser Seite beginnenden Kasten finden.

V. Was wäre eine angemessene Bestätigung der Hypothese?

Welche Argumente und welche Daten würden die Hypothese bestätigen? Darüber sollten wir uns unbedingt klar werden, denn nur so können wir uns vor unserem eigenen Dogmatismus schützen. Wir müssen dem Behauptenden schon sagen können, was er tun müsste, um uns zu überzeugen.

Methoden der Datengewinnung

Prinzipiell gilt: Ein Beleg ist um so besser, je weniger anfällig er für absichtliche Fälschung oder unabsichtliche Täuschung ist.

Anekdotische Evidenz und Augenzeugenberichte

Anekdotische Evidenz besteht aus Berichten über persönliche Erlebnisse. Sie beginnen meistens mit „Ich habe selbst erlebt..." oder „Ich weiß, dass...". Manchmal nimmt sie auch die Form einer allgemeinen Behauptung an: „Es ist bekannt, dass...", „Wie jeder weiß...". Wie sehr jedoch der Augenschein trügen kann, ist eines der Hauptthemen dieses Buches. Wenn Sie selbst eine direkte, ungefilterte Erfahrung machen, sollten Sie in Betracht ziehen, was alles Ihre Erfahrung geprägt haben könnte: Die Bedingungen, unter denen Sie etwas wahrgenommen haben, Ihre Erwartungen, die Zeit, die seitdem verflossen ist usw. Wenn Sie nicht selbst die Erfahrung gemacht haben, sollten Sie besonders vorsichtig sein. Denn zu Ihrer eigenen „Fehlerquote" (beim Hören der Geschichte, beim Interpretieren, beim Erinnern) kommt noch die „Fehlerquote" desjenigen, der Ihnen seine Erfahrung berichtet. Man bezeichnet diese Veränderung bei der Weitergabe als „Stille-Post-Phänomen". Wie bei dem bekannten Spiel kann es sein, dass das, was am Ende herauskommt, rein gar nichts mehr mit dem ursprünglichen Ereignis zu tun hat. Bis jetzt haben wir noch nicht einmal berücksichtigt, dass jemand in dieser Kette *absichtlich* Informationen verfälschen könnte.

„Urban Legends" – „Moderne Legenden" sind ein gutes Beispiel dafür, wie aus nichts oder aus einem belanglosen Ereignis mit der Zeit – bei der mündlichen Wiedergabe – eine abenteuerliche Geschichte wird. Solche Geschichten fangen meistens so an: „Das ist einem Freund meines Schwagers passiert und absolut wahr!" Und dann kommt der Bericht von der Spinne in der Yucca-Palme oder der Frau, die in den USA ihre Katze in der Mikrowelle trocknen wollte und so weiter. Solche Geschichten sind oft mit Details ausgestattet, die sie glaubhafter machen sollen („Das war in der Adenauerstraße, gleich bei Elektro-Müller"). Diese Details sind aber kein Beweis ihrer Echtheit, vielmehr ein Hinweis auf die Tendenz, Geschichten auszuschmücken oder den eigenen (z.B. lokalen) Gegebenheiten anzupassen.

Literaturtipp: Brednich, R.W. (1999). *Sagenhafte Geschichten von heute*. München: C.H. Beck Verlag. Der Volkskundler Rolf Wilhelm Brednich sammelt solche modernen Sagen. Anhand der Beispiele in diesem Buch kann man gut die Merkmale erkennen, die solche Geschichten auszeichnen.

In den verschiedenen Wissenschaften wurden unterschiedliche Methoden entwickelt, um Täuschung möglichst auszuschließen. Im Folgenden seien einige Methoden der Datengewinnung vorgestellt. Naturgemäß beziehe ich mich hier vor allen Dingen auf Untersuchungen mit Menschen, z.B. aus dem Bereich der Medizin und der Psychologie. Menschen sind als Untersuchungsobjekte besonders schwierig zu handhaben. Unter anderem bedeutet ihnen die Tatsache, an einem wissenschaftlichen Versuch teilzunehmen, etwas, und sie verhalten sich dann anders. (Chemische Substanzen oder Einzeller tun das in der Regel nicht.) Aus diesem Grund gibt es in diesen Wissenschaften besonders ausgefeilte Methoden, die sicherstellen sollen, dass man sich nicht täuscht.

Fallstudien

Fallstudien sind gewissermaßen das wissenschaftliche Gegenstück zur anekdotischen Evidenz. Dinge, die in irgendeiner Hinsicht besonders sind, werden eingehend erforscht. Dieses Vorgehen ist in der Medizin verbreitet. Jemand, der etwa an einer besonderen Krankheit leidet, wird hinsichtlich seiner Vorgeschichte, seiner Lebensumstände usw. detailliert untersucht. Dabei sollen alle Informationen, die verfügbar sind, berücksichtigt werden, nicht nur die, die einem besonders wichtig erscheinen. Zudem wird die Information systematisch gesammelt, z.B. nach bestimmten Kategorien eingeteilt. Auch andere Wissenschaften als die Medizin bedienen sich der Fallstudie: Wirtschaftswissenschaftler können ein Unternehmen, das besonders gut oder schlecht läuft, auf mögliche Erklärungen dafür untersuchen, Erziehungswissenschaftler eine bestimmte Schule usw.

Im Gegensatz zur anekdotischen Evidenz ist hier die Richtung umgekehrt: Während anekdotische Evidenz herangezogen wird, um eine Hypothese zu stützen, wird eine Fallstudie unternommen, um eine Hypothese zu entwickeln. Eventuell ist in der Vorgeschichte des Patienten etwas Ungewöhnliches zu finden, was mit der Erkrankung im Zusammenhang stehen könnte; z.B. könnte bei einer besonderen Art von Krebs auffallen, dass der Erkrankte in der Nähe einer Chemiefabrik wohnt. Damit haben wir erst eine Annahme gemacht und noch nichts wirklich belegt. Der nächste Schritt ist, dass man diese Annahme weiter prüft. Man könnte nachsehen, ob auch andere Patienten, die an derselben Krebsart leiden, in der Nähe von Chemiefabriken wohnen.

Deskriptive Studien

Bei deskriptiven Studien werden Daten von einer ganzen Gruppe von Fällen (z.B. Patienten, die an Krebsart A leiden) gesammelt und auf eine Gemeinsamkeit hin getestet (z.B. ob sie in der Nähe einer Chemiefabrik leben). Damit man diese Studien als Beleg für die Hypothese ansehen kann, muss folgendes gegeben sein:

- Es muss vorher festgelegt werden, wonach man sucht. Zu leicht ist es, einfach zufällig in einer Gruppe ein gemeinsames Merkmal zu finden. Wenn ich nur genügend Merkmale erfasse, wird schon eines davon bei fast allen Fällen zu finden sein. Zum Beispiel erfasse ich in der angenommenen Studie zum Krebstyp A neben den Wohnorten aller Patienten auch die Nahrungsmittel, die sie zu sich nehmen. Stellen wir uns eine lange Liste von Nahrungsmitteln vor, in einem Fragebogen aufgelistet, den alle Patienten ausfüllen müssen: Von A wie Ananas bis Z wie Zucchini. Es wäre doch sehr erstaunlich, wenn nicht wenigstens eines davon von allen Patienten gegessen wird, z.B. Bananen. Können wir daraus ableiten, dass Bananen den Krebstyp A hervorrufen? Wohl kaum. Dieses Vorgehen, erst im Nachhinein die Hypothese passend zu den Daten zu suchen, wird gelegentlich auch als „Methode des texanischen Scharfschützen“ bezeichnet. Dieser schießt mit einer Schrotflinte auf ein Scheunentor und malt anschließend um jedes Einschussloch eine Zielscheibe. Ein Schuss – 50 Treffer! (nach Beck-Bornholdt & Dubben, 1997). In der Praxis kann man kaum verhindern, dass ein Forscher es so macht und uns nicht davon berichtet. Daher wird von deskriptiven Studien, insbesondere, wenn sie Außergewöhnliches zutage gefördert haben, auch verlangt, dass sie mit einer anderen Gruppe von Fällen (einer anderen Stichprobe) von anderen Wissenschaftlern wiederholt – repliziert – werden.

- Die Daten müssen mit einer anderen Gruppe, z.B. Leuten, die nicht an Krebs A erkrankt sind, verglichen werden. Sicher werden wir bei unseren Krebspatienten finden, dass sie alle schon mal Bananen gegessen haben. Fast alle Menschen haben schon mal Bananen gegessen. Insofern kann hierin nicht die Erklärung für das „Besondere“ – den Krebs – gesehen werden. Aber auch wenn wir herausfinden, dass sehr viele unserer Krebspatienten in der Nähe einer Chemiefabrik wohnen (wobei festzulegen wäre, was wir unter „Nähe“ verstehen wollen), müssen wir dieses Ergebnis kontrollieren. Wir müssen umgekehrt fragen, ob in der Nähe von Chemiefabriken der Anteil an Krebs A höher ist *als in anderen Gegenden.*

In der Wissenschaft begegnen uns deskriptive Studien am häufigsten in der Form von so genannten Korrelationsstudien. Unter Korrelation versteht man ein mathematisches Verfahren, welches angibt, wie stark zwei Variablen zusammenhängen: Wenn alle Patienten, die an Krebs A erkrankt sind, in der Nähe von Chemiefabriken wohnen, dann korreliert die Variable „Krebs A“ mit der Variable „Wohnt in der Nähe von Chemiefabrik“ mit +1.0 (sprich: „Plus eins Punkt Null“). Wenn in der Nähe von Chemiefabriken nicht mehr Patienten mit Krebs A wohnen als anderswo, dann korrelieren die Variablen zu 0.0, d.h. sie hängen nicht zusammen. Wohnt hingegen gar kein Patient in der Nähe von einer Chemiefabrik, dann beträgt die Korrelation -1.0 (die Variablen hängen negativ miteinander zusammen).

Zudem sollte das Kriterium der Signifikanz erfüllt sein. Man spricht davon, dass ein Ergebnis signifikant ist, wenn es nur mit einer Wahrscheinlichkeit von weniger als 5% zufällig zustande gekommen sein kann.[8] Diese 5%-Grenze ist absolut willkürlich und stellt lediglich eine Vereinbarung unter Wissenschaftlern dar.

Das wichtigste ist aber: Korrelation ist nicht Verursachung! Ich kann aus der Tatsache, dass zwei Variablen miteinander zusammenhängen (korrelieren) nicht schließen, dass die eine die andere verursacht. Ich kann noch nicht einmal sagen, ob die beiden Variablen überhaupt unmittelbar zusammenhängen; beide Variablen können von einer dritten beeinflusst werden. Zum Beispiel könnte es sein, dass die Korrelation zwischen „Krebs A" und „wohnt in der Nähe einer Chemiefabrik" dadurch zustande kommt, dass Krebs A in Wahrheit durch schlechte Ernährung bedingt wird und schlechte Ernährung wiederum durch geringes Einkommen und dass andererseits in so miesen Gegenden wie „gleich hinter der Chemiefabrik" tendenziell eher Leute wohnen, die nur wenig verdienen. Und zuletzt sollte bedacht werden, dass die beiden Variablen, auch wenn die Korrelation signifikant ist, mit einer 5%-igen Wahrscheinlichkeit nur zufällig zusammenhängen können. Von 100 „signifikanten" Ergebnissen sind im Schnitt sogar notwendigerweise 5 nur „zufällig".

Das Experiment

Ein Experiment wird üblicherweise definiert als die absichtliche und planvolle Variation von unabhängigen Variablen (UV), um die Veränderung einer oder mehrerer abhängiger Variablen (AV) zu beobachten. Zum Beispiel gibt der Versuchsleiter dem Teilnehmer ein Medikament (UV), um zu sehen, wie sich dieses auf das Ausmaß der Erkrankung (AV) auswirkt. Die meisten Wissenschaftler sehen im Experiment den „Königsweg" der Erkenntnis. Das hat mehrere Gründe:

- Experimente finden unter hoch kontrollierten Bedingungen, z.B. im Labor statt. Was auch immer das Ergebnis des Versuches beeinflussen könnte, kann vom Versuchsleiter beeinflusst werden. Und was er nicht beeinflussen kann, das kann er (im Idealfall) wenigstens feststellen bzw. messen.
- Der Versuchsleiter kann bestimmen, unter welchen Bedingungen welche Personen (bzw. Untersuchungsobjekte) teilnehmen. Wenn ich Menschen im täglichen Leben oder Tiere in der freien Wildbahn beobachte, kann ich das nicht.

[8] Diese Wahrscheinlichkeit wird nicht geschätzt, sondern mittels eines mathematischen Verfahrens aus den Daten errechnet.

- Da der Versuchleiter sehr viele Variablen kontrollieren kann, kann er sie auch gut variieren: Er kann z.B. sehen, was passiert, wenn er eine Variable hinzufügt oder wegnimmt.

Experimente ermöglichen im Prinzip die Prüfung von Hypothesen bezüglich der Ursachen eines bestimmten Phänomens. Wenn ich die Hypothese prüfen möchte, dass das Tragen von Heilsteinen (UV) Kopfschmerzen (AV) lindert, so kann ich im Experiment Menschen mit Kopfschmerzen willkürlich Heilsteine geben oder nicht. Wenn ich dann sehe, dass die Kopfschmerzen immer dann verschwinden, wenn der Heilstein da ist, so ist das ein Hinweis darauf, dass Heilsteine ursächlich für die Linderung von Kopfschmerzen verantwortlich sind.

Es gibt jedoch gute und schlechte Experimente. Ein gutes Experiment ist unter anderem dadurch gekennzeichnet:

- Es werden die Objekte untersucht, über die die Hypothese, die es zu testen gilt, Aussagen macht. Wenn ich eine Hypothese testen möchte, die nur Aussagen über Lieschen Müller macht, dann genügt es, Lieschen zu untersuchen. Wenn ich eine Hypothese prüfen möchte, die nicht nur für einen Einzelfall gilt (sondern z.B. für alle Menschen oder alle Menschen, die Kopfschmerzen haben und im Tierkreiszeichen des Widders geboren sind usw.), dann muss ich auch mehrere Objekte bzw. Menschen untersuchen. Eine große Stichprobe hat insofern mehr Aussagekraft als eine kleine, da bei wenigen Teilnehmern auch andere Faktoren zufällig das Ergebnis herbeigeführt haben könnten. Wenn ich nur Lieschen untersuche, die dank eines Heilsteins keine Kopfschmerzen mehr hat, so kann das an allem möglichen liegen, was Lieschen als Individuum auszeichnet. Wenn ich dagegen viele Menschen untersuche, die sich in vielen Punkten voneinander unterscheiden, so ist die Gültigkeit der Hypothese für alle Menschen wahrscheinlicher. Dann kann ich eher sagen: Heilsteine lindern nicht nur die Kopfschmerzen von Lieschen Müller, sondern von allen Menschen.
- Es beinhaltet eine oder mehrere Kontrollgruppen. Zum Beispiel beobachte ich nicht nur eine Gruppe, der ich einen Heilstein gebe, sondern auch eine, der ich keinen gebe und die einfach abwartet. Die „Auswirkung des Heilsteins“ sind nun vergleichbar mit der Auswirkung von „Abwarten“. Ich kann so überprüfen, ob das Ereignis „Heilstein gegeben“ wirklich mit dem Ereignis „Kopfschmerzen gehen weg“ verknüpft ist oder ob die Kopfschmerzen einfach so weggehen. Hierbei sollte man übrigens darauf achten, dass sich die Kontrollgruppe und die so genannte Experimentalgruppe nicht wesentlich voneinander unterscheiden, z.B. indem man die

Versuchspersonen den beiden Gruppen zufällig zuweist, so dass jeder Teilnehmer die gleiche Chance hat, in die eine oder die andere Gruppe zu kommen. Würden sich Kontroll- und Experimentalgruppe in bestimmten Punkten voneinander unterscheiden, dann könnten es lediglich diese Unterschiede sein, die das Ergebnis – z.B. den besseren Behandlungserfolg in der Experimentalgruppe – bewirken. Ein Beispiel: Diejenigen Versuchspersonen, die einen Heilstein unters Kopfkissen bekommen (die Experimentalgruppe) sind *jünger* als diejenigen, die keinen Heilstein bekommen (die Kontrollgruppe). Wenn wir nun finden, dass die Kopfschmerzen der Experimentalgruppe schneller verschwinden als die der Kontrollgruppe, dann kann das sowohl am Heilstein liegen als auch daran, dass Kopfschmerzen bei älteren Menschen länger dauern als bei jungen. Und wir können somit nicht sagen, dass Heilsteine Kopfschmerzen lindern.

Literaturtipp: Eine ausführliche Darstellung dieser Forschungsmethoden finden Sie in Selg, H.; Klapprott, J. & Kamenz, R. (1992). *Forschungsmethoden der Psychologie.* Stuttgart: Kohlhammer. Und: Dörner, D. & Selg, H. (Hrsg.). (1985). *Psychologie. Eine Einführung in ihre Grundlagen und Anwendungsfelder.* Stuttgart: Kohlhammer. (erste zwei Kapitel)

- Es ist „verblindet": In vielerlei Hinsicht ist es gut, wenn die Versuchspersonen nicht wissen, zu welcher Gruppe sie gehören: Wenn die Versuchspersonen z.B. darüber informiert werden, dass sie eine *besondere* Behandlung erfahren, ist es möglich, dass sie anders reagieren, z.B. mehr auf das Weggehen der Kopfschmerzen achten. Noch besser ist es, wenn das Experiment doppelverblindet ist, wenn also auch der Versuchsleiter, der mit dem Teilnehmer zu tun hat, die Daten auswertet usw. zunächst nicht weiß, ob die bestimmte Versuchsperson eine besondere Behandlung erfahren hat oder nicht. Auf welch raffinierte Weise die Erwartungen des Versuchsleiters das Ergebnis eines Experimentes beeinflussen können (auch wenn der Forscher redlich bemüht ist, das Ergebnis nicht zu beeinflussen), hat die psychologische Forschung überdeutlich gezeigt.

Experimente müssen nicht notwendig im Labor stattfinden. Das Labor ermöglicht nur eine bessere Kontrolle. Wenn es die Natur der Sache nicht anders erlaubt, werden auch Feldexperimente durchgeführt, bei denen das Objekt der Untersuchung – z.B. die Versuchsperson – in seiner natürlichen Umwelt belassen wird, aber diese Umwelt in einem bestimmten Aspekt manipuliert wird. Um die Auswirkungen des Fernsehkonsums auf das Gewaltverhalten zu untersuchen, hat man in Feldexperimenten bei einigen Versuchspersonen den Fernsehkonsum reduziert und bei anderen diesen unverändert gelassen. In Abhängigkeit davon beobachtete man einen

Rückgang des aggressiven Verhaltens bei denjenigen Versuchspersonen, die weniger fernsehen konnten (z.B. Robinson et al., 2001 bzw. als Überblick: Gunter, 1994). Dass solche Feldexperimente recht fehleranfällig sind, zeigt ein Gegenbeispiel: Feshbach und Singer (1971) fanden zunächst, dass in einem Heim lebende Jungen, die ein gewaltreduziertes Fernsehprogramm sahen, *mehr* aggressives Verhalten zeigten als ihre Mitbewohner, die das normale Programm sehen durften.

Das Problem liegt darin, dass auch die Ergebnisse von Experimenten interpretiert werden müssen. Zum Beispiel sahen Feshbach und Singer (1971) in dem erwähnten Feldexperiment einen Beleg für „Katharsis“ – die gewaltreduzierende Wirkung des Konsums von Fernsehgewalt. Kritische Denker fragen sich jedoch, ob nicht vielleicht die Jungen, die das gewaltarme Programm sehen mussten, dies als ungerechte Bestrafung empfanden und dagegen gewalttätig rebellierten. Wenn sie außergewöhnliche Ergebnisse erbringen, fordern Wissenschaftler auch von „sauber“ durchgeführten Experimenten, dass sie wiederholt – repliziert – werden. Zudem erfordert es den Einsatz kritischen Denkens, um feststellen zu können, ob ein Experiment wirklich die Aussage belegt, für die es der Autor zitiert.

Bis hierhin haben wir den Anspruch rein nach seinem Inhalt geprüft. Darüber hinaus ist es aber noch interessant, sich einige weitere Fragen zu stellen.

VI. Warum wird die Behauptung von ihren Anhängern geglaubt?

Viele Anhänger paranormaler Thesen halten an diesen *trotz* der empirischen Widerlegung fest. Welchen Nutzen ziehen sie aus diesem Glauben? Was macht die Behauptung attraktiv für sie?

Zu diesem Thema, den Ursachen der Entstehung und Aufrechterhaltung paranormaler Überzeugungen, wird zur Zeit viel geforscht. *Warum* die Anhänger die Behauptung glauben, können wir noch nicht endgültig klären, aber mit Hilfe dieser Forschungsergebnisse können wir begründet spekulieren.

VII. Was haben Sie während der Untersuchung dieser Behauptung bemerkt oder gelernt, das Sie zur Lösung alltäglicher Probleme nützen können?

Auch wir selbst können etwas aus der Analyse solcher Behauptungen lernen. Eventuell können wir so unsere eigenen Glaubenssätze überprüfen, oder wir erkennen einige Dinge jetzt besser als zuvor. Versuchen Sie, Ihre neu gewonnenen Erkenntnisse auf Probleme in Ihrem Alltag zu übertragen.

VIII. Welche Ihrer Gedanken und Aktionen während dieser Untersuchung waren zielführend, welche nicht?
Psychologen nennen dies Metadenken. Rekapitulieren Sie noch einmal ihre Schritte, denken Sie über Ihre eigenen Denkprozesse noch einmal nach und suchen Sie nach Verbesserungsmöglichkeiten.

Um mit diesem Leitfaden noch vertrauter zu werden, dürfte ein erstes Fallbeispiel hilfreich sein. Im Folgenden soll zunächst ein „kleineres" Beispiel für eine ungewöhnliche Behauptung nach diesem Leitfaden analysiert werden. Wir werden dabei Schritt für Schritt vorgehen. Sie sollten jeweils versuchen, zunächst selbst die Frage zu beantworten, ehe Sie weiterlesen. Es gibt keine „optimale Lösung", seien Sie daher nicht enttäuscht, wenn Sie zu etwas anderen Ergebnissen kommen als ich.

Protokollieren werden wir nur die Punkte I bis VI des Leitfadens. Die Fragen VII und VIII muss jeder für sich beantworten.

Fallbeispiel: Uri Gellers Levitationsübung

Im Jahr 1998 lief im deutschen Fernsehen auf RTL über einige Wochen hinweg sonntags spätabends eine Sendung, in der eine Vielzahl außergewöhnlicher Behauptungen aufgestellt wurde.[9] Ihr Moderator war Valeriu Borgos (und dies war auch der Titel der Produktion). Im Laufe jeder Sendung blickte er u.a. für mehrere Minuten konzentriert in die Kamera (Zeigefinger und Daumen an die Schläfen gelegt). Dies sollte eine Besserung körperlicher und seelischer Gebrechen bei den Zuschauern bewirken; mal diente das Starren des Moderators Knie und Rücken, mal sollte es gegen Ängste und Panikattacken helfen. Anschließend wurde für die Videos des Moderators geworben, die käuflich zu erwerben sind und auf denen Herr Borgos – mutmaßlich – bis zu eine Stunde in die Kamera starrt, jeweils zu einem anderen Zweck. Bezeichnenderweise hieß die Sendung mit Untertitel „Alles ist möglich".

---

[9] Vgl. im Anhang: Valeriu Borgos' Gespräch mit Uri Geller (Sendung vom 25.10.1998).

Valeriu Borgos stierte nicht nur in den Äther, er lud sich gelegentlich auch Gäste ins Studio. Die Gäste verfügten teilweise über erstaunliche Fähigkeiten oder hatten Bemerkenswertes erlebt.

Am 25. Oktober 1998 war der allseits bekannte Uri Geller zu Gast. Im Interview berichtete Uri von seiner außergewöhnlichen paranormalen Begabung. Durch schiere Konzentration seiner psychischen Kräfte sei er demnach in der Lage, Gegenstände und Personen zu manipulieren (man nennt das Psychokinese bzw. Telepathie). Unter anderem trug er – so seine Darstellung der Ereignisse – zum Gelingen des START II-Abkommens (der Abrüstungsvereinbarung zwischen den USA und der Russischen Föderation) bei, indem er sich in Genf, neben US-Vizepräsident Al Gore stehend, auf den Friedenswillen der russischen Delegation konzentrierte.

Doch diese Fähigkeiten sind nicht auf Auserwählte wie Uri Geller beschränkt, so Geller. Jeder könne seine telepathischen bzw. psychokinetischen Kräfte schulen.

Beispielsweise könne man mittels dieser Kräfte das Gewicht eines Menschen reduzieren, zumindest für wenige Sekunden. Zur Demonstration dieser Behauptung ließ Uri Geller drei Personen aus dem Publikum auf die Bühne kommen. Einer der drei sollte sich auf einen frei stehenden Stuhl setzen. Sodann platzierten sich die anderen zwei, Valeriu Borgos und Uri selbst um den Stuhl herum. Auf Uri Gellers Anweisung hin griffen je zwei der Beteiligten mit beiden Zeigefingern (der ineinander verschränkten Hände) in die Kniekehlen des Sitzenden und zwei andere auf dieselbe Art und Weise in die Achseln desselben. Nun versuchten die vier, den Sitzenden anzuheben, was augenfällig misslang.

Daraufhin führten die „Versuchspersonen" unter Uri Gellers Anleitung ein kleines Ritual durch. Alle stapelten ihre Hände auf dem Kopf des Sitzenden, erst jeder die rechte Hand, dann jeder die linke Hand. Die Hände der einzelnen Personen durften sich nicht berühren. Diese Position wurde kurz beibehalten. Dann, auf Uris Kommando hin („Eins, zwei, drei") wurde der Versuch wiederholt und diesmal konnten die Vier den Sitzenden ungefähr bis auf Augenhöhe hochheben.

So weit die Demonstration. Das Publikum und insbesondere die Versuchspersonen waren sichtlich beeindruckt. Aber hatte hier nun etwas Paranormales stattgefunden? Oder haben wir nur einfach den Trick bei der Sache übersehen?

Wir wollen sehen, ob sich diese Fragen mit unserem Leitfaden klären lassen.

I. Worum geht es eigentlich?

Anhänger außergewöhnlicher Behauptungen haben meistens die Eigenart, sich nicht sehr explizit, d.h. eindeutig und unmissverständlich, auszudrücken. Geller hat nicht *explizit* behauptet, er werde jetzt einen Versuch *explizit* zur Bestätigung seiner Thesen durchführen. Wohl aber tat er das implizit. Wir wollen daher versuchen, Geller *in Sachen der Formulierung* behilflich zu sein. Wir wollen seinen „Anspruch" – wohlgemerkt nach dem Prinzip der Wohltätigkeit (*principle of charity*) – so formulieren, dass auch er damit einverstanden sein dürfte.

Geller sprach eine Weile lang von telepathischen und psychokinetischen Kräften und wie wir diese Kräfte gegenseitig verstärken könnten, z.B. so, dass eine Person dadurch leichter wird. Anschließend demonstrierte er, wie ein Mensch durch die gemeinsame und konzentrierte Anstrengung anderer mit einem Male mit großer Leichtigkeit gehoben werden kann. Daher formulieren wir:

Es gibt telepathische und psychokinetische Kräfte, über die verschiedene Personen in verschiedenem Maße verfügen; sie sind erlern- und einübbar. Insbesondere kann eine Person durch diese Kräfte für einige Sekunden ihr Gewicht verlieren bzw. reduzieren.

II. Was wird behauptet?

In Punkt I des Leitfadens haben wir das Erklärungssystem Gellers dargelegt, gewissermaßen das „Weltbild", das durch den Hebeversuch bestätigt werden soll. Dieses Weltbild beinhaltet die Annahme:

ES: Durch geistige Kräfte kann eine schwere Person leichter werden.

Um diese Annahme prüfen zu können, reformulieren wir den Anspruch in seiner „stärksten" Form, nämlich als eine Wenn-dann-Behauptung. Dazu legen wir die Komponenten des Wenn-dann-Satzes fest.

Die Hypothese lautet, dass das Erklärungssystem richtig ist.

H: Das ES ist wahr.

Was ist der Fall, bevor das Ergebnis (die Person wird hochgehoben) eintritt? Was befindet sich auf der Bühne, ehe wir die Demonstration sehen? Dies sind die Ausgangsbedingungen (IC).

IC: Ein Stuhl, eine Person auf diesem Stuhl, vier Personen um diesen Stuhl herum.

Was muss noch hinzukommen, damit aus den Ausgangsbedingungen das Ergebnis hervorgeht? Welche zusätzlichen Bedingungen (AC) sind noch erforderlich?
AC: Die vier Personen stapeln ihre Hände über dieser Person und konzentrieren sich darauf, dass die Person, die gehoben werden soll, vorübergehend leichter wird.

Was wird als Ergebnis (P) vorhergesagt?
P: Person wird hochgehoben.

Wir fassen zusammen:
Wenn [H & IC & AC], dann P

Oder, ausformuliert: Wenn [es telepathische und psychokinetische Kräfte wirklich gibt & vier Personen sich um einen Stuhl, auf dem eine weitere Person sitzt, herumstellen & diese Personen ihre Hände auf dem Kopf der sitzenden Person stapeln und sich darauf konzentrieren, dass die Person, die gehoben werden soll, vorübergehend leichter wird], dann kann die sitzende Person hochgehoben werden.

III. Welche Gründe werden angeboten, um die Behauptung zu stützen?

Uri Geller erzählt natürlich zunächst mal eine Menge von seinen bisherigen angeblichen Erfolgen – z. B. bei der Sicherung des Weltfriedens –, um so die Psi-Hypothese zusätzlich zu belegen, aber das Wichtigste in *diesem* Zusammenhang ist: Uri Geller demonstriert es vor laufender Kamera.

IV. Wie gut wird die Behauptung gestützt?

Geht das Ergebnis logisch aus den Ausgangsbedingungen hervor?
Diese Frage müssen wir bejahen: Wenn es denn wirklich diese sagenhaften psychokinetischen Kräfte gibt, dann ist es naheliegend, dass auch ein Mensch damit gehoben werden kann.

Wie wahrscheinlich ist das Ergebnis unter der Voraussetzung, dass die Hypothese falsch ist?
Ist es nicht irgendwie naheliegend, dass vier Personen eine Person von maximal 80 kg anheben können, da dann jeder nur knapp 20 kg heben muss? Insbesondere, wenn sie eigentlich mit beiden Armen heben? Es sind zwar augenscheinlich nur die Zeigefinger, die den Sitzenden berühren, die Arbeit des Hebens wird allerdings von den Armen verrichtet.

Jedoch liefert Geller ein Gegenbeispiel: Der Versuch des Anhebens scheitert beim ersten Mal, als ohne „geistige Konzentration“ gehoben wird.

Aber der erste – gescheiterte – Versuch und der zweite Versuch unterschieden sich in mehr als nur der vorgeblichen „Aktivierung geistiger Energie“. Unter anderem sollte bedacht werden, dass

- sich alle beim zweiten Mal vermutlich mehr konzentrieren und sich mehr anstrengen;
- die gehobene Person sich beim zweiten Mal vermutlich versteift und so das Heben erleichtert;
- beim zweiten Mal alle gleichzeitig anheben. Nur beim zweiten Versuch synchronisiert Geller die Versuchspersonen durch das Anzählen („Eins, zwei, drei...“). Jeder, der schon einmal umgezogen ist und zu viert eine Waschmaschine getragen hat, weiß, wie unentbehrlich die Gleichzeitigkeit der einzelnen Bewegungsabläufe in diesem Fall ist. Heben die vier Personen ungleichmäßig an, so müssen einer oder zwei notwendigerweise wesentlich mehr heben als die anderen, heben alle gleichzeitig, so muss wirklich jeder nur 20 kg heben.

Wenn wir selbst das Experiment wiederholen, sehen wir, dass es vor allem das *gleichzeitige* Anheben ist, das die „wundersame Levitation“ ermöglicht.[10]

Daraus lässt sich folgern: Es ist wahrscheinlich, dass das Ergebnis (die Person wird leicht hochgehoben) auch eintritt, ohne dass das Erklärungssystem wahr ist, d.h. ohne dass die besagten telepathischen oder psychokinetischen Kräfte beteiligt sind.

War klar, welches Ergebnis als eine Bestätigung genügt und welches nicht?

Diese Frage lässt sich in diesem Fall schwer beantworten. Ziel des „Experimentes“ war aber wohl, dass die Beteiligten die zu hebende Person beim zweiten Mal als deutlich leichter empfinden, und das war zweifellos der Fall. Hätte es aber auch genügt, wenn die Versuchspersonen den Sitzenden nur als „ein bisschen leichter“ empfunden hätten? In diesem Analysebeispiel ist diese Frage nicht von so großer Bedeutung, in anderen Fällen aber

---

[10] Mittlerweile gelingt mir dieser Trick ganz gut. Ein etwas autoritäreres Auftreten beim Anzählen ist übrigens von Vorteil. Die Teilnehmer waren jedesmal erstaunt, wie leicht sich die Person beim zweiten Mal anfühlte.

werden wir sehen, dass es entscheidend sein kann, ob *vorab* festgelegt wurde, was als Bestätigung gelten soll oder nicht.

Wie gut sind die angebotenen Belege?
Ein einzelner Versuch – so eindrucksvoll er auch sein mag – genügt natürlich nicht, um etwas so revolutionäres wie die Existenz psychokinetischer Kräfte beweisen zu können.

V. Was wäre eine angemessene Bestätigung der Hypothese?

Worum geht es denn nun eigentlich? Um „Gewicht verlieren"? Oder nur um „leichter erscheinen"? Eine Messung des Gewichtes der gehobenen Person im ersten und zweiten Durchgang wäre eine angemessene Bestätigung der Hypothese der Gewichtsreduzierung.

Insbesondere wären genauere Angaben darüber, wie man die Aktivierung der psychokinetischen Kräfte herbeiführt (bzw. vermeidet) von Vorteil, so dass man eine Experimental- (mit Psychokinese) und eine Kontrollsituation (ohne Psychokinese) bilden kann.

Literaturtipp: Eine genauere Erklärung der „wundersamen Levitation" findet man bei: Gardner, M. (1993). Mysteriöse Fingerübungen. In G. v. Randow, *Mein paranormales Fahrrad* (S. 99-106). Reinbek: Rowohlt.

VI. Warum wird die Behauptung von ihren Anhängern geglaubt?

Wir haben eine eindrucksvolle Demonstration gesehen. Insbesondere, wenn man selbst daran teilnimmt, ist das „Leichter-Werden" augenfällig. Bei den Anhängern spielt sicher auch die Vorstellung, über verborgene Potenziale zu verfügen, eine große Rolle. Allein der Glaube, über besondere Kräfte zu verfügen, ist hilfreich. So kann man Aufgaben meistern, die man zuvor nicht bewältigen zu können glaubte. Die Anhänger der Vorstellung, es gebe „geistige Kräfte", erleben tagtäglich, wie ihnen die „Kraft" hilft, ihr Leben zu bewältigen. Scheitern sie, so sind nur momentan (durch was auch immer) ihre „Kräfte" blockiert.

Was ist eigentlich der Zweck dieser Analyse? Uri Geller und seine Anhänger können wir damit vermutlich nicht davon überzeugen, dass hier *keine* paranormalen Kräfte am Werk sind. Wir können aber jetzt mit gutem Gewissen sagen, dass das, was Uri Geller im Fernsehen vorgeführt hat, *kein* Beleg für Psychokinese ist. Das heißt nicht, dass wir damit die Existenz psychokinetischer Kräfte widerlegt hätten. Vielleicht gibt es doch solche Kräfte, aber diese Demonstration war jedenfalls keine angemessene Bestätigung dafür.

In erster Linie sollten wir selbst etwas daraus gelernt haben: Wir haben unsere eigene Fähigkeit zum kritischen Denken geschult und werden das auch den Rest dieses Buches über weiter tun.

Im weiteren Verlauf möchte ich zeigen, dass die hier erarbeiteten Fertigkeiten auch bei brisanteren und anspruchsvolleren Behauptungen von Nutzen sind. Doch auch scheinbar leicht abzuhandelnde Fälle („Wer glaubt heute schon noch an Uri Gellers übernatürliche Kräfte?“, fragte mich kürzlich jemand), erweisen sich bei einer fairen Prüfung als verzwickt und auch Uri Geller hat noch eine große Schar von Anhängern, die auch von wiederholten Entlarvungen unbeeindruckt geblieben sind.

Das Ziel einer Diskussion mit einem echten Anhänger kann und sollte nicht sein, diesen zu überzeugen oder „umzudrehen“. Der Versuch wird höchstwahrscheinlich scheitern. Solche Diskussionen locken aber in der Regel zahlreiche Zuhörer an, die eben der Meinung sind, dass „was dran“ sein könnte. Dessen ist sich auch der echte Anhänger bewusst und nutzt daher oft alle argumentativen Kniffe. Sie sollten mit einigen dieser Fallen vertraut sein, in die Sie bei solchen Diskussionen stolpern können.

Argumentative Fallen

„Dass freilich der echte Fanatiker durch Argumente welcher Art auch immer nicht zu beeindrucken ist, gehört zu seinen Wesensmerkmalen. Den Fanatiker muss man eigentlich sich selbst überlassen, aber man wird versuchen, die Gefahr, die von ihm ausgeht, zu verringern. Wer gegen einen Fanatismus argumentiert, scheint sich zwar an die Fanatiker zu wenden, um sie von den Vorzügen der besseren, menschlicheren Sache zu überzeugen. In Wirklichkeit richtet er sich aber an die noch nicht oder nicht stark vom Fanatismus Befallenen. Das Ziel des Aufklärers sollte nicht die ‘Widerlegung’ des Fanatikers sein, sondern, dass die glühenden Ergüsse des Fanatikers nicht mehr auf Interesse stoßen, weil das Publikum dagegen immun geworden ist. Der Weg dahin ist leider lang.“ (Schleichert, 1999, S. 116)

Die folgende kleine Sammlung von argumentativen Tricks und Kniffen soll Ihnen u.a. dabei helfen, in der Diskussion mit den Anhängern außergewöhnlicher Behauptungen zu bestehen und die Fallstricke besser zu erkennen und ihnen auszuweichen. Sie können diese Fallen auch beim Namen nennen, wenn Sie mit ihnen konfrontiert werden. Ob es den anderen davon abhält, die Tricks weiter anzuwenden, ist allerdings fraglich. Sicher ist diese Liste nicht vollständig, die argumentative Trickkiste enthält noch mehr. Die folgenden dürften aber die häufigsten sein, die Ihnen in der Diskussion begegnen können.

Eine falsche Fährte legen:
Die Person setzt eine falsche Fährte (so wie angeblich früher entlaufene Strafgefangene mit einem Hering die Bluthunde von der Spur abbrachten, weswegen der englische Begriff für diese Falle „Red Herring" lautet). Geht der andere darauf ein, hat er schon verloren. Kinder und Politiker sind gute „Fährtenleger".
Beispiel:
Vater: Hans, es ist Zeit ins Bett zu gehen!
Sohn: Und Susi darf wohl noch aufbleiben?!
Vater: Susi ist älter als Du.
Sohn: Aber ich bin größer als sie.
Und so weiter...

Ad Populum (lat., „an die Menge"):
Es wird damit argumentiert, dass alle es so machen, es so glauben usw. Vor allem die Werbung arbeitet damit, auf „Millionen zufriedene Kunden" hinzuweisen. Eine Variante davon ist das Vorbringen von „Zeugenaussagen" (z.B. von „zufriedenen Kunden") oder das Werben mit populären Personen („Claudia Schiffer benutzt auch dieses Make-up").

Appellieren an Traditionen:
Es wird argumentiert, dass etwas schon immer bzw. lange Zeit so gemacht oder gedacht wurde: „Dass es die Homöopathie geschafft hat, die letzten 200 Jahre zu überleben, kann doch nur für sie sprechen!" Man bedenke dabei, dass es die Sklaverei sehr lange Zeit gegeben hat und dass der Gedanke der Gleichberechtigung von Mann und Frau auch eher jüngeren Datums ist. Es mag in bestimmten Fällen gute Gründe geben, an einer Tradition festzuhalten, die (behauptete) Tatsache einer „Tradition" *allein* ist kein ausreichender Grund.

Autoritätsbeweise:

Eine (vorgebliche oder echte) *Autorität* in einem bestimmten Fach sein, heißt nicht, für alle Gebiete dieses Faches oder gar anderer Fächer ein *Experte* zu sein. Ein Professor für Akustik muss nicht unbedingt ein Experte für die Qualität von Stereoanlagen sein. Die Frauen von Zahnärzten sind in der Regel keine Expertinnen für Zahnpflege, auch wenn die Werbung es uns glauben machen will. Linus Pauling war ein bedeutender Physiker, aber er war kein Experte für die Wirkung von Vitaminen: Pauling behauptete, dass hohe Dosen von Vitamin C Krebs verhindern könnten.

Literaturtipp: Schleichert, H. (1999). *Wie man mit Fundamentalisten diskutiert, ohne den Verstand zu verlieren. Anleitung zum subversiven Denken.* München: C.H. Beck. Hubert Schleichert zeigt nicht nur die Argumentationsweisen von (insbesondere religiösen) Fanatikern auf, er gibt auch Hinweise, wie man am besten damit umgeht.

Falsches Dilemma:

Der Argumentierende stellt die Sachlage so dar, als ob es nur zwei Wahlmöglichkeiten gäbe: „Wer nicht für mich ist, ist gegen mich!“ Ein weiteres Beispiel ist der Spruch „Lieber tot als rot!“, mit dem zu Zeiten des Kalten Krieges die nukleare Rüstung gerechtfertigt wurde. In der Tat gab es aber noch mehr Möglichkeiten als die Wahl zwischen der Hochrüstung und der damit verbundenen Gefahr, im Falle eines Krieges gleich tot zu sein und dem Sich-Ergeben gegenüber der Sowjetunion, wie die Politik der Annäherung gezeigt hat.

In-Frage-Stellen:

Dies kann auf zwei Arten und Weisen geschehen. Zum einen kann der Kontrahent die Last des Beweises uns aufbürden und z.B. fragen: „Woher weißt Du, dass es keine Außerirdischen gibt?“ Zum anderen kann die Frage selbst bereits eine Unterstellung beinhalten, z.B. „Wann haben Sie aufgehört, Ihre Frau zu schlagen?“ oder aber „Warum meinst Du, Dich verteidigen zu müssen?“ Diesen Schuh sollte man sich auf keinen Fall anziehen. Das „In-Frage-Stellen“ funktioniert gerade deshalb so gut, weil wir als Kinder gelernt haben, dass es unhöflich ist, auf Fragen keine Antwort zu geben. Hier aber muss man „unhöflich“ sein.

Ein Spezialfall ist das „Beantworten“ einer Frage mit einer Gegenfrage, ein besonders im Umfeld der Psychologie beliebtes Verfahren, bei dem die Motive des Fragestellers im Mittelpunkt stehen: „Warum meinst Du, das fragen zu müssen?“ Merke: Ihre Motive sind für die Beantwortung der Sach-Fragen unwichtig. Wenn diese geklärt sind, kann man bei gegenseitiger Sympathie die eigenen Motive erläutern. Man muss aber nicht.

Falsche Analogien:
Analogien sind gewöhnlich gute Hilfen, um eine Sache zu verdeutlichen. Eine Sache, die der Zuhörer bereits kennt, wird mit einer neuen Sache verglichen, die der bekannten in einigen Aspekten gleicht: „Die Dateien in einem Computer sind wie die Blätter in einem Ordner..." Falsch wird eine Analogie, wenn aus ihr Schlussfolgerungen gezogen werden: A und B ähneln sich in diesem Aspekt, deswegen ähneln sie sich auch in anderen Aspekten. Daher sei es richtig, bei B genauso zu verfahren wie bei A, bzw. können wir von B ein ähnliches Verhalten erwarten wie von A: „Peter hat dieselben roten Haare wie Hans. Auch er wird später mal so frech werden."

Post hoc ergo propter hoc (lat., „danach, also deswegen"):

> *„Wir sprechen dann von Causalitäten, während wir im Grunde nur ein Nacheinander von Ereignissen sehen."*
> *Friedrich Nietzsche, 1873*

Dieses Argument besagt, dass etwas, das *nach* einer bestimmten Sache passiert, auch *deswegen* passiert sei. „*Nachdem* ich einen Heilstein unter mein Kissen getan habe, haben meine Kopfschmerzen aufgehört." Zeitliches Aufeinanderfolgen bedeutet aber nicht Verursachung.

Eine Variante dieser Argumentationsform ist, wenn zwei Ereignisse regelmäßig gemeinsam auftreten (korrelieren) und daraus auf eine Verursachung geschlossen wird. In bestimmten Regionen gibt es bisweilen hohe Korrelationen zwischen der Zahl der Störche und der Zahl der Geburten. Niemand würde aber daraus ableiten, dass der Storch die Kinder bringt (und viele Störche viele Kinder bzw. wenige Störche wenige Kinder bringen). Vielmehr ist es wahrscheinlich, dass die Zahl der Störche und die Zahl der Geburten in einer Region von einem gemeinsamen Faktor beeinflusst werden (z.B. dem Grad der Industrialisierung bzw. dem Wetter). Einer Korrelation zwischen A und B kann bloßer Zufall zugrunde liegen, es kann sein, dass A B beeinflusst, dass B A beeinflusst oder dass eine dritte Variable C A und B gemeinsam beeinflusst. Dies sollte man immer bedenken, wenn man von Studien liest, in denen „Wissenschaftler herausgefunden haben", dass das Hören klassischer Musik intelligent macht (Hören intelligente Menschen vielleicht lieber klassische Musik?), dass regelmäßiger Kirchgang das Leben verlängere (Hilft Gott den Seinen oder leben Kirchgänger vielleicht im Allgemeinen mäßiger und damit gesünder?), dass der Verzehr von Cornflakes die intellektuelle Leistungsfähigkeit im Alter aufrecht erhält (Smith, 1998; andererseits sollen *Kellog's Cornflakes* gesundheitsschädlich sein, so der *bild-der-wissenschaft-Newsticker* vom 20.2.2001) usw.

Ad Hominem (lat., „auf den Menschen"):
Der Kontrahent greift die Person an, statt das Argument: ein vor allem in der Politik verbreitetes Vorgehen. Zum Beispiel: „Wie können wir jemanden mit dem höchsten Staatsamt betrauen, der seiner eigenen Frau untreu ist?" Manchmal ist ein Argument *ad hominem* angebracht (z.B. wenn ein wegen Unterschlagung Vorbestrafter mit der Verwaltung von Geldern beauftragt werden soll), aber diese Fälle sind eher selten.

„Kein Rauch ohne Feuer" oder „Semper aliquid haeret" (lat., „es bleibt immer etwas hängen"):
Eigentlich schon eine Form der Beleidigung, trotzdem sehr wirksam: Der andere wird mit Dreck beworfen, irgend etwas wird (in der Erinnerung des Publikums) schon hängenbleiben. Die häufigste Reaktion darauf ist, dass mit Dreck zurückgeworfen wird. Der Vergleich des anderen mit „Nazis" oder auch nur die Nennung von Begriffen wie „Nazi-Ideologie", „faschistisch" usw. ist übrigens die sicherste Methode wirklich *jede* Diskussion zum Eskalieren zu bringen[11] (Erwähnen Sie spaßeshalber mal einem Hundebesitzer gegenüber, dass auch Hitler seinen Hund liebte...).

Dass Informationen, auch wenn sie sich später als unwahr herausstellen, trotzdem als „wahr" gespeichert bleiben, ist ein bekanntes Forschungsergebnis aus der Kognitionspsychologie. Sie „wissen" ja sicher, dass es im Umfeld von Kernkraftwerken eine erhöhte Rate von Leukämieerkrankungen bei Kindern gibt. Dies ging vor einigen Jahren durch die Presse. Allerdings hat sich das zwischenzeitig als das Ergebnis der falschen Anwendung von Statistik herausgestellt, was ebenfalls durch die Presse ging (wenn auch in geringerem Umfang). Dennoch blieb die Information „Kernkraftwerke und Leukämie – da war doch was..." gespeichert. Ein weiteres Problem stellt die Reaktion auf einen „Dreckwurf" dar: Die frühen Christen (und später die Juden durch eben diese Christen) wurden verdächtigt, rituell kleine Kinder zu verspeisen. Wie soll man beweisen,

[11] Im Usenet als „Godwin's Law" bekannt.

dass man keine kleinen Kinder isst? Gerade die Versuche, sich zu verteidigen, werden erst recht als Zeichen der Schuld gewertet.

Eine Variante ist die Unterstellung, der andere könne unlautere Motive oder „ein Problem" haben. Besonders perfide ist die im Umfeld der Psychologie verbreitete Unsitte, dies hinter vermeintlicher Besorgnis zu verstecken: „Ich höre aus Deinen Äußerungen sehr viel Wut heraus. Warum erregt Dich dieses Thema so?" Oder (authentisch und an mich gerichtet): „Hinter dieser ständigen Frage nach Belegen drückt sich für mich viel Misstrauen und eine große Unsicherheit aus" (vergleiche auch: „In-Frage-Stellen"). Setzt man sich gegen diese Unterstellung zur Wehr, gerät man erst recht in Verdacht, „ein Problem" zu haben, es aber zu verdrängen... Sie sehen, wie gut sich gerade tiefenpsychologische Versatzstücke zur unlauteren Argumentation benutzen lassen.

Slippery Slope (engl., „glitschige Rutsche"):
Aus einer Tatsache werden viele weitere abgeleitet, ohne die Unterschiede zu bedenken. Beispiel: „Wenn sie heute Tabakwerbung verbieten, weil Tabak schädlich ist, dann werden sie morgen die Werbung für Eier verbieten, weil sie Cholesterin enthalten!" Oder: „Wenn Abtreibung bis zur zehnten Schwangerschaftswoche erlaubt wird, dann wird demnächst auch das Töten von Neugeborenen erlaubt sein. Und warum nicht gleich Alte und Kranke töten?" Der Argumentierende macht sich hier zunutze, dass es keine klare Grenze zwischen dem, was gefordert wird (legale Abtreibung bis zur zehnten Schwangerschaftswoche) und dem, was er „befürchtet" (Tötung im späteren Verlauf der Schwangerschaft bis zur Geburt und danach) gibt. Gerade beim Beispiel Schwangerschaftsabbruch sehen wir, wie etwas ganz allmählich zum Problem wird: Eine befruchtete Eizelle „abzutreiben" weckt bei den wenigsten ethische Bedenken, die Tötung eines Kindes kurz vor der Geburt würde jedoch von den meisten von uns verabscheut. Ebenso beim Thema Tierschutz: Das grundlose Töten eines Insekts ist bei weitem nicht so verwerflich wie das grundlose Töten eines Hundes oder eines anderen Haustiers. Dennoch gibt es kein eindeutiges Kriterium, anhand dessen man die Grenze ziehen könnte. Menschen fällt es leichter, mit eindeutig getrennten Fällen zu arbeiten als mit kontinuierlichen Übergängen (vgl. auch *Falsches Dilemma*).

Voreilige Schlussfolgerungen:
Aus wenigen Anhaltspunkten werden weitreichende Schlussfolgerungen gezogen: Wenn ein Lehrer z.B. nach wenigen Aufgaben, die ein be-

stimmter Schüler nicht lösen kann, befindet, dieser sei kein guter Mathematiker. Oder wenn man nach einer Stunde in Nürnberg befindet, dass alle Nürnberger mufflig und unfreundlich sind. Diese Argumentation ist den Vorurteilen ähnlich: „Diese Yuppies sind alle sowas von arrogant!"

Vorwurf des Irrtums:

Es ist ein beliebter Trick, dem anderen vorzuwerfen, er sei einem logischen Irrtum erlegen: „Da liegst Du aber falsch!" Oder aber der Diskussionsgegner sei nicht skeptisch genug: „Du solltest mal Deine eigene Position hinterfragen!" Eine ganze Art von Überzeugungssystemen arbeitet mit dieser vorgeblichen Skepsis, so die Leugner des Holocaust („Die Belege für den Massenmord an Juden sind alle zweifelhaft!"), die „Skeptiker" der Verursachung von AIDS durch den HIV-Virus und andere mehr. Versucht man darauf einzugehen, wird man leicht in Diskussionen über Details verstrickt und das unausweichliche Eingeständnis, dass man doch einige Dinge als gegeben voraussetzt (z.B. dass Mikroskope, die HIV-Viren zeigen, wirklich funktionieren oder dass Öfen, die wie Krematorien aussehen, auch wirklich Krematorien sind), wird von den „Skeptikern" in der Regel genüsslich ausgeschlachtet. (Beachten Sie hier die Unterscheidung zwischen „Pyrrhonischer Skepsis" und „skeptischer Untersuchung"). Ein Mittel gegen diesen Trick kann sein, den anderen nach seiner Alternativerklärung zu fragen und *diese* skeptisch zu untersuchen.

Appell ans Mitgefühl:

Der Kontrahent versucht gewissermaßen einen „Vorschuss" zu bekommen, weil er ja der unterdrückten Meinung angehört. So stellen sich Anhänger der alternativen Medizin gerne als die von den raffgierigen, herzlosen „Schulmedizinern" Unterdrückten und Verfolgten dar. Mit dieser Argumentationsfalle verwandt ist die Vermischung von sachlicher und moralischer Ebene: Es wird eine moralisch unstrittige Behauptung vorgegeben und die eigene Position als mit dieser konform dargestellt: „Die Gesundheit unserer Kinder ist unser höchstes Gut. Wenn wir uns gegen Mobilfunkmasten im Umkreis von Kindergärten wehren, dann vor allem, weil wir unsere Kinder schützen wollen!" Die Frage, ob Mobilfunkmasten *überhaupt* schädlich sind, kann jetzt gar nicht mehr unvoreingenommen diskutiert werden.

Appell an die Eitelkeit:
Der Argumentierende umschmeichelt uns, um unser Wohlwollen zu erlangen. Die Werbung spricht den „anspruchsvollen Kunden“ an, um ein überteuertes Produkt an den Mann oder die Frau zu bringen, der Vertreter einer bestimmten Meinung lobt unser Urteilsvermögen, ehe er unsere Zustimmung zu seinen unbelegten Thesen erheischt usw.

Zirkuläre Argumentation:
Die Argumentation besteht darin, das Behauptete als Begründung für das Behauptete anzugeben: „Wir sollten das Tempo-Limit anheben, weil die gegenwärtig erlaubte Höchstgeschwindigkeit zu niedrig ist!“, was im Grunde bedeutet: „Wir sollten das tun, weil wir das tun sollten!“

Non sequitur (lat., „es folgt nicht“)
Ein nicht-dazugehöriger Grund wird für die Behauptung angegeben: „Wir sollten den Fremdsprachenunterricht fördern, weil es wichtig ist, dass die Schüler eine gute Ausbildung erhalten!“ Eine gute Ausbildung beinhaltet nicht unbedingt Fremdsprachenunterricht...

Die letzten beiden Fallen funktionieren vor allem deshalb, weil es Menschen anscheinend genügt, wenn sich eine Begründung wie eine Begründung anhört, wie ein Experiment von Langer et al. (1978) zeigt: Zu der Versuchsperson, die gerade am Kopierer steht, tritt eine andere Person mit einigen Blättern in der Hand und sagt entweder
A. „Entschuldige, ich habe fünf Seiten. Könnte ich kopieren?“ (ohne Begründung) oder
B. „Entschuldige, ich habe fünf Seiten. Könnte ich kopieren, ich hab's nämlich eilig?“ (echte Begründung) oder
C. „Entschuldige, ich habe fünf Seiten. Könnte ich kopieren, ich muss nämlich ein paar Kopien machen?“ (scheinbare Begründung).
Während in der Bedingung A (ohne Begründung) nur 60% der Versuchspersonen die andere Person vorließen, taten dies in der Bedingung B (echte Begründung) immerhin 94%. Erstaunlich ist jedoch, dass auch in der Bedingung C (scheinbare Begründung) 93% der Versuchspersonen der anderen Person den Vortritt ließen. Anscheinend genügt es, wenn eine Begründung wie eine Begründung *klingt*...

Strohmann:
Ein Strohmann, der in einigen Punkten der angegriffenen Position gleicht, wird mit Mühelosigkeit „niedergemacht". Wenn ich mich zu meiner Vorliebe für den so genannten Radikalen Behaviorismus nach B.F. Skinner bekenne, neigen Psychologen-Kollegen reflexhaft dazu, die „seelenlose Rattenpsychologie", die leugne, dass Menschen über Bewusstsein verfügen usw., anzugreifen und bloßzustellen. Das Problem ist nur, dass all diese Punkte allenfalls etwas mit dem Behaviorismus nach Watson zu tun haben, an Skinners Radikalem Behaviorismus gehen sie glatt vorbei. Dennoch glauben sie, mich widerlegt zu haben...

Argumentum ad ignorantiam (lat., „mit dem Nicht-Wissen argumentieren"):
„Wir wissen nicht sicher, dass es Telekinese nicht gibt, daher können wir davon ausgehen, dass Uri Geller über solche Fähigkeiten verfügt." Oder: „Natürlich gibt es Aliens, denn bislang hat niemand beweisen können, dass es keine Aliens gibt!" Wenn wir etwas nicht sicher wissen, dann können wir daraus auch nichts folgern. Wenn ich nicht beweisen kann, dass etwas falsch ist, heißt das nicht, dass es richtig ist und wenn ich nicht beweisen kann, dass etwas richtig ist, bedeutet das nicht, dass es falsch ist. Das Problem hierbei ist, dass wir praktisch nie etwas sicher wissen können. Insbesondere können wir im Prinzip nicht beweisen, dass es etwas *nicht* gibt (Existenzaussagen können nur verifiziert, nicht aber falsifiziert werden: Ich kann nicht beweisen, dass es den Pumuckl nicht gibt). Wir können nur mit einer gewissen Wahrscheinlichkeit abschätzen, ob etwas wahr ist oder nicht: Der Umstand, dass es trotz zahlreicher Versuche und Bemühungen nicht gelungen ist, das „Ungeheuer von Loch Ness" zu fotografieren, stimmt Skeptiker „skeptisch". Aber auch sie *wissen* nicht definitiv, dass es „Nessie" nicht gibt.

Das Unwissbare wissen:
Der so Argumentierende gibt vor, etwas zu wissen, was er gar nicht wissen kann: „Die Zahl der nicht-berichteten Vergewaltigungen ist in den letzten Jahren sprunghaft angestiegen!" Wie kann jemand etwas Genaues über nicht-berichtete Straftaten wissen? Die „Dunkelziffer" ist tatsächlich eine *dunkle* Ziffer, d.h. niemand kann sie kennen. Es ist zwar möglich, aus der Zahl der bekannten Fälle unter Berücksichtigung des vermutlichen Ausmaßes, in dem tatsächliche Fälle auch zur Anzeige gelangen, die Dunkelziffer zu schätzen, jedoch ist diese Zahl höchst fehleranfällig: So kann

z.B. – wie im Falle der sexuellen Kindesmisshandlung in den letzten Jahren – ein Anstieg angezeigter Fälle auch auf ein erhöhtes Problembewusstsein in der Öffentlichkeit hindeuten (Erzieher und Lehrer achten mehr auf Symptome von Misshandlung usw.). Ein Anstieg der berichteten Fälle kann demnach mit einem Anstieg, einem Gleichbleiben oder auch einem Absinken der tatsächlichen Fälle zusammenhängen. Ein Spezialfall dieser vorgeblichen Einsicht in das Unwissbare ist die Angabe exakter Zahlen, wo dies an sich nicht möglich ist: Wer die Zahl der gegenwärtig in Deutschland tätigen Hellseher und Astrologen bis auf die letzte Stelle genau angeben kann, der muss selbst hellsehen können. Exakte Zahlen aber vermitteln einen Anschein von fundiertem Wissen und Expertise, über die der Behauptende gar nicht verfügen *kann*.

7. Möglichkeiten, sich zu täuschen

Das beste Mittel, sich nicht zu täuschen, besteht darin, zu wissen, wie man sich täuschen kann. Die Möglichkeiten, sich zu täuschen, sind so zahlreich, dass es mich mittlerweile wundert, wie es einem ab und an doch gelingt, wenigstens einigermaßen richtig zu liegen. Einige Täuschungsmöglichkeiten sind recht simpel, wenn man sie erst einmal durchschaut hat. Andere, speziell jene, die gewissermaßen „in der Natur der Sache" oder in unserer Art zu denken liegen, sind recht vertrackt und schwer zu vermeiden.

7.1. Fehler der Validierung

Bereits mehrfach habe ich es angedeutet: Persönliche Erfahrung, die zur Stützung einer Behauptung herangezogen wird, ist ausgesprochen fehlerbehaftet. Fehler unterlaufen uns vor allem dann, wenn wir bei der Suche nach Belegen nur in eine Richtung suchen und nur einen Teil aller relevanten Ereignisse überhaupt registrieren, also falsch zählen. Zudem kann es sein, dass man die verfügbaren Daten falsch bezieht, z.B. auf sich selbst oder aber auf die Behauptung selbst.

Falsch zählen

Hatten Sie schon einmal den Eindruck, dass Verkehrsampeln immer rot werden, wenn Sie gerade auf sie zufahren? Oder, dass das Telefon vorzugsweise dann klingelt, wenn Sie gerade unter der Dusche stehen? Natürlich glaubt das niemand im Ernst (außer vielleicht er leidet unter Verfolgungswahn), aber gehen Sie einmal ernsthaft mit dieser Hypothese durchs Leben und Sie werden sehen, die Welt ist *voll von Bestätigungen* dafür (erinnern Sie sich an Poppers Bemerkungen dazu? – vgl. *Kasten: Widerlegbarkeit* auf S. 14).

Menschen begehen dabei den Fehler, dass sie nur einen Teil der Realität beachten. Nehmen wir einmal das Beispiel mit dem Telefon, das immer läutet, wenn Sie gerade duschen. Als Anhänger der „Telefonterror-Hypothese“ zählen Sie nur die Fälle, in denen Sie unter der Dusche stehen und das Telefon läutet. Jedesmal, wenn dieser Fall eintritt, machen Sie intern ein Strichchen auf Ihrer Liste „Bestätigungen dafür, dass die Leute immer anrufen, wenn ich gerade dusche“ und diese Liste wird im Lauf der Zeit immer länger. Die gesamte Wirklichkeit besteht aber nicht nur aus den Fällen, in denen Sie duschen und in denen das Telefon läutet. Wie Sie sicher zugeben werden, bleibt das Telefon manchmal stumm und die meiste Zeit duschen Sie auch gar nicht. Insgesamt sollten Sie vier Fälle berücksichtigen:

Telefon klingelt ich dusche	Telefon klingelt ich dusche nicht
Telefon klingelt nicht ich dusche	Telefon klingelt nicht ich dusche nicht

Abbildung 1: Klingelt das Telefon wirklich immer, wenn ich dusche?

Wenn Sie also die „Telefonterror-Hypothese“ prüfen wollen, sollten Sie *alle* Fälle zählen und am Ende prüfen, ob in der Zeit, in der Sie duschen, wirklich mehr Anrufe eingehen als in der restlichen Zeit. Sie sollten auch noch eine ganze Reihe anderer Vorsichtsmaßnahmen ergreifen, um sich vor Selbsttäuschung zu hüten, z.B. sollten Sie ihre Dusch-Zeiten zufällig über den Tag verteilen, um so zu vermeiden, dass die Zeit, um die Sie für gewöhnlich duschen, ausgerechnet dieselbe Zeit ist, zu der Ihre Mutter am liebsten anruft oder die Zeit, in der die Telefongebühren gerade besonders günstig sind, usw. All das würde ein Wissenschaftler, der ernsthaft die Dusch-Telefon-Theorie testet, berücksichtigen.

Natürlich machen Sie und ich das normalerweise nicht. Und so ist die Welt voller Telefonterroristen. Auch für die Verschwörung der Straßenverkehrsämter, die ihre Ampeln so stellen, dass ausgerechnet Sie immer „Rot“ haben, lassen sich beliebig viele Belege finden. Das Wetter hängt augenscheinlich davon ab, ob Sie einen Regenschirm mitnehmen oder Ihre Sonnenbrille dabei haben (für Ihre Freizeitplanung: in den Gegenden, in denen ich mich aufhalte, scheint garantiert die Sonne, wenn ich mit dem Auto unterwegs bin und meine Sonnenbrille vergessen habe...). Türen sind dann abgeschlossen, wenn Sie mit beiden Armen voller Einkaufstaschen davor stehen (ansonsten ist die Haustür Tag und Nacht sperrangelweit offen). Der Mineralwasserkasten ist dann leer, wenn Sie von einer anstrengenden Radtour nach Hause kommen. Und so weiter. Es braucht bloß eine solche „Koinzidenz“ – so nennt man das zufällige Zusammentreffen zweier Ereignisse – mehrmals in kürzeren Zeitabständen hintereinander aufzutreten: Schon wird ein Zähler in Gang gesetzt, der jedesmal eine Stelle höher zählt, wenn dieselben Ereignisse wieder auftreten.

Der Grund, warum wir an solche „Gesetze“ (wie Murphy's Law[12]) nicht *im Ernst* glauben, liegt nicht etwa darin, dass wir sie einmal – mittels richtigen Zählens – geprüft und verworfen hätten. Nein, in der Regel lehnen wir solche Dinge einfach ab, weil sie uns zu albern, zu außergewöhnlich sind. Dabei ist der Übergang zu „normalen“ Behauptungen fließend: Wenn Sie regelmäßig einen Hautausschlag kriegen, nachdem Sie bei Frau Müller zu Besuch waren, so muss dem nichts „Paranormales“ zugrunde liegen (z.B. könnte Frau Müller eine Katze haben, von der Sie nichts wissen, auf deren Haare Sie aber allergisch reagieren). Eine Koinzidenz allein belegt noch keinen Zusammenhang: Sie kann höchstens ein Ausgangspunkt für eine Prüfung sein, die alle möglichen Fälle einbezieht. Dummerweise erkennen wir normalerweise diese Notwendigkeit zur unabhängigen Prüfung nicht und unglücklicherweise liegt darin auch der Grund für sehr viele paranormale Überzeugungen.

„An sich bin ich ja skeptisch, aber diese homöopathischen Tropfen haben mir schon oft geholfen.“ Dieser Satz beschreibt eine Erfahrung, aber er sagt nichts über die „Wirksamkeit“ von Homöopathika aus. Er beschreibt lediglich einen subjektiven Zustand, der ebenso „wahr“ oder „falsch“ ist, wie „Ich mag Tomaten“ oder „Ich liebe Händel-Opern“. Damit aus subjektiven Wahrheiten objektive werden können, müssen sie geprüft werden.

„Jedesmal bei Vollmond kann ich nicht schlafen.“ Ausgehend von dieser verbreiteten Erfahrung wollen wir die weitreichenden Folgen „falschen Zählens“ untersuchen.

[12] Murphy's Law besagt, dass alles, was schief gehen kann, auch schief geht und das immer zum ungünstigsten Zeitpunkt.

Fallbeispiel: Der Einfluss des Mondes auf den Menschen

I. Worum geht es eigentlich?

Der Mond ist das hellste Nachtgestirn. Er besitzt gewisse ästhetische Qualitäten, wie jeder bestätigen wird, der schon mal in einer lauen Vollmondnacht aufs Meer geblickt hat. Darüber hinaus gibt es noch einige Besonderheiten. So sind die Mondphasen sicherlich das auffälligste Merkmal des Erdtrabanten: Der Mond wechselt im Laufe eines Monats seine Gestalt. Der Zyklus des Mondes stimmt beinahe mit dem Menstruationszyklus der Frau überein. In Küstenregionen fällt auf, dass er augenscheinlich Ebbe und Flut bewirkt. Jedoch ist der Mond (wie alle Himmelskörper) nicht untersuchbar, zumindest nicht für uns gewöhnliche Sterbliche.

Daher verwundert es nicht, dass sich die Menschen seit langem Gedanken über dieses so auffällige Objekt machen – irgendeine Funktion muss er doch besitzen! Gerade in letzter Zeit erfährt der Glaube an die Einflüsse des Mondes eine Wiederbelebung. Alles mögliche soll jetzt von den Mondphasen abhängig sein. In Mondkalendern wird dem Gläubigen für jede denkbare Tätigkeit, vom Nägelschneiden – nur bei abnehmendem Mond! – bis zum Hausbau, der „richtige Zeitpunkt“ angeraten (vgl. die diversen Bücher und Kalender von Johanna Paungger und Thomas Poppe, z.B. 1996 und 1998).

Welcher Art sind nun aber die dem Mond unterstellten Einflüsse? Besonders wollen wir uns auf den angeblichen Einfluss des Mondes auf die Psyche des Menschen konzentrieren. Die Frage lautet also: Hat der Mond einen Einfluss auf die Psyche des Menschen? (Man beachte, dass wir es im Folgenden nicht mit einem einzelnen, identifizierbaren „Behauptenden“ zu tun haben, sondern mit einer Behauptung, die von verschiedenen Personen in verschiedenen Varianten vertreten wird. Jedoch ist auch in diesem Fall eine Untersuchung möglich.)

II. Was wird behauptet?

Wenn wir nur die Behauptung „Der Mond hat Einfluss auf den Menschen“ betrachten, so ist selbstverständlich, dass diese auf irgendeine Art und Weise immer stimmt; mindestens trifft das ja auf das Verhalten von Astronomen und Küstenschiffern zu. Es ist aber klar, dass das von den Vertretern des „Lunatismus“ nicht gemeint sein kann. Im Sinne des „principle of charity" bemühen wir uns also zunächst um eine präzise und widerlegbare Formulierung im Sinne der Anhänger des Mond-Einflusses.

Es werden besondere, „nicht-triviale" Wirkungen des Mondes behauptet, z.B. eine direkte Wirkung auf die Psyche. „Direkt" heißt in diesem Fall, dass dies nicht auf dem Umweg über äußere Umstände geschieht, wie das z.B. bei Hobbyastronomen der Fall wäre, die in Vollmondnächten zu ungünstige Beobachtungsbedingungen vorfinden und *daher* lieber zuhause bleiben – nicht weil der Vollmond direkten Einfluss auf ihre Stimmung (und ihren Wunsch zuhause zu bleiben) hätte. Daher formulieren wir:

ES: Es gibt eine nicht-triviale Wirkung des Mondes auf menschliches Verhalten und Erleben, bzw. eine „direkte" Wirkung des Mondes auf die menschliche Psyche.

Die Hypothese lautet, dass es solche nicht-trivialen Wirkungen gibt.

H: Das ES ist wahr.

Nun können wir aber den Mond nicht weg nehmen, um zu testen, was anders ist, wenn der Mond nicht da wäre. Es ist – was den Mond betrifft – kein Experiment möglich. Zu einem Experiment gehörte, dass man die zu untersuchende Variable – den Mond, von dem man annimmt, dass er einen Einfluss auf die Psyche des Menschen hat – willkürlich hinzufügen und wegnehmen kann, um so die Rate des Auftretens bestimmter Ereignisse (z.B. das ungewöhnliche Verhalten bestimmter Menschen) in Abhängigkeit vom Mond (ob er da ist oder nicht) messen zu können.

Auf solche Weise ist die Behauptung, der Mond beeinflusse den Menschen, nicht testbar. Glücklicherweise (für uns) behauptet das aber kaum jemand so pauschal. Die Behauptung, mit der man immer wieder konfrontiert wird, lautet, dass eine bestimmte Phase des Mondes einen Einfluss auf menschliches Verhalten habe. Vorzugsweise bei Vollmond sollen bestimmte Ereignisse häufiger auftreten als zu anderen Zeitpunkten. Gelegentlich soll es aber auch der Neumond sein, der abnehmende oder der zunehmende Mond.

So wurde bereits behauptet, der Mond beeinflusse / verursache.... (die Anzahl / Häufigkeit)

der Morde
der Verkehrsunfälle
der Notrufe bei Polizei und Feuerwehr

der Gewaltanwendung in Familien
der Geburten
der Selbstmorde
schwerer Unfälle
von Terroranschlägen
von Entführungen
aggressiver Handlungen von professionellen Hockey-Spielern
gewalttätiger Auseinandersetzungen in Gefängnissen
von Neuaufnahmen in psychiatrischen Kliniken
von Beleidigungen
von Schusswaffenverletzungen
von Stichwunden
von Notfallaufnahmen in Krankenhäusern
Lycanthropie[13]
Vampirismus
Alkoholmissbrauch
Schlafwandeln
epileptischer Anfälle
(nach: Skeptic's Dictionary: full moon, http://skepdic.com/fullmoon.html)

Egal, wann der Zeitpunkt des Mondeinflusses nun jeweils angesetzt wird, auf einen Punkt können wir uns mit den „Mondgläubigen" wohl einigen: Wenn die Hypothese wahr ist, dann sollten bestimmte menschliche Verhaltensweisen zu bestimmten Zeitpunkten des Mondzyklus häufiger auftreten.

Wiederum sollten wir zwischen den Ausgangsbedingungen und den hinzukommenden Bedingungen trennen.

IC: Es gibt eine Grundrate von bestimmten menschlichen Verhaltens- und Erlebensweisen, z.B. von aggressivem Verhalten usw.

AC: Hinzu kommt der Mond: Ein bestimmter Zeitpunkt im Zyklus des Mondes (Vollmond, Neumond, Perigäum[14], Apogäum[15] usw.).

Wenn nun bestimmte Ereignisse zu bestimmten Zeitpunkten des Mondzyklus gehäuft auftreten, so ist auch klar, was das erwartete Ergebnis ist.
P: Die bei IC genannte Grundrate ist verändert (erhöht oder erniedrigt).

---

13 Das ist der Glaube, sich in einen Wolf zu verwandeln.

14 Das Perigäum ist der erdnächste Punkt der Bahn des Mondes.

15 Das Apogäum ist der erdfernste Punkt der Bahn des Mondes.

Wir fassen zusammen:

Wenn [H & IC & AC], dann P
„Wenn [es nicht-triviale Einflüsse des Mondes auf den Menschen gibt (H) & wir bestimmte menschliche Verhaltens- und Erlebensweisen (IC) zu bestimmten Zeitpunkten des Mondzyklus (AC) beobachten], dann treten diese häufiger auf (P)."

III. Welche Gründe werden angeboten, um die Behauptung zu stützen?

- Persönliche Erfahrungen normaler Menschen (Evidenzerlebnisse)

Der gewöhnliche Mondgläubige ist im Alltag derjenige, der Ereignisse mit dem Mond (fast immer dem Vollmond) in Verbindung bringt. Trat irgendein besonderes Ereignis auf – ein Unfall, ein Lottogewinn, „unerklärliche" schlechte Laune, eine Häufung von alltäglichen Missgeschicken – und war zufällig Vollmond, so *war es der Vollmond.* Und der Dialog: „Letzte Nacht habe ich schlecht geschlafen" – „Na kein Wunder, schließlich ist ja Vollmond" dürfte jeden Monat millionenfach stattfinden.

Die persönliche Erfahrung vieler Menschen zeigt uns: Die Welt ist *voll von Bestätigungen* der Mondhypothese...

- Persönliche Erfahrungen von Polizeibeamten, Krankenschwestern, Hebammen, Ärzten usw.

Ähnlich ergeht es Personen, die aufgrund ihrer beruflichen Position häufiger Gelegenheit haben, „besondere" Ereignisse zu beobachten. Bekannt sind beispielsweise die Hebammen an der Nordsee, die behaupten, bei Flut (die ja größtenteils vom Mond verursacht wird) würden mehr Kinder geboren als bei Ebbe (vgl. Wunder, 1995a, 1995b). Die Beobachtung von Polizisten, dass bei Vollmond mehr Delikte – vor allem aggressive Delikte und durch Alkoholkonsum bedingte – geschehen, fand 1989 sogar Niederschlag in einer Weisung des Polizeipräsidiums Ludwigshafen an die Leiter der Schutzpolizeiinspektionen, bei Vollmond oder in Neumondnächten maximale Dienststärke zu fahren (vgl. Greiner, 1993; darüber hinaus lag dieser Verordnung eine Studie zugrunde).

- Einzelne Studien, die signifikante Abweichungen für bestimmte Zeiträume finden (z.B. Lieber, 1996).

Die Mondhypothese wurde bereits vielfach getestet und es gibt einige Studien, die für bestimmte Zeiträume des Mondzyklus signifikante Abweichungen vom Erwartungswert finden. Solche Studien bedienen sich in der Regel bereits vorhandener Aufzeichnungen, z.B. der Protokolle über

Einlieferungen in psychiatrische Kliniken (z.B. Gorvin & Roberts, 1994), sonstiger Daten aus Krankenhäusern und Arztpraxen (z.B. Wilkinson et al., 1997), der Polizeistatistiken (z.B. Greiner, 1993), der Berichte von besonderen Vorkommnissen in Gefängnissen (z.B. Simón, 1998) usw. Kurzum, alle Aufzeichnungen über bestimmte Vorkommnisse, die mit einer Zeitangabe versehen sind und einen gewissen Zeitraum abdecken – mindestens einige Mondzyklen –, eignen sich zur Testung der Mondhypothese. Diese Aufzeichnungen muss man lediglich entsprechend auswerten. Es müssen nur die betreffenden Ereignisse ausgezählt und über die Zeit kategorisiert werden: Man teilt den Mondzyklus in Zeitabschnitte ein und ordnet die Ereignisse dem entsprechenden Abschnitt zu. Sodann kann mittels statistischer Verfahren geprüft werden, ob z.B. die Anzahl der Ereignisse um Vollmond herum mehr als nur zufällig vom Erwartungswert – der Anzahl der Ereignisse an anderen Tagen – abweicht.

IV. Wie gut wird die Behauptung gestützt?

Persönliche Erfahrungen sind ausgesprochen fehlerbehaftet. Wenn Sie das oben Gelernte einmal auf die „persönlichen Erfahrungen vieler Menschen" zum Einfluss des Mondes übertragen, dann wird vielleicht deutlicher, warum die Aussage „Persönliche Erfahrungen sind fehlerhaft und darum bedürfen sie einer Prüfung, die wissenschaftlichen Ansprüchen genügt", nicht ein Zeugnis der grenzenlosen Arroganz von Wissenschaftlern ist, sondern eine berechtigte Forderung.

Nehmen wir nun einmal an, dass eine Person, die von sich selbst behauptet, bei Vollmond immer schlecht zu schlafen, dies auch wirklich wissenschaftlich testet. Also definiert sie vorab, was „schlecht schlafen" sein soll (genauer genommen „operationalisiert" sie es, z.B. indem sie festlegt „wenn ich dreimal oder öfter pro Nacht aufwache, habe ich schlecht geschlafen"); ferner definiert sie „Vollmond": Soll Vollmond nur die Nacht des astronomischen Vollmondes sein oder auch jene Nächte um diesen Termin herum umfassen, in denen Laien der Mond „voll" erscheint? Und so weiter. Zudem protokolliert sie ihren Schlaf in *jeder* Nacht. Und nun stellt sie nach ein paar Monaten fest, dass sie *wirklich* in Vollmondnächten schlechter schläft als in anderen Nächten.

Ist damit bewiesen, dass der Mond das (Schlaf-)Verhalten beeinflusst?

Zum einen müssen wir beachten, dass diese Person *weiß*, wann Vollmond ist, und sie weiß es vorab. Das Phänomen der sich selbst erfüllenden Prophezeiungen ist wissenschaftlich untersucht worden: Unsere Erwartungen beeinflussen unser Verhalten, so dass – ob wir das nun wollen oder nicht – das erwartete Ereignis auch eintritt. Jemand der erwartet, bei Vollmond schlecht zu schlafen, wird dies mit einer gewissen Wahrscheinlichkeit auch tun.

Was kann man dagegen tun? Könnte man nicht einfach jemanden finden, der nicht weiß, wann Vollmond ist? – Einen solchen Jemand zu finden, dürfte schwer fallen. Selbst bei einem Blinden können wir nicht ausschließen, dass er nicht doch von anderen *hört*, wann Vollmond ist.

Wie wir sehen, ist eine „Verblindung“ – in dem Sinne, dass die beteiligten Personen nicht wissen, wann Vollmond ist – nur schwer herstellbar. Eine Verblindung wäre aber für eine quasi-experimentelle Anordnung (das Beste, was noch möglich wäre, da wir ja den Vollmond nicht willkürlich hinzufügen und wegnehmen können) unabdingbar.

Nun behaupten aber einige Menschen, dass sie bei sich bestimmte Auffälligkeiten festgestellt haben und *erst später* bemerkten, dass zum Zeitpunkt des Auftretens dieser Besonderheiten jeweils (beispielsweise) Vollmond war. Lügen solche Menschen? Oder glauben sie daran, weil sie es nicht geprüft haben? Mit großer Wahrscheinlichkeit würden diese Beobachtungen einer kritischen Prüfung nicht standhalten. Aber wenn es so wäre, wenn also einzelne Menschen – ohne das sie es wüssten – über einige Zeit hinweg bei Vollmond bestimmte Besonderheiten zeigten, ließe sich damit ein Einfluss des Mondes nachweisen?

Nein. Denn es gibt immer eine gewisse Wahrscheinlichkeit dafür, dass es *zufällige* Übereinstimmungen gibt, dass also ein Mensch zufällig über einen gewissen Zeitraum hinweg Besonderheiten in Übereinstimmung mit dem Mondzyklus zeigt. Daher kommt auch der provokative Satz: „Einzelfälle beweisen nichts“.

Um den Zufall auszuschließen, bedient man sich in der empirischen Sozialforschung größerer Stichproben. Gibt es einen Effekt, so macht er sich auch in einer größeren Stichprobe – wenn auch schwach, aber immerhin – bemerkbar. Gibt es keinen Effekt, so gleichen sich die Zufälle über die ganze Stichprobe hinweg aus.

Das, was wir also noch tun können, ist gewissermaßen retrospektiv (im Nachhinein) bei großen Stichproben zu sehen, ob bestimmte Verhaltensweisen zu bestimmten Zeitpunkten des Mondzyklus gehäuft auftreten. Das ist zwar nicht das Optimum – denn die Gefahr, dass sich auch hier die selbsterfüllenden Prophezeiungen einzelner Menschen bemerkbar machen, besteht weiterhin –, aber immerhin mal eine Möglichkeit zum Test.

Solche Prüfungen der Mond-Hypothese wurden bereits durchgeführt. Es gibt aber – auch das sollte mittlerweile deutlich geworden sein – *gute* und *schlechte* Prüfungen bzw. Untersuchungen. „Gute" Untersuchungen sind solche, die viele Sicherheitsmaßnahmen gegen Selbsttäuschung beinhalten, „schlechte" Untersuchungen sind solche, die nur wenige oder gar keine mögliche Fehlerquellen ausschalten.

Mit diesem Gedanken im Hinterkopf wollen wir einen Blick auf die Studien werfen, die bezüglich des Mondeinflusses durchgeführt wurden.

Zunächst einmal fällt auf, dass die meisten Studien zum Mondeffekt keinen Zusammenhang zwischen irgendeinem Zeitpunkt des Mondzyklus (also nicht nur zu Vollmond) und irgendeinem besonderen menschlichen Verhalten finden konnten. Campbell und Beets (1978) sowie Rotton und Kelly (1985) fassen jeweils die wichtigsten Studien zusammen und zwar zu den Bereichen Mord, Straftaten allgemein, Suizid und Selbstverletzung, psychiatrische Störungen, psychiatrische Neueingänge, Eingänge in allgemeine Krankenhäuser und Notrufe. Die Studien, die signifikante Ergebnisse erbrachten, sollen genauer betrachtet werden:

Eine mögliche Alternativerklärung (statt der des Mondeinflusses) ist hier die zufällige Übereinstimmung mit Wochenzyklen. Zum Beispiel ist bekannt, dass die Einweisungen in psychiatrische Kliniken am Wochenende besonders häufig sind. Tatsächlich trifft auf viele dieser Studien zu, dass die untersuchten Zeiträume sehr kurz sind. (Wir sollten dabei bedenken, dass der Mondzyklus etwas mehr als 28 Tage, d.h. ziemlich genau vier Wochen beträgt.)

So stammen die Daten, die der bereits erwähnten Studie über die Häufung von Vorfällen in Polizeistationen zugrunde lagen, aus einem Zeitraum von nur drei Monaten (vgl. Greiner 1993). Am Polizeipräsidium Karlsruhe beispielsweise ist die ereignisreichste Zeit immer wochentags zwischen 15 und 19 Uhr – unabhängig vom Stand des Mondes. Fällt der Zeitpunkt des Vollmondes im Untersuchungszeitraum auf einen Wochentag, so ergibt sich, dass auch der Zeitpunkt des Neumondes (zwei Wochen später) auf einen Wochentag fällt. In die übrige Zeit fallen dafür vier (ereignisärmere) Wochenenden. Notwendigerweise wird man (in einer Studie, die nur wenige, aufeinanderfolgende Mondzyklen umfasst) finden, dass in der „übrigen Zeit" weniger Ereignisse stattfinden als zu Voll- und Neumond.

Aber auch Studien, die einen längeren Zeitraum abdecken, weisen Mängel auf. So fällt auf, dass die wenigsten unter diesen Studien „Treffer beim ersten Schuss" sind. Viele Autoren berichten, dass zunächst beispielsweise der Einfluss des *Vollmondes* auf das zur Frage stehende Verhalten untersucht wurde, dass sich für diesen Zeitpunkt aber keine signifikante Häufung nachweisen ließ. In einer zweiten Analyse konnte jedoch eine signifikante Häufung beispielsweise für den Zeitraum bis zu vier Tagen *nach Vollmond* gefunden werden (z.B. bei Osborn, 1968, nach Campbell & Beets, 1978). Erklärt wird dies dann z.B. mit einem Verzögerungseffekt, d.h. entweder braucht der Mond einige Zeit, um zu wirken, oder aber die Delikte werden erst verzögert gemeldet oder Einweisungen finden erst mit einer zeitlichen Verzögerung nach dem Auftreten der psychiatrischen Störung statt.

Man mag diese Erklärung akzeptieren, jedoch müsste sich dann derselbe Verzögerungseffekt in den Replikationen dieser Studien nachweisen lassen. Wurde dieselbe Studie nochmal mit einem anderen Datensatz durchgeführt, so fand man allerdings entweder gar keine Häufungen mehr oder aber Häufungen zu einem völlig anderen Zeitpunkt oder aber gar eine signifikant *geringere* Anzahl von Ereignissen im angegebenen Zeitraum. Daher muss man die Reanalyse der Datensätze als „*fishing for significance*" bezeichnen: In den Daten wird so lange gefischt, (so lange werden Kategorien verändert, Bereiche neu definiert usw.) bis sich dann *irgendeine* Signifikanz „findet".

Dabei gilt es auch noch zu beachten, dass wir uns hier nur auf die Studien beziehen können, die von Reanalysen *berichten*. Es ist zu vermuten, dass auch einige der „Treffer" in anderen Studien erst beim zweiten „Schuss" erzielt wurden. Abgesehen davon müssen wir auch von einem „*publication bias*" ausgehen, also den Umstand berücksichtigen, dass viele Studien, die durchgeführt wurden, aber keinen Zusammenhang fanden, einfach nicht veröffentlicht wurden. Resultate werden nun mal eher gedruckt als Nicht-Resultate.

Man beachte außerdem, dass die Effekte, die in diesen Studien gefunden wurden, zu gering sind, als dass sie bei einfacher Beobachtung hätten wahrgenommen werden können. Gerade darauf berufen sich aber die Vertreter des „Lunatismus": dass ihre Annahmen auf jahrhundertealter Volksweisheit und der gesammelten Erfahrung vieler Menschen beruhten (vgl. Paungger & Poppe 1996).

Auf das offenkundige Scheitern der „Mondhypothese" in den erwähnten Studien angesprochen, erwidern ihre Anhänger, dass der Mond zwar möglicherweise keinen Einfluss auf extreme Verhaltensweisen (wie Mord, kriminelles Verhalten, Selbstmord usw.) habe, wohl aber auf die Stimmung von Menschen. Doch auch für diesen Bereich gibt es Untersuchungen, in denen Versuchspersonen beispielsweise ein Persönlichkeitsfragebogen zu verschiedenen Zeitpunkten des Mondzyklus vorgelegt wurde (vgl. Startup & Russel, 1985). Für diese Studien gilt dasselbe wie für die extremen Formen menschlichen Verhaltens: Die Effekte, die in einer Studie nachgewiesen wurden, konnten in der nächsten Studie nicht repliziert werden.

Dies gilt auch, wenn man statt extremen Verhaltens (wie Mord und Selbstmord) nur leichte Formen der Aggression und Autoaggression berücksichtigt, denn auch dafür lassen sich Daten finden, z.B. Aufzeichnungen über besondere Vorkommnisse in Gefängnissen u.ä. (vgl. Durm et al., 1986 und Simón, 1998): Nirgendwo gibt es einen Effekt, der in einer zweiten Studie wieder auftritt.

Wenn wir das eben Besprochene auf unsere eingangs formulierte Hypothese übertragen, dann sehen wir, dass offenkundig das vorausgesagte Ergebnis nicht eintritt: Es gibt keine Schwankungen über die Zeit in Abhängigkeit von der Mondphase, d.h. das hier vorliegende Material bestätigt nicht die Annahme eines Einflusses des Mondes auf menschliches Verhalten und Erleben.

Daraus lässt sich aber nicht ableiten, dass es *keinen* Zusammenhang zwischen menschlichem Verhalten und dem Mond gibt. Oder, wie es Rotton und Kelly (1985) formulieren: „So wie wir nicht beweisen können, dass Werwölfe, Einhörner und andere interessante Lebewesen nicht existieren, können wir auch nicht beweisen, dass der Mond nicht das Verhalten beeinflusst“ (S. 300).[16]

V. Was wäre eine angemessene Bestätigung der Hypothese?

Ein Experiment ist, wie wir bereits festgestellt haben, nicht möglich, der Mond ist immer da. Auch können wir nicht das Verhalten von Menschen über einen gewissen Zeitraum beobachten und danach erst mit dem Mondzyklus in Verbindung setzen. Denn es ist hier keinerlei „Verblindung“ möglich. Wir können, wie erwähnt, nicht ausschließen, dass die potentiellen Versuchspersonen über den Zeitpunkt des Vollmondes informiert sind und so im Sinne einer selbsterfüllenden Prophezeiung agieren.

Wir sind allem Anschein nach bedauerlicherweise auf Studien der oben vorgestellten Art angewiesen. Aber auch mit derartigen Studien ist ein Beleg für den Einfluss des Mondes möglich. Zum Beispiel wäre die unabhängige Replikation einer Studie, die über einen längeren Zeitraum

---

[16] „Just as we cannot prove that werewolves, unicorns, and other interesting creatures do not exist, we cannot prove that the moon does not influence behavior.“

geht, mit einem *vorab* festgelegten Wirkungs-Zeitpunkt des „Mondeffekts“ schon mal ein guter Hinweis.

Was wir aber am dringendsten bräuchten, wäre eine befriedigende Theorie zur Wirkungsweise des Mondeffekts, um so gezielte Vorhersagen machen zu können (nicht nur ein „*fishing for significance*“, ein hypothesenloses „Fischen“ nach signifikanten Zusammenhängen, die dann nach der „Methode des texanischen Scharfschützen“ als Treffer deklariert werden). Sozialwissenschaftler wissen, wie leicht es ist, in einem Datensatz irgendeine signifikante Auffälligkeit zu finden, da die Anzahl möglicher Zusammenhangs- oder Unterschiedshypothesen, die geprüft werden können, praktisch unendlich ist. Daher ist es wichtig, *theoretisch begründet* eine Vorhersage zu machen – möglichst eine solche, die Popper eine „riskante“ Voraussage nennen würde. Sagt z.B. eine Theorie über die Wirkung des Mondes voraus, dass ein bestimmtes Phänomen bei Vollmond – und nur dann – auftritt, weil dies gemäß der Theorie der Fall sein *muss*, und wird diese Voraussage bestätigt, so ist dies anders zu bewerten als ein zufälliger Treffer.

Und tatsächlich gibt es landläufige Vorstellungen darüber, wie der Mond seinen – bislang nicht nachgewiesenen – Einfluss auf den Menschen ausübt. So formulierte Lieber 1996 eine „biological tide theory“, die besagt, dass die Gravitation des Mondes auf den menschlichen Körper wirkt. Der Gedanke, der dem zugrunde liegt, ist folgender: „*Der Mond bewegt ganze Weltmeere, da sollte er doch auch auf uns kleine Menschen Einfluss haben. Außerdem besteht der Mensch zu zwei Dritteln aus Wasser.*“

Dem lässt sich entgegenhalten (vgl. Quincey, 1996):

- Die Gezeiten sind im Atlantik am stärksten, im Mittelmeer ziemlich schwach, im Bodensee praktisch nicht messbar und in meiner Badewanne gibt es sie überhaupt nicht.
- Zudem ist das Wasser im menschlichen Körper nur innerhalb der Zellen, im Blutkreislauf und zwischen den Körpergeweben frei beweglich.
- Die Gezeiten wirken nicht nur auf das Wasser, sondern jedes Material, das Masse besitzt. Nur das Wasser ist leicht verformbar, Steine nicht ganz so leicht.
- Die Gravitationswirkung des Mondes auf den Menschen ist geringer als das Gewicht einer Stubenfliege, die auf ihm sitzt.
- Der Mond als Masse ist immer gleich. Ob Vollmond oder Neumond, die Gravitationswirkung des Mondes ist davon unabhängig (und ändert sich nicht mit den Mondphasen).

Andere „Mondtheorien“ gehen von einer Wirkung des Mondlichtes auf den Menschen aus: *„Der Vollmond ist so hell. Das muss wohl einen Einfluss haben.“*

- Wir sollten aber bedenken: Eine 100 Watt Glühbirne ist siebzigmal heller als das Licht des Vollmonds.
- Wann kriegen wir schon mal mit, dass Vollmond ist? Die meiste Zeit sitzen wir in künstlich beleuchteten Räumen. Müsste nicht dieses Licht einen viel größeren Einfluss auf uns haben?
- Auch in ländlichen Regionen, in denen die wenige künstliche (Straßen-) Beleuchtung nicht zu einer „Licht-Verschmutzung“ wie in Großstädten führt, lassen sich keine Zusammenhänge im Sinne der Mondhypothese nachweisen (vgl. Vance, 1996).
- Dürfte nicht heftiger Regen einen viel stärkeren Einfluss auf das Verhalten haben?

Gravitation und elektromagnetische Strahlung (Licht) sind die einzigen physikalischen Kräfte, die eine Fernwirkung ausüben können. Daneben gibt es noch die schwache und die starke Kernkraft, die sich aber nur im Bereich des Atomkernes bemerkbar machen. Andere Kräfte sind nicht bekannt und die Physik sieht auch keinen Platz für eine weitere, eventuell noch unentdeckte Kraft.

Wie wir sehen, ist also bislang weder das Phänomen selbst (der Einfluss des Mondes auf den Menschen) nachgewiesen, noch das Problem seiner Erklärung zufriedenstellend gelöst. Bedenken Sie die vierte Spielregel für Skeptiker „Trenne zwischen behauptetem Sachverhalt und angebotener Erklärung“: Solange das Phänomen nicht nachgewiesen ist, müssen wir uns nicht mit seiner Erklärung herumschlagen. Wir taten es diesmal trotzdem, denn zum einen ist noch nicht jeglicher mögliche Einfluss des Mondes untersucht worden und zum anderen ist der Glaube an Mondeinflüsse auch unter sonst eher skeptischen Zeitgenossen verbreitet. Daher ist es vielleicht sinnvoll, einmal über die prinzipielle Möglichkeit eines solchen Einflusses nachzudenken. Manch einer, der bislang glaubte, er könne bei Vollmond schlechter schlafen als sonst, denkt vielleicht etwas anders darüber, wenn er erfährt, wie schwach das Mondlicht in Wahrheit ist.

VI. Warum wird die Behauptung von ihren Anhängern geglaubt?

Warum glauben Menschen an einen Einfluss des Mondes? Schon unter Punkt IV haben wir einen Blick auf die Grundlage der augenscheinlichen Evidenz geworfen, die Menschen, die an einen nicht-trivialen Einfluss des

Mondes glauben, Monat für Monat erleben. Neben dem „falschen Zählen" gibt es noch eine Reihe anderer „menschlicher Schwächen", die beim Mond-Glauben eine Rolle spielen.

Zum einen gibt es wohl eine Art Sinnsucht des Menschen. Menschen konstruieren ständig Zusammenhänge in ihrer Umwelt. Kann man mal in einer Nacht nicht schlafen, so wird sofort nach einer Ursache gesucht. Steht gerade der Vollmond groß und rund am Himmel, so muss es wohl daran liegen. Solche illusorischen Zusammenhänge ermöglichen, wenn nicht Kontrolle, so doch wenigstens eine Kontrollillusion, den Glauben an Voraussagbarkeit. „Weiß" man, dass man in Vollmondnächten nicht wird schlafen können, so kann man sich wenigstens darauf einstellen.

Dem liegt wiederum u.a. eine lerntheoretische Besonderheit zugrunde: Dem Organismus ist es (so Skinner, 1973) offenbar gleich, ob Ereignisse kausal zusammenhängen oder nur zufällig zeitlich aufeinanderfolgen. Gelernt wird der Zusammenhang auf jeden Fall. Skinner (1948, auch Morse & Skinner, 1957) stellte fest, dass für das Lernen allein die zeitliche Kontiguität (das zeitliche Aufeinanderfolgen) ausschlaggebend ist, nicht die „wahre" Ursache. Er setzte hungrige Tauben in einen Käfig, in welchem ihnen in bestimmten Zeitabständen Futter gegeben wurde, wobei die Futtergabe unabhängig vom Verhalten der Tauben erfolgte. Sehr schnell zeigten die einzelnen Tauben gewisse stereotype Verhaltensweisen, z.B. sich entgegen dem Uhrzeigersinn um die eigene Achse drehen, von einem Bein auf das andere wechseln usw.

Die Erklärung für diese Verhaltensweisen besteht darin, dass die Tiere *zufällig* zum Zeitpunkt der ersten Futtergabe ein bestimmtes Verhalten zeigten. Das Prinzip der positiven Verstärkung besagt nun, dass ein Verhalten, das „belohnt" wird, danach häufiger auftritt. Drehte sich die Taube zum Zeitpunkt der Futtergabe gerade um die eigene Achse, wurde dieses Verhalten verstärkt, d.h. die Wahrscheinlichkeit, dass die Taube dieses Verhalten wieder zeigt, erhöhte sich. Mit größerer Wahrscheinlichkeit drehte sie sich bei der nächsten – zu einem zufälligen Zeitpunkt erfolgenden – Futtergabe wieder um die eigene Achse. Die Futtergabe verstärkte das Verhalten aufs Neue, was die Wahrscheinlichkeit dafür, dass es wieder auftrat, erhöhte, d.h. die Taube drehte sich immer öfter um die eigene Achse und wurde dafür immer öfter mit einer Futtergabe „belohnt" (obschon die Futtergabe nach wie vor zufällig erfolgte). Nach einer Weile drehte sich die Taube ständig um die eigene Achse und wurde jedesmal, wenn Futter in den Käfig fiel, dafür „belohnt". Man könnte, so Skinner, das Verhalten dieser Tauben als abergläubisch bezeichnen. In ähnlicher

Weise kann man das Verhalten eines Keglers beschreiben, der mit den Händen und Armen Bewegungen vollführt, um die Kugel zu „steuern“ – nachdem er sie bereits losgelassen hat.

Beim Glauben an den Einfluss des Mondes spielt wohl auch noch eine Neigung zum Denken in Analogien eine Rolle: Nimmt der Mond ab, so mag es wohl auch mir leichter fallen, Gewicht abzunehmen. Die Autoren derartiger Ratschläge kommen sich vermutlich recht geistreich dabei vor, genauer betrachtet sind es jedoch ziemlich platte Analogien.

In Einzelfällen ist es durchaus denkbar, dass jemand bei sich selbst oder bei anderen zu Vollmond bestimmte Besonderheiten bemerkt. Neben der selektiven Wahrnehmung (erinnern Sie sich an das Telefon, das immer läutet, wenn Sie gerade duschen?) könnte aber vor allem das bereits mehrfach genannte Phänomen der selbsterfüllenden Prophezeiung eine Rolle spielen. Wenn man sich am Tag vor Vollmond schon davor fürchtet, in der Nacht wieder nicht richtig schlafen zu können, dann kann es durchaus auch häufiger vorkommen, dass man in solchen Nächten nicht gut schläft. Und man muss sich nicht einmal davor fürchten, manchmal genügt die Erwartung allein: Der Skeptiker und Magier Wolfgang Hund suggeriert den Zuhörern seiner Vorträge regelmäßig, sie würden in der kommenden Nacht zu einer bestimmten Uhrzeit aufwachen. Sie sollten dann *keinesfalls* an den Weihnachtsmann denken, denn sonst könnten sie eine halbe Stunde lang nicht einschlafen. Natürlich nimmt kaum jemand diese Voraussage für ernst, aber Herr Hund berichtet, dass Zuschauer ihm immer wieder den Erfolg seiner Suggestion bestätigen.

Falsch beziehen: Auf sich beziehen

Lieber Leser, liebe Leserin! Zufälligerweise kenne ich Sie genau. Ja, **Sie** und niemand anderen!

Sie sind...

Sie gehen mit offenen Augen und wachem Interesse durchs Leben. Dabei haben Sie die Fähigkeit, Dinge und Situationen objektiv aus einer gewissen Distanz zu betrachten und sich nicht gleich mit allem zu identifizieren. Möglicherweise fällt es Ihnen schwer, sich zu entscheiden. Sie können die Vor- und Nachteile einer Situation sehr genau abwägen, aber Sie zögern vermutlich den letzten entscheidenden Schritt hinaus. Sie sind objektiv, tolerant, kontaktfreudig und stets bereit, etwas Neues zu lernen. Austausch ist für Sie ein inneres Leitmotiv, sei es, dass Sie Informationen sammeln und weitergeben oder dass Sie in einer konkreten Form Waren umsetzen. Sie haben eine Begabung für Kommunikation und Vermittlung von Wissen und Information. Journalismus, Gespräche, Wissen, Handel oder Bücher gehören zu Ihrem Leben. Im innersten Kern sind Sie ein offener Mensch und mögen das, was man allgemein unter Kultur versteht. Diese Beweglichkeit und Anpassungsfähigkeit im Großen wie im Kleinen könnte bewirken, dass Sie im Leben Mühe haben, eine klare Linie zu finden. Es gibt so vieles, das Ihnen sinnvoll und logisch erscheint; und das Leben stellt Sie vor die Aufgabe, aus all der Vielfalt Ihre ganz persönliche Entscheidung zu treffen. Sie wirken auf Ihre Mitmenschen geheimnisvoll und tiefgründig. Sie lassen sich nicht ohne weiteres in die Karten blicken, durchschauen jedoch andere recht schnell. In Ihrem Verhalten haben Sie etwas Forschendes und Grübelndes. Sie strahlen Intensität aus, vermutlich auch im sexuellen Bereich. Möglicherweise reagieren andere darauf mit Zurückhaltung...

Haben Sie sich – wenigsten etwas – wiedererkannt? Es kann gar nicht sein, dass dieser Text in keiner Weise auf Sie zutrifft. Insbesondere werden Sie sich in diesem Text *finden*, wenn Sie sich darin *suchen*. Texte dieser Art nennt man „Barnum-Texte“ und das Suchen nach solchen Bestätigungen den „Fehler der persönlichen Validierung“. Beide helfen sich aufs wunderbarste und ergeben zusammen den so genannten „Barnum-Effekt“. Der Ausdruck geht auf Meehl, 1956, zurück, der sich damit auf die bekannte Devise des Zirkusdirektors P.T. Barnum: „We have something for everyone“ (Wir haben für jeden etwas) bezog.

Mit Barnum-Effekt (Dickson & Kelly, 1985; Furnham & Schofield, 1987) bezeichnet man den Umstand, dass Menschen Beschreibungen ihrer Person als für sie zutreffend akzeptieren, gerade wenn sie vor allem aus vagen Aussagen bestehen, die auf fast alle Menschen zutreffen. Ein typischer Barnum-Text ist z.B. ein Horoskop (bzw. ein astrologisches „Persönlichkeitsprofil“ wie der obige Text, der mit dem Horoskop-Programm von http://astroguide.fireball.de erzeugt wurde – mit einem willkürlich gewählten Geburtsdatum), denn es enthält Aussagen, die mehr oder minder auf alle Menschen zutreffen („Möglicherweise fällt es Ihnen schwer, sich zu entscheiden“), und uneindeutige Aussagen („Sie haben ein großes künstlerisches Talent, aber vielleicht leben Sie es nicht aus und wissen auch gar nicht darum“), bzw. Aussagen, die durch ihr schlichtes Gegenteil relativiert werden („Sie sind Neuem gegenüber aufgeschlossen, aber oft ziehen Sie sich auch zurück"). Auch schmeichelhafte Aussagen (so genannte „Balsam"-Texte) werden gerne eingeflochten: „Sie sind objektiv, tolerant, kontaktfreudig und stets bereit, etwas Neues zu lernen" – wer möchte das nicht gerne über sich hören?

Auf Seiten des Lesers spielt eine gewisse Bereitschaft, die Aussagen des Textes für wahr zu halten, eine große Rolle: Wenn man Menschen sagt, dieses Profil sei durch einen aufwendigen Prozess, z.B. ein „persönliches Horoskop" oder auch ein graphologisches Gutachten, speziell für sie geschrieben worden, so trägt das zur Glaubwürdigkeit bei.

Zum Barnum-Effekt gibt es zahlreiche Untersuchungen. Die ersten davon fanden in Frankreich und Deutschland statt,[17] z.B. Krüger und Zietz (1933, siehe auch Bördlein, 2000b). Solche Untersuchungen sehen in der Regel so aus, dass man den Versuchspersonen ein „Persönlichkeitsprofil" vorgibt, mit der Bemerkung, diesem liege eine eingehende Analyse der Versuchsperson zugrunde (z.B. eine psychologische Begutachtung). Tatsächlich ist dieses Profil ein Standard-Barnum-Text und alle Versuchspersonen erhalten ohne es zu wissen denselben Text. Sodann sollen die Versuchspersonen einschätzen, für wie zutreffend sie dieses Persönlichkeitsprofil halten. Die große Mehrheit schätzt dieses Profil als völlig bzw. überwiegend zutreffend ein.

Der französische Forscher Michel Gauquelin soll dieses Experiment mit einem Profil durchgeführt haben, das er von einem Astrologen für die Geburtsdaten eines Massenmörders erstellen hat lassen (ohne dass der Astrologe wusste, wessen Daten das sind). Das Profil war vollkommen unauffällig, eben als Barnum-Text formuliert. Auch hier fanden sich die meisten Versuchspersonen (denen man gesagt hatte, es handle sich um *ihr* Profil) zutreffend beschrieben. Dieser Versuch wurde übrigens vor einiger Zeit vom TV-Wissenschaftsmagazin *Quarks & Co* (http://www.quarks.de/astro/index.htm) mit den Daten des deutschen Massenmörders Haarmann wiederholt.

Der Barnum-Effekt ist seit vielen Jahren ein Forschungsgegenstand der Persönlichkeitspsychologie (vgl. z.B. Bördlein, 1999). Nicht zuletzt trug seine Erforschung zur Fortentwicklung der Psychodiagnostik bei. Unter anderm gelangte man zu der Einsicht, dass man ein Persönlichkeitsgutachten nicht durch die Einschätzung des Begutachteten validieren (auf

[17] Entgegen der in amerikanischen Quellen verbreiteten Darstellung, nach der Forer (1949) der erste gewesen sei.

seine Gültigkeit hin prüfen) kann. Schon Krüger und Zietz (1933) kamen aufgrund ihrer Untersuchungen zum „Verifikationsphänomen" (wie sie es nannten) zu dem Schluss, „dass ... die Bewährung eines diagnostischen Verfahrens, die Ermittlung der Treffersicherheit seiner Feststellungen, sich niemals ohne weiteres allein auf die Zustimmung der Beurteilten oder auch anderer Personen stützen darf" (S. 163).

Wer dem Barnum-Effekt erliegt, ist übrigens nicht etwa leichtgläubiger als andere (Standing & Keays, 1987). Er erliegt vielmehr einem Denkfehler, der naheliegend ist und schwer zu vermeiden: Die Tendenz, etwas auf sich zu beziehen, das eigentlich auf alle zutrifft.

Der Barnum-Effekt ist gewissermaßen der Spezialfall eines noch verbreiteteren Denkfehlers, des am besten untersuchten Denkfehlers überhaupt, der „Bestätigungstendenz".

Falsch beziehen: Auf etwas, das man bereits zu wissen glaubt, beziehen

Mit Bestätigungstendenz (*confirmation bias*) bezeichnet man den Umstand, dass Menschen dazu neigen, an einer einmal gefassten Hypothese – auch wenn sie möglicherweise falsch ist – festzuhalten und diese durch die Suche nach stützenden Belegen, einseitige Wahrnehmung, Bewertung und Interpretation dieser Belege und andere Maßnahmen aufrechtzuerhalten (vgl. Hager & Weißmann, 1991). Die Bestätigungstendenz ist eine Art des selektiven Denkens, die nicht mit dem bewussten Versuch, „einen Fall zu konstruieren", indem man absichtlich nur nach bestätigenden Evidenzen sucht, zu verwechseln ist. Der *confirmation bias* unterläuft uns vielmehr unbeabsichtigt und – außer wir unternehmen aktiv etwas dagegen – sogar unvermeidlich.

Zahlreiche experimentelle Befunde stützen die Annahme, dass jemand, wenn er erst einmal eine Position bezogen hat, vornehmlich damit befasst ist, diese Position zu verteidigen oder zu rechtfertigen. Dies geschieht auf mehrerlei Weise:

Zum einen konzentriert sich die Aufmerksamkeit auf die bevorzugte Hypothese. Das heißt, das Individuum erwägt nicht die Relevanz von (neuen) Informationen für alternative Erklärungen, sondern verwendet diese nur zur Stützung seiner eigenen Position. Die Versuche von Wason (1960) belegen dieses deutlich: Zahlen-Tripletts der Form „2-4-6" wurden den Teilnehmern als Beispiele vorgegeben, aus denen sie eine Regel zur Erzeugung solcher Tripletts ableiten sollten. Die Versuchspersonen konnten sodann dem Versuchsleiter weitere Tripletts nennen und fragen, ob diese der Regel entsprächen oder nicht, solange, bis sie sich sicher waren, die richtige Regel gefunden zu haben. Die allermeisten Versuchspersonen legten nur solche Tripletts zur Prüfung vor, die ihrer ersten Hypothese entsprachen und keine solchen, die geeignet waren, die Hypothese zu widerlegen. Das hätten sie aber tun müssen, um *wirklich* zu prüfen, ob ihre erste Annahme richtig war. Im obigen Beispiel fassten viele Versuchpersonen als erstes die Hypothese, die Regel laute „gerade Zahlen, ansteigend“ und legten dem Versuchleiter nur solche Tripletts wie „8-10-12“ oder „20-22-24“ vor, nicht aber solche, die ihre Hypothese hätten widerlegen können, wie „3-5-7“ oder „4-3-2“.

Zudem werden die eingehenden Informationen als verschieden wichtig gewertet: Bestätigende Evidenzen werden in ihrer Bedeutung überschätzt und widersprechende Befunde unterschätzt. Der („gläubige“) Klient eines Wahrsagers hilft auf diese Weise bei der „Wahrsagung“ mit: Der Kunde richtet seine Aufmerksamkeit selektiv auf das, was sich später (zufällig) als richtig herausstellt. Auch erwägt er nur die Möglichkeit, dass der Wahrsager seine Aussagen gemacht hat, *weil* er hellsehen konnte, nicht aber die Wahrscheinlichkeit dafür, dass er dieselben Aussagen gemacht haben könnte, ohne „hell“ zu sehen.

Die unterschiedliche Suche nach Belegen für die Hypothese und gegen die Hypothese (bzw. für eine Alternativhypothese) und die unterschiedliche Gewichtung dieser Befunde liegt neben paranormalen Überzeugungen auch den Vorurteilen zugrunde. Die Erwartung, dass zwei Variablen zusammen auftreten (z.B. Ausländer und Kriminalität) erhöht die Wahrscheinlichkeit, dass die Person Bestätigung für diese Annahme findet und bildet die Grundlage des Phänomens der „*illusorischen Korrelation*“ (Chapman & Chapman, 1967). Die Bildung von Vorurteilen – dass die Mitgliedschaft in einer Gruppe (z.B. „Ausländer sein“) und ein bestimmtes Verhalten (z.B. „kriminell sein“) stark miteinander korrelieren – wird durch zwei Faktoren begünstigt. Zum einen kann „besonderes“ Verhalten von „besonderen“ Gruppen besser erinnert werden als das von unauffälligen Personen: Wenn ein „Ausländer“ eine Straftat begeht, so ist dies einer besonderen Erwähnung wert; ein Deutscher, der dieselbe Tat begeht, wird aber – z.B. im Zeitungsbericht – nicht besonders als „Deutscher“ gekennzeichnet. Zum anderen wirkt die Bestätigungstendenz derart, dass man, sobald man von der Korrelation (Ausländer und Kriminalität) überzeugt ist, wahrscheinlicher Indizien für diesen Zusammenhang findet.

Auch andere sozialpsychologische Phänomene haben in der Bestätigungstendenz eine Ursache. Einige Untersuchungen zeigen, dass Menschen normalerweise das Ausmaß, in dem das Verhalten anderer durch ihre Eigenschaften vorhergesagt werden kann, überschätzen. Ebenso führt die „Illusion der Konsistenz" dazu, dass das Verhalten anderer als über Situationen hinweg stabil eingeschätzt wird: *humorvolle* Menschen scheinen immer zu Scherzen aufgelegt, von *ruhigen* Menschen kann man sich nicht vorstellen, dass sie sich über ihr Lieblingsthema angeregt unterhalten und ereifern können.

Wasons Kartenwahlaufgabe

Das wohl bekannteste Experiment zum *„confirmation bias"* ist Wasons (1968) Karten-Wahl-Aufgabe: Die Versuchsperson bekommt vier Karten vorgelegt, auf denen „A", „B", „4" und „7" steht. Die Versuchsperson soll nun die Regel „Wenn auf einer Seite einer Karte ein Vokal ist, dann ist auf der anderen Seite eine gerade Zahl (wobei gilt, dass sich auf den Karten immer auf einer Seite ein Buchstabe und auf der anderen Seite eine Zahl befindet)" prüfen und dabei so wenig Karten wie möglich (aber so viele wie nötig) umdrehen.

Ehe Sie weiterlesen, überlegen Sie bitte erst einmal selbst, welche Karten Sie umdrehen würden:

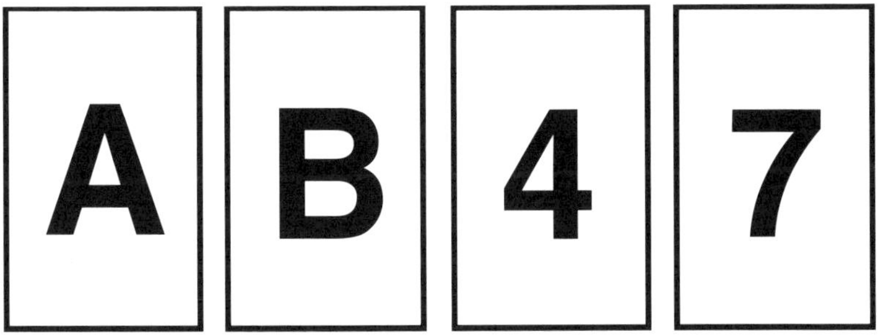

Abbildung 2: Wasons Karten

Die meisten Versuchspersonen lösen diese Aufgabe nicht zufriedenstellend. Viele erliegen beispielsweise der „Inversionstendenz" (Ein logischer Schlussfehler der Art „'Aus A folgt B', *also* gilt auch 'Aus B folgt A'") und nehmen an, dass auch gilt „Ist auf der einen Seite eine gerade Zahl, dann ist auf der anderen Seite ein Vokal". Häufig werden dann die Karten „A" und „4" umgedreht. Die einzig richtige Lösung wäre aber, „A" und

„7“ umzudrehen, denn die Regel wäre widerlegt, wenn auf der Rückseite von „A“ eine ungerade Zahl ist, und wenn auf der Rückseite von „7“ ein Vokal ist. Die beiden anderen Karten sind für die Regel bedeutungslos: Auf der Rückseite von „B“ kann jede beliebige Zahl sein und auf der Rückseite von „4“ kann auch ein Konsonant sein; über all diese Fälle macht die Regel keine Aussagen. Nickerson (1998) weist darauf hin, dass bei der Interpretation dieser Ergebnisse als ein Fall von Bestätigungstendenz übersehen wird, zwischen logischer und psycho-logischer Bestätigung zu unterscheiden. Logisch ist es „A“ und „7“ umzudrehen, psychologisch richtig aber „A“ und „4“, denn die Regel bezieht sich auf Vokale und gerade Zahlen, von ungeraden Zahlen ist gar nicht die Rede. Nach Nickerson (1998) ist die Bestätigungstendenz bei der Karten-Wahl-Aufgabe von Wason nur einer unter mehreren Faktoren (vgl. auch Newstead & Evans, 1995).

Auch außerhalb des psychologischen Labors spielt die Bestätigungstendenz eine Rolle. So werden den großen Pyramiden von Gizeh (Smyth 1864/1890) besondere Eigenschaften zugeschrieben. Bestimmte Kennzahlen der Pyramiden entsprächen bestimmten physikalischen Größen; z.B. sei die Entfernung Erde-Sonne ein ganzzahliges Vielfaches ihrer Basisdiagonale. Der Abstand der Erde von der Sonne war den Ägyptern damals eigentlich unbekannt. Nickerson (1998) sieht darin ein Beispiel dafür, wie eine einmal gefasste Hypothese (in den Pyramiden sei physikalisches Wissen verschlüsselt) durch mehr oder minder zufälliges Zahlenmaterial bestätigt wird (vgl. hierzu auch Jager, 1993). Auch die Methoden der Hexenverfolgung und bestimmte Aspekte in der Politik (eine einmal gewählte Strategie wird beibehalten, auch wenn sie mehr schadet als nützt, wie z.B. im Vietnam-Krieg) können auf den *confirmation bias* zurückgeführt werden. In der Medizin erklärt die Bestätigungstendenz den Umstand, dass die aus unserer Sicht unsinnigen Praktiken der vorwissenschaftlichen Ärzte so lange beibehalten wurden, und zu einem guten Teil auch den Erfolg der so genannten Alternativmedizin: Manchmal ging es den Patienten besser, nachdem sie behandelt worden waren, manchmal nicht. Und manchmal ging es ihnen besser, ohne dass sie behandelt worden waren. Der *confirmation bias* bewirkt beim Patienten und beim „Publikum“, dass vor allem die Fälle gezählt werden, in denen der Patient gesund wurde und eine Behandlung stattfand. Solche Fälle stützen die Annahme, die Therapie sei wirksam, während die Fälle, in denen zeitgleich mit der Behandlung keine Besserung auftrat, die Annahme nicht entkräften. Im juristischen Umfeld – ganz besonders in den in den USA verbreiteten Geschworenen-Prozessen – kann die Bestätigungstendenz „in Aktion“ beobachtet werden. Auch der Glaube, beispielsweise die Familie Kennedy sei mit einem Fluch belastet, ist wohl dem *confirmation bias* anzulasten, indem alle Unglücksfälle, die dieser Familie widerfahren, besondere Beachtung erfahren, das relative Glück (Reichtum, politischer Einfluss, gutes Aussehen, Intelligenz) jedoch nicht berücksichtigt wird (Nickell, 1999).

Der *primacy effect* hängt eng mit der Bestätigungstendenz zusammen. Wenn Personen viele Informationen beurteilen sollen, so beziehen sie sich dabei oft auf die zuerst genannten Informationen. Zum Beispiel sollten die Versuchspersonen in einem Experiment von Peterson und DuCharme (1967) beurteilen, ob die Verteilung von bestimmten Farben bei Kugeln in einer Urne eher einem Muster A oder eher einem Muster B entspricht. Entsprachen die ersten 30 gezogenen Kugeln eher dem Muster A und die nächsten 30 eher dem Muster B – so dass die tatsächliche Verteilung im Endeffekt *weder* A *noch* B entsprach –, so entschieden die Versuchspersonen, die Verteilung entspräche Muster A. Kamen die ersten 30 Kugeln nach Muster B und die nächsten 30 nach Muster A, so entschieden die Versuchspersonen, es läge Muster B vor.

Der *primacy effect* steht wiederum in Zusammenhang mit dem sozialpsychologischen Phänomen der *belief persistence*. Hat sich eine Person erst einmal für eine bestimmte Überzeugung entschieden, so ist es schwierig, sie von dieser Überzeugung wieder abzubringen, selbst mit deutlich widersprechenden Befunden. Die *belief persistence* beeinflusst zudem die Bewertung und Interpretation von Belegen.

➽ *Warum aber erliegen Menschen in so großem Ausmaß der Bestätigungstendenz?*

➽ Informationsverarbeitungstheorien gehen davon aus, dass Menschen zu einem Zeitpunkt nur Informationen über eine Hypothese und nur darüber, dass diese wahr (oder falsch) ist, sammeln und verarbeiten können, aber nicht für beide Möglichkeiten zugleich. Ist eine Wahl erst einmal getroffen, so wird die Hypothese durch weitere Faktoren gestärkt. Eine falsche Hypothese kann so nahe an der Wahrheit liegen, dass sie ein gewisses Maß an Bestätigung erfährt, zumindest von Zeit zu Zeit, was einer intermittierenden Verstärkung gleichkommt. („Intermittierende Verstärkung“ ist ein Begriff aus der Lernpsychologie, welcher besagt, dass, wenn ein Verhalten nicht jedes Mal, sondern nur ab und zu „belohnt“ wird, dies –

überraschenderweise – zu besonders stabilem und überdauerndem Lernen führt.)

Wenn Menschen aufgefordert werden, sich zu überlegen, warum eine Hypothese wahr sein könnte, tendieren sie dazu, diese Hypothese auch für wahr zu halten. Es wird vorausgesetzt, dass die Hypothese zutrifft und unter dieser Annahme wird das Problem wahrgenommen, werden Evidenzen interpretiert und Informationen gesucht (so Koehler, 1991).

Die Sozialpsychologie lehrt, dass Menschen sich tendenziell eher Informationen aussetzen, die sie in ihren Überzeugungen bestärken (Konsistenztheorien). Menschen gestalten (nach Sears und Freedman, 1967) ihr soziales Umfeld so, dass eine *de-facto*-Selektivität sichergestellt wird: Menschen umgeben sich langfristig mit Menschen, die ihre Überzeugungen teilen usw.

Die Ursache für die Bestätigungstendenz liegt nicht nur beim Menschen, sondern auch beim „Material", d.h. den Überzeugungen und den Belegen. So betreffen die Voraussagen von Hellsehern nach Gilovich (1991) „*one-sided events*", d.h. Ereignisse, die eintreten oder es passiert nichts. Ihre Klienten erinnern sich beim Eintreten des Ereignisses an die Prophezeiung, nicht aber beim Ausbleiben des Ereignisses. „*Two-sided events*" dagegen sind derart, dass ihr Eintreten genauso auffällig ist wie ihr Ausbleiben; ein gutes Bespiel hierfür wäre die Voraussage, dass das Ergebnis eines Münzwurfes „Kopf" sein wird: Tritt „Kopf" nicht ein, so kommt notwendigerweise „Zahl", was eine augenfällige Widerlegung der Prophezeiung ist. Einige Überzeugungen sind derart, dass es praktisch unmöglich ist, Belege *gegen* die Überzeugung zu finden. Bin ich beispielsweise überzeugt, dass alle Verbrechen früher oder später ans Licht kommen, so bestärkt mich jeder Fall, von dessen Auflösung die Polizei berichtet, in diesem Glauben; Verbrechen, die nicht ans Licht kommen, treten definitionsgemäß gar nicht in Erscheinung. Nach Evans (1994) muss hinter dem *confirmation bias* kein Motiv stehen. Auch ohne bestimmte Absichten kann man der Bestätigungstendenz erliegen, einfach weil man sich nicht vorstellen kann, wie die Hypothese widerlegt werden könnte.

Menschen scheint es weniger darum zu gehen, die Wahrheit herauszufinden, als vielmehr den größeren Fehler zu vermeiden. Maria Lewicka (1998) bringt es auf den Punkt, wenn sie die Bestätigungstendenz als einen Teil unserer „Überlebensausstattung" bezeichnet, durch die wir sichere Gewinne erzielen, ohne uns Unsicherheiten und Risiken auszusetzen.

Die Bestätigungstendenz ist nicht so unvermeidlich, wie die bisherigen Ausführungen sie möglicherweise erscheinen ließen. So ist das zur Verfügung stehende Wissen im entsprechenden Gebiet ein Einflussfaktor auf das Ausmaß der Bestätigungstendenz, d.h. je mehr man über ein Wissensgebiet weiß, desto geringer ist die Gefahr, ihr hier zu erliegen (Gadenne & Oswald, 1986; Krems & Zierer, 1994).

Frey und andere untersuchten diverse weitere Einflussfaktoren auf den „*confirmation bias*". Demnach sind ängstliche Menschen besonders anfällig für die Bestätigungstendenz (Frey et al., 1986). Sie macht sich stärker bemerkbar, wenn die Personen bei der Informationssuche unter Zeitdruck stehen (Frey et al., 1993), wenn die Informationsmenge sehr groß ist (Frey et al., 1993), wenn die Informationen von Experten (anstelle von Laien) bereitgestellt wurden (Frey, 1981a), wenn die Entscheidung nicht mehr rückgängig gemacht werden konnte (Frey, 1981b, Frey & Rosch, 1984) und wenn die Informationssuche mit finanziellen Kosten verbunden war (Frey, 1981b). Gerade unter schwierigen Bedingungen scheinen Menschen besonders anfällig für die Bestätigungstendenz zu sein (Frey et al., 1996, S. 213).

Dies gilt umso mehr, wenn viele Menschen gemeinsam eine Entscheidung fällen müssen. Den Einfluss der Gruppensituation auf das Ausmaß der Bestätigungstendenz untersuchten Frey et al. (1996). Demnach fühlen sich Gruppen nicht nur sicherer als Individuen, dass ihre Entscheidungen richtig sind, sie zeigen auch eine größere Selektivität bei der Suche und Bewertung von Informationen. Besonders gilt das für homogene Gruppen, deren Mitglieder sich nicht sehr unterscheiden. Je größer diese sind, desto eher erliegen sie der Bestätigungstendenz. Meinungs-Minoritäten in Gruppen dagegen mindern diese Gefahr, und zwar um so deutlicher, je größer die Minorität ist und je überzeugter sie auftritt. Gewählte Gruppensprecher sind noch mehr vom *confirmation bias* betroffen als die Gruppe selbst, vielleicht, so vermuten Frey et al., weil sie meinen, mit der Wahl Unfehlbarkeit erlangt zu haben. Gruppen, die sich vor ihrer Entscheidung als besonders kompetent zur Lösung des Problems eingeschätzt hatten, zeigten ein größeres Ausmaß an Bestätigungstendenz als Gruppen, die sich selbst eher wenig Kompetenz zuschrieben. Auch Gruppen mit formalen Führern und Gruppen, die ihre Entscheidungen anschließend vor Publikum rechtfertigen mussten, erlagen dem *confirmation bias* in besonderem Maße.

Frey et al. (1996) sehen diese Ergebnisse in Übereinstimmung mit der Theorie der kognitiven Dissonanz. Diese besagt unter anderem, dass Menschen danach streben, ihre Gedanken bzw. Überzeugungen in Übereinstimmung mit ihren Handlungen zu bringen (Festinger, 1957). In Gruppen wirken zudem weitere Prozesse in Richtung eines *confirmation bias*: Gruppenmitglieder, die sich in Einklang mit der Gruppenmeinung befinden, dürfen sich akzeptiert fühlen. Zudem prüfen sie ihre Meinung an den Meinungen der anderen Gruppenmitglieder – im Grunde ein sinnvolles Verfahren, um zu überprüfen, ob man „richtig" liegt. Das Phänomen der „Verantwortungsdiffusion" trägt ebenfalls zur Bestätigungstendenz in Gruppen bei: Die Suche nach widersprüchlichen Informationen ist eine lästige Pflicht – wenn sie überhaupt als notwendig erachtet wird. Gruppenmitglieder neigen nun dazu, anzunehmen, dass schon jemand anderes diese leidige Aufgabe übernehmen wird – mit dem Effekt, dass niemand wirklich nach widersprechenden Informationen sucht.

Zu den positiven Auswirkungen der Bestätigungstendenz zählt aber, dass die Entscheidungsfähigkeit der Gruppe gestärkt wird, besonders in Gebieten, in denen es schwer ist, eine „richtige" Entscheidung zu treffen. Im übertragenen Sinne verderben auch hier viele Köche den Brei: Viele mögliche Lösungen mindern die Entscheidungs- und Entschlusskraft der Gruppe.

Frey et al. (1996) schlagen vor, den Gruppenmitgliedern entsprechendes Wissen über die Auswirkungen der Bestätigungstendenz zur Verfügung zu stellen, um ihre Auswirkungen zu minimieren. Speziell in Gruppen ist es notwendig, dass der Führer die Gruppenmitglieder ausdrücklich auffordert, kritisch zu sein – und zwar nicht nur im Sinne eines Lippenbekenntnisses. Auch die Hinzuziehung externer Experten, die nicht am Entscheidungsfindungsprozess beteiligt sind, kann hilfreich sein.

Die Bestätigungstendenz ist allgegenwärtig und im Alltag auch schwer zu vermeiden. In zahlreichen Untersuchungen konnte gezeigt werden, wie anfällig Menschen dafür sind, ihre meist voreilig getroffenen Annahmen nur noch zu bestätigen – indem sie sowohl bei der Informationsaufnahme als auch bei der Informationsverarbeitung unbewusst für diese Annahmen arbeiten. In vielen Fällen ist dieser Fehler auch verzeihlich und unerheblich, da die getroffene Entscheidung keine weitreichenden Wirkungen hat. Für schwerwiegendere Fälle aber ist es durch bewusste Auseinandersetzung mit den dem *confirmation bias* zugrundeliegenden Mechanismen durchaus möglich, seine negativen Auswirkungen auf die Objektivität der Entscheider einzuschränken. Hilfreich kann dabei schon allein das Wissen über diesen „Denkfehler" und seine Funktion sein.

Fallbeispiel: Wahrsager

Wahrsager verblüffen ihre Kundschaft immer wieder durch erstaunlich zutreffende Beschreibungen ihrer Person und durch treffende Ratschläge. Man kann über die Sinnhaftigkeit der von Wahrsagern und Astrologen geleisteten Lebenshilfe streiten: Manch einem soll der Gang zum Wahrsager schon weitergeholfen haben. Auch Politiker, von Kaiser Hadrian bis zum französischen Präsidenten François Mitterand ließen sich wahrsagen und scheinen zufriedene Kunden gewesen zu sein. Andererseits muss man sich fragen, ob jemand, der ein Problem hat, bei einem Experten für dieses Problem (z.B. einem Psychotherapeuten) im Prinzip nicht besser aufgehoben wäre. Ob Wahrsager nun von ihren Klienten als hilfreich empfunden werden oder nicht: Die Frage ist, ob Wahrsager etwas können, was andere nicht können, ob sie über *außergewöhnliche* Fähigkeiten verfügen.

Crider untersuchte 1944 die Fähigkeiten einer Wahrsagerin. Margarita S. arbeitete zum Zeitpunkt von Criders Untersuchung seit 15 Jahren als Wahrsagerin und hatte zwischenzeitlich eine größere Schar von Anhängern um sich gesammelt. Crider – der seinen Bericht in der renommierten Fachzeitschrift *Journal of Social Psychology* veröffentlichte[18] – ließ 16 Studentinnen von ihr beurteilen. Crider hatte sichergestellt, dass Margarita die von ihr untersuchten Personen zuvor nicht gesehen hatte. Margarita saß den Studentinnen gegenüber und äußerte ihre Eindrücke zunächst mündlich. Anschließend schrieb sie diese auf (im Schnitt 22 Aussagen je Person). Die Aussagen waren derart:

sehr sensibel
sehr bewusst
kommt gut mit Jungs aus
introvertiert
macht sich Sorgen wegen ihres Studiums
hatte eine unglückliche Liebesbeziehung
Gesundheit normal
usw.

Margarita erklärte ihre Fähigkeiten so, dass sie die „Gedankenvibrationen" ihrer Klienten erspüren könne: „Ich glaube, wir können in unserer Gefühlswelt die Emotionen und Gefühle derjenigen, die wir kontaktieren,

[18] Crider, B. (1944). A study of a character analyst. *The Journal of Social Psychology, 20*, 315-318.

aufnehmen und registrieren. Manche Menschen sind dafür sensibler und können dies willentlich tun... Meine Erkenntnisse werden durch die Gedankenvibrationen, die das Individuum aussendet, hervorgerufen. Diese Vibrationen werden in meiner Gefühlswelt aufgenommen und verursachen dieselbe Vibrationsfrequenz in meinen Gefühlen. So fühle ich, was das Individuum fühlt..."

Margaritas Aussagen wurden den Studentinnen anschließend zur Beurteilung vorgelegt. Die Studentinnen fanden 96% ihrer Aussagen zutreffend. Nur 22 von 364 Aussagen in 16 Analysen wurden von den Versuchspersonen zurückgewiesen. Eine recht beeindruckende Erfolgsquote!

Da Wahrsager wie Margarita, so Crider, ähnliche Dinge tun wie Psychologen, sei es von Interesse, wie „unsere Wettbewerber" arbeiten. Es sei besser, sie zu verstehen, als sie einfach abzulehnen.

I. Worum geht es eigentlich?

Kann ein Wahrsager nur durch „Gedankenvibrationen" oder andere, nicht näher erläuterte paranormale Vorgänge zutreffend die Persönlichkeit eines Klienten beschreiben, und nicht durch Betrachtung des Gesichtes und ähnliche naheliegender Hinweise? Allein aus der Kleidung eines Menschen kann man Schlüsse ziehen. Wenn ein Wahrsager zu einer Frau, die im teuren Designer-Kostüm zu ihm kommt, sagt, er „spüre, dass sie Wert auf ihre Erscheinung lege", so kommt uns das jetzt vielleicht banal und leicht durchschaubar vor. Die Frau aber, in der Situation beim Wahrsager, ist höchstwahrscheinlich beeindruckt und wird diese Aussage als einen „Treffer" des Wahrsagers werten. Wahrsager wie Margarita behaupten nun aber nicht von sich, dass sie aufgrund genauer Beobachtung, logischer Schlüsse, begründeter Vermutungen und guter Menschenkenntnis „wahrsagen" könnten, sie geben vor, eine Fähigkeit zu besitzen, die davon unabhängig ist, die also prinzipiell auch ohne äußere Hinweise funktionieren müsste. Sie meinen, eine bislang von der Wissenschaft (z.B. der Wissenschaft Psychologie) nicht registrierte paranormale Fähigkeit zu besitzen.

II. Was wird behauptet?

Wir versuchen wieder, die einzelnen Elemente eines Wenn-dann-Satzes festzulegen:

ES: Das Erklärungssystem lautet, dass bestimmte Individuen („Wahrsager") Informationen über andere auf eine Art und Weise erlangen können, die wissenschaftlich bislang nicht erklärbar ist.

H: Das ES ist wahr.

Die Wahrsagerin, Margarita, wird mit Studenten konfrontiert, über die sie zuvor nichts wusste und die ihr nichts über sich erzählen.
IC: Margarita beurteilt Personen, über die sie zuvor nichts wusste.

Margarita kann gewisse Bedingungen festlegen, welche sicherstellen, dass ihre Fähigkeiten nicht gestört werden.
AC: In der Testsituation stört nichts ihre Fähigkeiten.

Crider legt sich vorher nicht fest, was eine Bestätigung der Hypothese wäre. Er stellt fest, dass 96% der Aussagen von den Studentinnen als zutreffend bewertet wurden. Hätten auch 90% oder 80% genügt? Nehmen wir an, es hätte auch jede Quote von deutlich mehr als 50% genügt, um die Hypothese zu bestätigen.
P: Mehr als 50% ihrer Äußerungen werden als richtig akzeptiert.

Zusammengefasst: Wenn [Margarita eine echte Wahrsagerin ist & sie Personen beurteilt, über die sie zuvor nichts wusste & in der Testsituation nichts ihre Fähigkeiten stört] dann werden die Testpersonen mehr als 50% ihrer Äußerungen als richtig akzeptieren.

III. Welche Gründe werden angeboten, um die Behauptung zu stützen?

96% der Aussagen Margaritas werden von den Studentinnen als zutreffend bewertet.

IV. Wie gut wird die Behauptung gestützt?

Geht das Ergebnis logisch aus den Ausgangsbedingungen hervor?
Es erscheint logisch, dass, wenn Margarita wirklich eine Wahrsagerin ist, die meisten Studentinnen ihre Aussagen als zutreffend bewerten.

Wie wahrscheinlich ist das Ergebnis unter der Voraussetzung, dass die Hypothese falsch ist?
Margarita kann die Versuchspersonen sehen, während sie diese analysiert. Sie kann von der Erscheinung der Person (Kleidung, Schmuck, Körperhaltung, Mimik) Rückschlüsse auf ihre Persönlichkeit ziehen.

Die Selbsteinschätzung der Studentinnen, ob sie von Margarita zutreffend beschrieben wurden oder nicht, ist kein gutes Kriterium für die Güte von Margaritas Aussagen. Die wenigsten Menschen sind sich sicher darüber, wie sie *wirklich* sind (vgl. unten).

Zudem fehlt hier die „Basisrate“: Wie viele Studentinnen würden die Äußerungen Margaritas akzeptieren, wenn diese Äußerungen ihnen zufällig zugeteilt würden? Aussagen wie: Herz normal, Nieren normal – auf wie viele Studentinnen dieses Jahrgangs treffen solche Aussagen grundsätzlich zu? Oder dass sie schon einmal unglücklich verliebt waren – auf wie viele Studentinnen trifft das zu? Welche Studentin hat sich nicht schon einmal Sorgen über ihr Studium gemacht?

Es ist also eher wahrscheinlich, dass das Ergebnis (die meisten Studentinnen akzeptieren Margaritas Äußerungen als richtig) auch eintreten würde, wenn keine „Gedankenvibrationen“ im Spiel sind.

War klar, welches Ergebnis als eine Bestätigung genügt und welches nicht?

Dies kann verneint werden. Crider legte kein Kriterium fest, durch das sich Margarita als erfolgreiche Wahrsagerin qualifiziert hätte. Die Forderung nach einem vorher anzugebenden „Akzeptanzniveau“ (wie auch die Forderung nach einer eindeutigen Hypothese) ist nicht ganz trivial und nicht umsonst legt man in der Psychologie bei empirischen Forschungen auf solche Dinge großen Wert (denn sonst könnte man *jedes* Ergebnis im Nachhinein als „Treffer“ deklarieren“; siehe *Kasten: Methoden der Datengewinnung*, Seite 63).

Wie gut sind die angebotenen Belege (für sich)?

Crider versucht, einige Vorsichtsmaßnahmen gegen Täuschung einzuhalten. Er behauptet, es sei sichergestellt, dass Margarita die Versuchspersonen vorher nicht gesehen hatte. Sie äußerte ihre Eindrücke jedoch in Anwesenheit der Studentinnen. Die Studentinnen sollten schweigen. Auch wenn Menschen nicht sprechen, verraten sie unwillkürlich ihre Gedanken durch nonverbale Signale (z.B. die Mimik und die Körperhaltung). Wer „Nein“ denkt, der wiegt z.B. den Kopf ein klein wenig (vgl. hierzu auch Pfungst, 1907/*1977*, bzw. die Ausführungen über den „klugen Hans“, Seite 20). Margarita hatte somit noch Gelegenheit, ihre Eindrücke an der Reaktion der Versuchspersonen zu überprüfen. Zudem konnte sie, wie bereits angedeutet, die äußere Erscheinung der Studentinnen zur Beurteilung hinzuziehen. Dies hätte verhindert werden können: Margarita müsste die „Gedankenvibrationen“ doch auch mit verbundenen Augen spüren, oder? Eventuell hat Margarita einen guten Grund angegeben, warum sie die Studentinnen Auge in Auge sehen muss, jedoch ist dies ein weiteres „sensorisches Leck“ (so nennt man in der Parapsychologie die Möglichkeit, Informationen auf normalem Weg, also ohne Rückgriff auf paranormale Fähigkeiten, zu erlangen). Alles in allem ist Criders Untersuchung mit zu vielen Fehlern behaftet, als dass wir sie als Beleg für echtes Wahrsagen behandeln dürften.

V. Was wäre eine angemessene Bestätigung der Hypothese?

Man könnte die Selbsteinschätzung der Studentinnen durch Ergebnisse aus Persönlichkeitstests ersetzen. Dagegen spricht jedoch, dass (gute) Persönlichkeitstests keine derart allgemein gehaltenen Aussagen beinhalten, wie Margarita sie verwendet. Das Problem an Margaritas Beschreibungen ist, dass sie auf sehr viele Menschen passen, individuelle Ergebnisse aus Persönlichkeitstests sollten dagegen nur auf sehr wenige Menschen zutreffen.

Aussagen wie diejenigen, die Margarita über die Studentinnen machte, sind typische Barnum-Texte. Es wäre interessant, zu erfahren, wie viele Aussagen als zutreffend bewertet würden, wenn man die Aussagen den Personen einfach per Zufall zuordnen würde. Tatsächlich wurden solche Untersuchungen gemacht und es zeigt sich, dass Menschen viele solcher Aussagen als zutreffend bewerten, wenn sie nur glauben, die Aussagen beruhten auf einer eingehenden Analyse ihrer Person.

Man sollte die Ergebnisse, die Margarita erzielte, mit denen einer Person vergleichen, die nicht behauptet, ein Wahrsager zu sein. Schneidet diese Person ebenso gut ab wie Margarita, so ist dies ein Hinweis darauf, dass eventuell auch schlichte Menschenkenntnis genügt, um einer Person das Gefühl zu vermitteln, man wisse etwas über sie. Tatsächlich erzielen solche Nicht-Wahrsager (prominente Beispiele sind die Skeptiker James Randi, Ray Hyman und Wolfgang Hund) durchwegs ebenfalls erstaunliche Trefferquoten.

VI. Warum wird die Behauptung von ihren Anhängern geglaubt?

Die meisten Personen sind sich nicht sicher darüber, „wie sie wirklich sind“. Bin ich in Wirklichkeit introvertiert oder extravertiert? (Es kommt auf die Situation an). Ein Mensch, der sich seiner selbst nicht sicher ist, wird den Aussagen einer Person, die überzeugend als Wahrsager auftritt, tendenziell glauben. Insbesondere, wenn der Wahrsager in der Lage ist, die unwillkürlichen Reaktionen auf seine Äußerungen zu deuten und aus dem Erscheinungsbild dieses Menschen und seiner Gestik und Mimik Rückschlüsse auf dessen Persönlichkeitseigenschaften zu ziehen. Wenn man mit der Hypothese, dass „da was dran sein könnte“ zum Wahrsager geht, wird man viele Belege für die außergewöhnliche Leistung des Wahrsagers finden. Zudem sind wir unwillkürlich bereit, dem Wahrsager zu helfen. Wir sind höflich und darum reagieren wir mit unserer Mimik auf Äußerungen wie „Manchmal sind Sie etwas unentschlossen, oder?", auch wenn wir versuchen, uns zurückzuhalten. So aber helfen wir dem Wahrsager bei seiner Arbeit. Zudem machen wir seine Angaben passend, im Bemühen zu kooperieren. Unmittelbar nach der Wahrsagung, berichten viele, haben sie an all das gar nicht geglaubt, aber dann sei so viel davon eingetroffen, das habe sie überzeugt: Naturgemäß erinnern wir uns an Treffer besser als an Nieten, insbesondere, wenn sie *one-sided-events* sind, also Ereignisse, deren Nicht-Eintreffen uns nicht weiter auffällt.

Die Besucher der IX. Konferenz der *Gesellschaft zur wissenschaftlichen Untersuchung von Parawissenschaften* (GWUP) waren wohl ausnahmslos Skeptiker bis ins Mark. In einem Workshop zum Handlesen (unter Leitung des Psychologen Ray Hyman) konnten sie sich dennoch gegenseitig von ihren „wahrsagerischen" Fähigkeiten überzeugen. Man muss nur genau hinsehen: Welche Kleidung trägt der andere? Ist er muskulös und betreibt vielleicht einen Sport? Sitzt er breitbeinig da oder eher zurückgezogen? Lacht er oder sieht er müde aus? Daraufhin stelle man wüste Vermutungen an: Treibt er Sport, weil er eher ängstlich ist und Kraft haben möchte? Treibt er Sport, weil er attraktiv erscheinen möchte? Auch kann es nicht schaden, einfach mal ins Blaue hinein zu raten: Geht der Schuss daneben, lässt das den Klienten normalerweise relativ unbeeindruckt – zudem kann man die Situation noch durch das Anhängsel „...aber vielleicht wird das erst in der Zukunft geschehen" retten. Ein Treffer ist jedoch Gold wert, auch wenn er, genau betrachtet, gar nicht so unwahrscheinlich war: „Ich sehe eine große dunkelhaarige Frau, die für ihr Leben von großer Bedeutung ist". – Das kann die Mutter sein, die Schwester, die erste Liebe, die jetzige Frau, die Tochter... Es müsste doch mit dem Teufel zugehen, wenn nicht wenigstens eine davon dunklere Haare hat und nicht gerade klein ist.

Kurz und gut: Versuchen Sie sich selbst mal als Wahrsager und Sie werden sehen, dass das gar nicht so schwer ist. Auf jeden Fall erfordert es keine paranormalen Fähigkeiten.

7.2. Wahrscheinlichkeiten: Unwahrscheinliche Dinge sind unwahrscheinlich wahrscheinlich

Linda ist 31 Jahre alt und sehr intelligent. Sie hat einen Abschluss in Pädagogik. Als Studentin befasste sie sich mit dem Problem der Diskriminierung von Minderheiten und mit Fragen der sozialen Gerechtigkeit. Sie nahm auch an Anti-Atomkraft-Demonstrationen teil.

➽ *Wie wahrscheinlich ist es jeweils, dass folgende Aussagen zutreffen?*

➽ A. Linda ist Grundschullehrerin.

B. Linda arbeitet in einem Buchladen und besucht Yoga-Kurse.

C. Linda engagiert sich in der Frauenbewegung.

D. Linda arbeitet mit Psychiatrie-Patienten.

E. Linda ist Mitglied bei den „Grünen“.

F. Linda ist Sachbearbeiterin.

G. Linda arbeitet in der Versicherungsbranche.

H. Linda ist Sachbearbeiterin und engagiert sich in der Frauenbewegung (nach Tversky und Kahneman, 1983).

➽ *Ehe Sie weiterlesen, ordnen sie bitte die obigen Alternativen nach der Wahrscheinlichkeit dafür, dass sie wahr sind!*

➽ „Linda“ klingt irgendwie sehr nach einer „Feministin“ und ich schätze, Sie haben die Alternative C als relativ wahrscheinlich eingestuft. Der Text oben hat ihre Stereotype über Feministinnen aktiviert und das dürfte ihre Wahl beeinflussen. Dass Linda eine Sachbearbeiterin ist (Alternative F), sollte daher eher unwahrscheinlich sein. So weit, so gut; wir wollen Ihre und meine Stereotype nicht weiter diskutieren. Die interessante Frage ist allerdings: Für wie wahrscheinlich halten Sie Alternative H? Für wahrscheinlicher als Alternative F?

Wenn Sie diese Frage mit „Ja“ beantwortet haben, befinden Sie sich in der guten Gesellschaft der Mehrzahl von Tverskys und Kahnemans Versuchspersonen. Dennoch liegen Sie falsch. Warum, das lässt sich leicht zeigen:

Es kann nicht wahrscheinlicher sein, dass Linda Sachbearbeiterin **und** Feministin ist, als dass Linda Sachbearbeiterin ist. Nehmen wir die Menge der Sachbearbeiterinnen und die der Feministinnen. Die Schnittmenge aus beiden Mengen kann nicht größer sein als eine der beiden Mengen allein. Selbst wenn alle Sachbearbeiterinnen Feministinnen wären, wäre die Schnittmenge aus beiden nur genauso groß wie die Mengen selbst, aber keinesfalls größer. Alternative H **kann nicht** wahrscheinlicher sein als Alternative F.

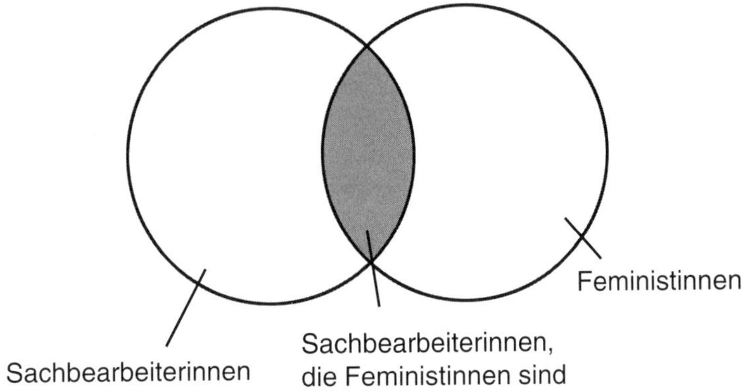

Abbildung 3: Sachbearbeiterinnen und Feministinnen

Dieser Versuch führt uns zu einer weiteren Quelle für die Fehleranfälligkeit unseres Erkenntnisstrebens: Der weitgehenden Unfähigkeit, mit Wahrscheinlichkeiten umzugehen.

Bei „Linda“ verwechseln wir das Typischere mit dem Wahrscheinlicheren: Linda ist einfach eine so „typische“ Feministin, dass die Erwähnung von Aktivitäten in der Frauenbewegung die schlichte Logik aushebelt: Auch ich kann mir Linda schlecht als Sachbearbeiterin vorstellen, die Annahme einer Linda, die sich wenigstens in ihrer Freizeit, zusätzlich zu ihrem Job als Sachbearbeiterin, feministisch betätigt, ist typischer als die einer Linda, die einfach nur Sachbearbeiterin ist und über deren Freizeitaktivitäten wir nichts wissen.

Aus einem ähnlichen Grund meinen wir auch, dass beim Würfeln sechs „Sechser“ hintereinander unwahrscheinlicher sind als eine bestimmte bunte Mischung verschiedenster Augenzahlen. Dennoch ist jede Folge von sechs Würfen gleich wahrscheinlich. Die sechs „Sechser“ sind nur für uns bemerkenswerter, besonders deshalb, weil sie in den meisten Spielen etwas bestimmtes bedeuten (in der Regel etwas „Gutes“). Zudem sind sechs Sechser „unausgewogen“. Die Annahme, Zufallsfolgen müssten auch zufällig aussehen, liegt dem so genannten *gambler's fallacy* (Irrtum des Spielers) zugrunde: Wenn beim Roulett oft nacheinander Rot gekommen ist, dann *muss* doch bald mal wieder Schwarz kommen! Dennoch ist bei jedem Wurf der Kugel die Wahrscheinlichkeit für Rot oder Schwarz immer gleich groß, das Roulett hat kein Gedächtnis. Dass jede neue Drehung des Rouletts ein neues Zufallsexperiment ist, mit nicht vorhersagbarem Ausgang, ist den meisten Casinobesuchern bekannt. Es ist ja gerade die Geschäftsgrundlage des Glücksspiels. Dennoch kann sich kaum einer diesem Gefühl „Jetzt *muss* aber wieder mal Schwarz kommen!“ entziehen. Das geht auch Leuten so, die sich mit Denkfehlern wie diesem häufig auseinandersetzen...

Diese Tendenz zur Ausgewogenheit, die Annahme dass Zufallsfolgen „zufällig“ aussehen müssen, macht sich darin bemerkbar, dass Menschen nicht in der Lage sind, aus dem Stand echte Zufallsreihenfolgen zu produzieren (z.B. Herzog, 1989). Wenn man Versuchspersonen auffordert, eine Reihe von zufälligen Zahlen aufzuschreiben, dann ist diese Reihe in der Regel zu homogen (gleichförmig), um wirklich zufällig zu sein. Echter Zufall produziert öfter Häufungen von gleichen Zahlen. Aus diesem Grund greift man bei wissenschaftlichen Untersuchungen, die Zufallsfolgen verlangen, auch lieber auf computergenerierte Zahlenreihen zurück.

Literaturtipp: Zu unseren Schwierigkeiten im Umgang mit Wahrscheinlichkeiten gibt es ein hervorragendes populärwissenschaftliches Buch. Randow, G.v. (1992). *Das Ziegenproblem. Denken in Wahrscheinlichkeiten.* Reinbek: Rowohlt.

Die basale Formel zur Errechnung von Wahrscheinlichkeiten lautet: Anzahl der interessierenden Fälle geteilt durch Anzahl aller möglichen Fälle. Die „Sechs“ ist beim Würfeln eines von sechs möglichen Ereignissen. Daher beträgt die Wahrscheinlichkeit dafür, bei einem Wurf eine „Sechs“ zu würfeln, 1/6. Die Wahrscheinlichkeit, mit zwei Würfeln auf einmal zwei „Sechsen“ zu würfeln beträgt 1/36. (Sie können das leicht überprüfen, indem sie alle möglichen Fälle aufschreiben – 1. Würfel „1“, 2. Würfel „1“; 1. Würfel „1“, 2. Würfel „2“ usw. und den Anteil derjenigen Fälle auszählen, in denen beide Würfel „6“ zeigen. Es gibt für so etwas auch Formeln, die ich hier aber nicht behandeln möchte.)

Die Wahrscheinlichkeit, beim deutschen Lotto „Sechs Richtige mit Superzahl“ zu haben, beträgt 1 zu 139 Millionen (nach Krämer, 1998, S. 74). Dass ausgerechnet Sie nächsten Samstag im Lotto den Jackpot knacken, ist also sehr, sehr unwahrscheinlich. Es würde an ein Wunder grenzen. Dennoch geschieht es fast jedes Wochenende, dass *irgend jemand* „Sechs Richtige mit Superzahl“ hat. Der Grund dafür liegt in der großen Zahl der Teilnehmer an diesem Spiel. Ereignisse, die für sich selbst genommen sehr unwahrscheinlich sind, werden sehr wahrscheinlich, wenn sie nur in genügend großer Zahl passieren. Oder, wie die Überschrift dieses Kapitels aussagt: Unwahrscheinliche Ereignisse sind unwahrscheinlich wahrscheinlich – vorausgesetzt, sie passieren oft genug. Einige Zufälle versetzen uns in Erstaunen oder lassen uns gar an Übernatürliches glauben, weil sie – für sich genommen – so extrem unwahrscheinlich sind. Über unser ganzes Leben und das aller anderen Menschen betrachtet, sind sie jedoch nicht mehr unwahrscheinlich. Dass wir auf unserem Amerika-Urlaub *ausgerechnet* in einem Wüstenkaff zwischen Los Angeles und Las Vegas *ausgerechnet* meinen alten Schulfreund R. treffen würden, den ich seit Jahren nicht mehr gesehen hatte, war in der Tat sehr unwahrscheinlich und ich hätte es niemals vorhergesehen. Dass wir aber auf der ganzen langen Reise irgendwo irgendeinen alten Bekannten treffen, war schon fast sicher. Wenn wir solche Ereignisse als „bemerkenswert" empfinden, dann begehen wir im Grunde wieder den Fehler des falschen Zählens. Wenn wir wissen wollen, wie unwahrscheinlich das Zusammentreffen mit R. war, müssen wir bedenken: die Anzahl unserer alten Bekannten (einige hundert) und die Anzahl der Leute, die uns auf der Reise begegnet sind (einige tausend, wenn nicht mehr).

➽ *Wie groß muss eine Gruppe sein, damit mit 50%-iger Wahrscheinlichkeit zwei Personen am selben Tag Geburtstag haben?*

➽ Ein Fall der Unterschätzung des zufälligen Zusammentreffens zweier Ereignisse ist so prominent, dass er einen eigenen Namen hat: Das Geburtstagsparadox (das eigentlich kein Paradox ist, sondern nur ein überraschender Umstand). Es geht um den immer wieder als bemerkenswert empfundenen Zufall, dass in einer Gruppe von Leuten zwei am selben Tag Geburtstag haben. Die Wahrscheinlichkeit, dass dies in einer Gruppe von einer bestimmten Größe passiert, wird regelmäßig unterschätzt.

Damit dies sicher eintritt (mit einer Wahrscheinlichkeit von 100%), muss die Gruppe mindestens 367 Personen umfassen. Das Jahr hat maximal 366 Tage (den 29. Februar mitgerechnet). Die 367. Person muss auf jeden Fall am selben Tag Geburtstag haben wie eine der anderen 366 Personen. Ebenso ist die Wahrscheinlichkeit, dass eine beliebige Person am selben Tag Geburtstag hat wie ich, 1/365,25 (wegen der Schaltjahre). Also sehr unwahrscheinlich. Aber bereits ab einer Gruppengröße von 23 Leuten ist die Wahrscheinlichkeit, dass zwei Mitglieder dieser Gruppe am selben

Tag Geburtstag haben, größer als ½! (vgl. Krämer, 1998, S. 28ff) Der Grund, warum uns das erstaunt, ist folgender: Wir übertragen die Erwartung, dass jemand am selben Tag Geburtstag hat wie wir selbst, auf die ganze Gruppe. Bei 23 Personen hat nämlich nur mit einer Wahrscheinlichkeit von 5,9% jemand am selben Tag Geburtstag wie ich (immer gesetzt, dass die Geburten übers Jahr gleich verteilt sind, was nicht ganz stimmt). Ein weiterer Grund für das „Geburtstagsparadox" dürfte darin liegen, dass die Wahrscheinlichkeit mit der Gruppengröße nicht linear (stetig immer ein bisschen mehr) zunimmt, sondern logarithmisch (d.h. sich in einer steilen Kurve dem Wert 1 annähert). So beträgt die Wahrscheinlichkeit bei 30 Personen schon über 70%, bei 40 fast 90% und bei 50 gar 97%. Die 100% erreicht sie aber erst bei 367 Personen. Zuvor nähert sie sich diesem Wert asymptotisch (d.h. ganz, ganz langsam) an. Menschen scheinen mit solchen logarithmischen Skalen einfach nicht zurecht zu kommen.

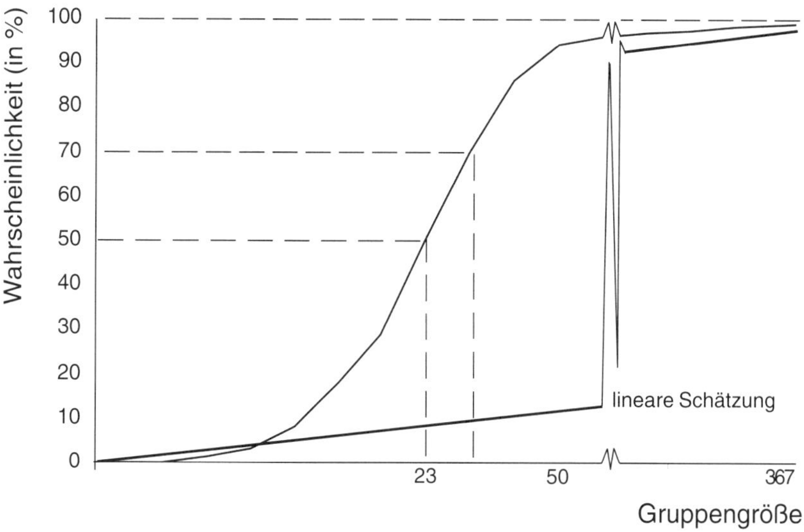

Abbildung 4: Wahrscheinlichkeit für gleichzeitige Geburtstage bei n Personen

Matthews und Blackmore (1995) ließen 124 Versuchspersonen Wahrscheinlichkeiten für das gleichzeitige Auftreten zweier relativ unwahrscheinlicher Ereignisse (in Anlehnung an das Geburtstagsparadox) schätzen. Die meisten Versuchspersonen lagen mit ihren Schätzungen hoffnungslos daneben. Matthews et al. folgerten, dass Menschen offenkundig eine lineare Skala benutzen, um die Wahrscheinlichkeit von Ereignissen zu schätzen, während im Fall des Geburtstagsparadoxons eine logarithmische Skala der Realität entspricht. Dies hat zur Folge, dass die benutzte Skala um so unzuverlässiger wird, je „außergewöhnlicher" das Ereignis ist. Nicht nur, dass wir die Auftretenswahrscheinlichkeit außergewöhnlicher Zufälle unterschätzen: wir unterschätzen sie um so mehr, je außergewöhnlicher das Ereignis ist.

Das Geburtstagsparadox wirft Licht auf zahlreiche andere außergewöhnliche Zufälle. Die Wahrscheinlichkeit, in einer zufälligen Folge von Buchstaben ein sinnvolles Wort zu finden, ist groß und sie wird um so größer, je länger die Buchstabenfolge ist. Wenn eine Folge von Buchstaben nur lang genug ist, kann man fast jeden beliebigen Text darin finden, wenn man nur will (vgl. *Fallbeispiel: Der Bibel-Code*, S. 127).

Richtig unheimlich ist das Zusammentreffen folgender Ereignisse: Man träumt vom Tod eines Bekannten und erfährt am nächsten Tag, dass diese Person tatsächlich in jener Nacht gestorben ist. Bei solchen Fällen gibt es meistens zahlreiche Variablen, die einen prophetischen Traum begünstigen: Man kennt die Person, hat eventuell von ihren Gesundheitsproblemen oder ihrem riskanten Fahrverhalten gehört usw. Man mag zwar bewusst nicht die Möglichkeit erwägen, dass diese Person sterben könnte. Dennoch sind diese Informationen gespeichert. Träumen ist nun aber, nach Stand der Traumforschung (vgl. Schredl, 1999), so etwas ähnliches wie ein nochmaliges „Durchspielen" und Variieren der am Tag gespeicherten Informationen. Durch dieses zufällig scheinende Durcheinanderwürfeln von Informationen entstehen ja gerade die bizarren Situationen der Träume, in denen beispielsweise der Nachbar, von dem neulich jemand meinte, er sehe „merkwürdig" aus, in Verbindung mit dem am Abend zuvor gesehenen Fernsehbericht über einen Leichenfund, zum Massenmörder wird (und wir zu seinem Komplizen!). Und so kann auch aus der beiläufigen Erwähnung des Risikoverhaltens einer Person und anderen Ereignissen in der Nacht ein Traum gebastelt werden, in dem die betreffende Person stirbt. Solche Träume sind für uns erschreckend und sie zählen wie andere Träume, die der Mixer in unserem Hirn fabriziert und die einen anstößigen Inhalt haben, zu denen, an die wir uns länger erinnern können. Aber irgendwann vergessen wir sie, wie alle anderen Träume und ich vermute daher, dass solche Träume gar nicht so selten sind. Wenn wir aber in der Zeitspanne, in der die Erinnerung an den Traum wenigstens passiv noch vorhanden ist (die Information wiedererkannt, aber nicht mehr aktiv aufgerufen werden kann), an den Traum erinnert werden, so bleibt uns diese Erinnerung erhalten. Der „wahre" Todestraum ist um so erschreckender, je unwahrscheinlicher uns der Tod dieser Person im Nachhinein erscheint. Das Voraussehen des Todes der Großmutter, die seit Tagen auf der Intensivstation liegt, erschreckt uns nicht so sehr wie der Todestraum vom Unfalltod eines Bekannten, den wir selten sehen. Wobei wir diese Wahrscheinlichkeit notorisch unterschätzen, denn selbst ohne alle Informationen müssen zwangsläufig immer wieder einige Menschen vom Tod eines anderen träumen, der dann auch wirklich eintritt. Walter Krämer (1998, S. 21ff) rechnete vor: Angenommen, jeder Bundesbürger träumt einmal in seinem Leben vom Tod eines Bekannten. Dann träumen jede Nacht mehr als 2000 von 80 Millionen Menschen in Deutschland einen Todestraum. Ungefähr genauso viele Menschen sterben in Deutschland jeden Tag. Die Wahrscheinlichkeit, dass beide Ereignisse zusammentreffen, beträgt 8%. Daraus folgt, dass jedes Jahr circa 30 Menschen in Deutschland einen wahren Todestraum haben. Rein wahrscheinlichkeitstheoretisch, ohne „Psychologie" und mit einer sehr konservativen Schätzung gerechnet. All dies sollte man bedenken, ehe man vorschnell das zweite Gesicht oder ähnliche Mechanismen annimmt.

Gerade bei *bedingten* Wahrscheinlichkeiten kommt unser „gesunder Menschenverstand" nicht mehr mit. Bedingte Wahrscheinlichkeiten geben an, wie wahrscheinlich ein Ereignis ist, *gegeben* (d.h. vorausgesetzt) ein anderes Ereignis liegt vor. Angenommen in einer Urne (ein beliebtes Gefäß in der Wahrscheinlichkeitsrechnung) liegen drei Kugeln: eine rote, eine blaue, eine schwarze. Die Wahrscheinlichkeit, beim blinden Hineingreifen, die blaue Kugel zu ziehen, beträgt 1/3. Danach befinden sich noch die rote und die schwarze Kugel in der Urne. Nunmehr beträgt die Wahrscheinlichkeit, die rote Kugel zu ziehen, 1/2. Wie groß ist die Wahrscheinlichkeit, zunächst die blaue und dann die rote Kugel zu ziehen? – Das ist die Frage nach einer bedingten Wahrscheinlichkeit. Die Antwort lautet: 1/6, wie sich leicht klar machen lässt, denn es gibt sechs mögliche Folgen von Ereignissen: erst die rote, dann die blaue; erst die rote, dann die schwarze; erst die blaue, dann die rote; erst die blaue, dann die schwarze; erst die schwarze, dann die rote; erst die schwarze, dann die blaue. „Erst die blaue, dann die rote" ist einer von sechs möglichen Fällen, daher beträgt die Wahrscheinlichkeit dafür 1/6. Alles klar?

Bedingte Wahrscheinlichkeiten sind häufig von Bedeutung für unser Leben, auch wenn wir in der Regel nicht damit umgehen können. Dies ergibt sich zwingend daraus, dass die meisten Ereignisse nicht sicher eintreten, sondern nur wahrscheinlich sind. Die Kombination aus zwei nur wahrscheinlichen Ereignissen ergibt eine bedingte Wahrscheinlichkeit.

Die Wahrscheinlichkeit, dass es morgen regnet, vorausgesetzt, dass wir unseren Schirm vergessen haben, wäre ein relativ harmloses Beispiel. Heikler wäre z.B. die Frage ob ein Verdächtiger, der denselben „genetischen Fingerabdruck" wie der Täter hat, wirklich der Täter ist (gegeben dass der Fingerabdruck „nur" auf eine unter einer Million Personen passt). Ohne weitere Indizien ist der so „sichere" genetische Fingerabdruck ein beinah sicheres Mittel, Unschuldige hinter Gitter zu bringen. Ein beliebtes Beispiel ist die Frage, wie wahrscheinlich es ist, eine bestimmte Krankheit zu haben, gegeben die Zuverlässigkeit eines positiven Testresultates:

➽ ***Angenommen ein Test weist eine Krankheit mit einer Zuverlässigkeit von 79% nach. Sie haben ein positives Testergebnis. Die Häufigkeit dieser Erkrankung ist in der Bevölkerungsgruppe, der Sie angehören, 1%. Schätzen Sie bitte: Wie hoch ist die Wahrscheinlichkeit, dass Sie wirklich diese Krankheit haben?***

➽ Die meisten Menschen antworten auf diese Frage: „79%". Das ist falsch. Die bedingte Wahrscheinlichkeit, die Krankheit wirklich zu haben, gegeben ein positives Testresultat, beträgt nur 7%![19] Der wichtige Zusatz ist, wie häufig diese Krankheit für Ihre Bevölkerungsgruppe ist. Ein „normaler", nicht drogenabhängiger Mensch, der blindlings einen AIDS-Test machen lässt und ein positives Resultat erhält, hat eine deutlich bessere Chance, doch nicht infiziert zu sein als ein Drogenabhängiger. Anders sieht es aus, wenn ein „Normaler" einen begründeten Verdacht haben kann, sich angesteckt zu haben. Reihenuntersuchungen (ohne konkrete Verdachtsmomente) sind daher mit Vorsicht zu betrachten.

Bedenklich wird es, wenn auch Experten, die zum Teil in ihrem Studium in Wahrscheinlichkeitslehre und Statistik ausgebildet wurden, auf deren Rat wir uns verlassen und von deren Urteil wir abhängig sind, nicht mit diesen bedingten Wahrscheinlichkeiten zurecht kommen. Mediziner und Juristen scheiterten kläglich, als sie in einer Untersuchung von Hoffrage et al. (2000) die bedingte Wahrscheinlichkeit einer Erkrankung (aufgrund von Prozentwerten) angeben sollten. Etwas besser schnitten Sie ab, wenn Sie mit natürlichen Häufigkeiten arbeiten durften. Hoffrage et. al. schickten darüber hinaus eine Person zu 20 deutschen Gesundheits-

---

[19] Auf dieses Ergebnis kommt man, wenn man (wie hier gefordert) die so genannte Bayessche Formel anwendet. Eine genaue Erklärung hierzu finden Sie in Piattelli-Palmarini, 1997, S. 73ff.

ämtern, um sich darüber zu informieren, wie hoch die Wahrscheinlichkeit sei, dass ein positives Ergebnis beim AIDS-Test auch valide sei. Kein einziger Mitarbeiter konnte die richtige Antwort geben.

Fallbeispiel: Der Bibel-Code

I. Worum geht es eigentlich?

Sie kennen sicher diese Rätsel vom Typ „Finde die Wörter!". Bei diesen Aufgaben haben Sie ein Feld mit Buchstaben vor sich, in dem Wörter „versteckt" sind. Ihre Aufgabe besteht darin, in diesem Feld aus scheinbar zufällig zusammengewürfelten Buchstaben einige bestimmte Wörter zu finden. Die Wörter können waagrecht, senkrecht oder diagonal im Text versteckt sein. Nur für den Fall, dass Sie diese Art von Rätsel nicht kennen: Versuchen Sie bitte im Folgenden Feld die Wörter „Skepsis", „Wissenschaft", „Socke" und „Buch" zu finden.

```
WEDCFCKGSJGKJDHSJHDEKUCNMSDSKELINR
RRTLSLXDDWISSENSCHAFTDFJJIUEAWKLCV
DLDFJJJDEBACHKPPLEPLPSEEPLSLEMDLEA
SDDKBOEOOEOEEGEKEKDMEMSOCKELLDWEGL
SKFDUFKDKKKKFPPPKDEKNENDNNESISKKOL
FBUCCKKDKEISSENSSHLLEJJEPSISKKFKKE
DKLKHQDDKFKEFGSIAIQDLFEROEOSCHAFTT
FSDJGRORFLKTLLLESVSJWRIRQQKKEKHYMW
```

Abbildung 5: Buchstabenfeld

Einige Leute – auch Wissenschaftler – glauben nun, dass Gott höchstpersönlich in der Bibel ein solches Rätsel gestellt hat. Israelische Mathematiker (Witztum et al., 1994) nahmen den hebräischen Text der Bibel (die Thora) und untersuchten ihn auf solcherart verborgene Worte. Wenn man sich den Text der Bibel als fortlaufenden Strang von Buchstaben vorstellt (ohne Satzzeichen und Leerstellen), dann könnte man ihn um einen Zylinder herum aufkleben und nun waagrecht, senkrecht und diagonal nach sinnvollen Wörtern darin suchen. Man kann das Ganze auch einem Computer überlassen und ihn im fortlaufenden Buchstabenstrang jeden 5., 10., 232., 4772. (was immer Sie wollen) Buchstaben herausfiltern lassen. Witztum et al. (1994) fanden auf diese Art sinnvolle Wörter in der Bibel. Das Überraschende daran war, dass es sich um die Namen berühmter Israelis handelte und dass diese Namen in der Nähe ihres Todesdatums (das auch verschlüsselt vorlag) zu finden waren. Da der Staat Israel erst im 20. Jahrhundert gegründet worden ist, konnten dem/den Verfasser(n) der Bibel logischerweise diese berühmten Israelis nicht bekannt sein, geschweige denn ihr Todesdatum.

Einige spätere Autoren, der prominenteste dürfte Michael Drosnin (1998) sein, suchten nach weiteren Prophezeiungen in der Bibel. Sie fanden Prophezeiungen aller möglichen historischen Ereignisse, so der Attentate auf die Kennedys, Anwar El-Sadat und Yitzhak Rabin, der Name „Auschwitz" war ebenso zu finden wie der anderer Lager und vieles andere mehr.

Was bedeutet dieses? Hat Gott, der allmächtige, allwissende und allgütige Weltenlenker, im Text der Bibel Prophezeiungen über den – ihm selbstredend bekannten – Weltenlauf verschlüsselt? Ich möchte nicht bestreiten, dass ein allmächtiger Gott das *könnte*, wenn er denn wollte. Die Frage ist, ob die Erkenntnisse von Witztum et al., Drosnin und anderen ein Beleg dafür sind, dass ER es auch wirklich tat.

II. Was wird behauptet?

ES: Das Erklärungssystem behauptet, dass Gott (oder überhaupt jemand absichtlich) Prophezeiungen im Text der Bibel verschlüsselt hat.

H: Das Erklärungssystem ist wahr.

IC: Der hebräische Text der Bibel liegt als ein fortlaufender Strang von Buchstaben vor.

AC: Wir wählen jeden n-ten Buchstaben aus („n" kann jede beliebige Zahl sein).

P: Wir erhalten sinnvolle Worte oder Wortgruppen, die sich auf historische Ereignisse (aus der Zeit nach Abfassung der Bibel) beziehen.

Zusammengefasst: Wenn [Gott oder jemand anderes wirklich Prophezeiungen in der Bibel verschlüsselt hat & der hebräische Text der Bibel als fortlaufender Strang von Buchstaben vorliegt & wir jeden n-ten Buchstaben auswählen] dann erhalten wir sinnvolle Wörter oder Wortgruppen, die sich auf historische Ereignisse beziehen.

III. Welche Gründe werden angeboten, um die Behauptung zu stützen?

Drosnin und andere legen uns ihre Treffer vor. Sie behaupten zudem, dass die Wahrscheinlichkeit, dass die betreffenden Wörter zufällig in diesem Text verschlüsselt seien, extrem gering sei. So schreibt Drosnin, dass die Wahrscheinlichkeit, Wörter wie „Kennedy" und „Dallas" in diesem Text zu finden, bei 1:3000 läge. Zudem ließen sich diese Worte *nur* im hebräischen Text der Bibel finden, nicht aber in anderen Texten wie z.B. *Krieg und Frieden*. Drosnin sagt, er hätte eine Analyse mit der hebräischen Übersetzung von *Krieg und Frieden* gemacht und nichts gefunden. Die Bibel-Code-Befürworterin Sharon Begley (nach Thomas, 1997) bietet sogar an, dass sie ihren Kritikern glauben wird, wenn sie die Ermordung eines Premierministers im Text von *Moby Dick* verschlüsselt finden könnten.

IV. Wie gut wird die Behauptung gestützt?

Geht das Ergebnis logisch aus den Ausgangsbedingungen hervor?

Die Bibel wurde – wenn man daran glaubt – zwar nicht von Gott persönlich geschrieben, aber ihren Autoren von ihm eingegeben. Gott wird gemeinhin als allmächtig charakterisiert. Wer allmächtig ist, der hat natürlich auch die Macht, Botschaften in Texten zu verstecken. Aber auch einem nicht-allmächtigen Wesen sollte es gelingen, Botschaften in einem Text zu verschlüsseln. Die Frage wäre dann eher, ob diese Person in der Lage ist, zukünftige Ereignisse vorherzusehen. Das wäre aber die zweite Frage, deren Untersuchung wir uns sparen können, solange nicht geklärt ist, ob wirklich Botschaften im Text der Bibel verschlüsselt sind.

Wie wahrscheinlich ist das Ergebnis unter der Voraussetzung, dass die Hypothese falsch ist?

Kann man auch sinnvolle Wörter und Wortgruppen in einem Text finden, ohne dass diese absichtlich darin verschlüsselt wurden? Drosnin und seine Kollegen behaupten, wie erwähnt, dass das sehr unwahrscheinlich sei. In der Tat haben sie, wie es scheint, richtig gerechnet: Im (wie oben beschrieben aufbereiteten) Text der Bibel ausgerechnet die Wörter „Dallas" und „Kennedy" dicht beieinander zu finden, ist sehr unwahrscheinlich. Aber: Wahrscheinlichkeiten sind, wie wir im letzten Kapitel gesehen haben, immer ein Bruch mit den „interessierenden" Fällen im Zähler und *allen* Fällen im Nenner. Interessierende Fälle waren ja nicht nur „Dallas" und „Kennedy": Die Anzahl aller Wörter, welche die Bibel-Code-Forscher als Treffer gewertet hätten, ist nicht abzuschätzen. Auch „Napoleon" und

„Waterloo" ist eine bemerkenswerte Kombination, aber meines Wissens ist sie nicht „codiert" worden. Es geht also nicht um die Frage, ein bestimmtes bedeutungstragendes Wort (bzw. eine Wortgruppe) zu finden, sondern überhaupt Wörter (oder Wortgruppen), die als „Prophezeiung" ausgedeutet werden könnten. Und die Wahrscheinlichkeit dafür ist um so höher (vgl. Thomas, 1997), je mehr Wörter man als Treffer akzeptiert.

Auch die Behauptung, in anderen („nicht-heiligen") Texten könne man keine „Prophezeiungen" verschlüsselt finden, ist mittlerweile widerlegt. Thomas (1997) fand zahlreiche bedeutungstragende Wörter und Wortpaare in *Krieg und Frieden* verschlüsselt, so z.B. ziemlich dicht beieinander die Wörter „Nazi" und „Hitler". Auch Begleys Nachfrage wurde inzwischen beantwortet: McKay fand in *Moby Dick* Hinweise auf die Ermordung von Indira Gandhi, Leo Trotzky, Martin Luther King und Robert Kennedy (nach Thomas, 1997). Und Thomas (1997) fand die Kombination „*code*" und „*bogus*" (falsch) im Text der Bibel; nicht einmal, sondern 60 mal! Was Gott uns wohl damit sagen wollte...

Webtipp: Viele Anregungen für diese Analyse entnahm ich dem Artikel von David E. Thomas (1997). Er ist im Internet unter http://www.csicop.org/si/9711/bible-code.html abrufbar und enthält Verweise auf zahlreiche Arbeiten pro und contra *Bibel Code*.

War klar, welches Ergebnis als eine Bestätigung genügt und welches nicht?

Nein, ganz und gar nicht, und wie wir soeben gesehen haben, ist das in diesem Fall von entscheidender Bedeutung. Es wurde nicht vorab gesagt, welches die interessierenden Fälle sind. Drosnin hat eben nicht vorhergesagt, dass „Kennedy" und „Dallas" in der Bibel verschlüsselt vorkommen müssen und ebenso niemand anderes. Die „Treffer" des *Bibel Codes* sind Treffer nach der Art des „texanischen Scharfschützen".

Wie gut sind die angebotenen Belege (für sich)?

Die Güte von Belegen misst sich *nicht* daran, wie stark sie für eine Hypothese zu sprechen scheinen. Ein Beleg ist dann gut, wenn er in einem Prozess zustande kam, an dessen Ende auch eine Widerlegung der Hypothese hätte stehen können. Drosnin hat zwar versucht, die Methode zu testen, indem er in *Krieg und Frieden* nach „Prophezeiungen" suchte, doch er fand nichts. Thomas (1997) dagegen fand leicht sinnvolle Wortpaare. Das heißt nicht, dass Drosnin schlampig gearbeitet hat oder uns absichtlich täuscht. Es zeigt nur, dass er nicht alles unternommen hat, um der Bestätigungstendenz entgegen zu wirken. Hätte er in *Krieg und Frieden* mit demselben Eifer nach „Prophezeiungen“ gesucht wie in der Bibel, er hätte sie gefunden.

V. Was wäre eine angemessene Bestätigung der Hypothese?
Es wäre eine angemessene Bestätigung der Hypothese, dass in der Bibel Prophezeiungen codiert sind, wenn eine Prophezeiung einträfe. Das heißt, es müsste sich ein erstens eindeutiger Hinweis auf ein zweitens zukünftiges Ereignis finden lassen, dessen zufälliges Auftreten im Text äußerst unwahrscheinlich ist. Also z.B. die Aussage „Erdbeben in der Antarktis am 24.12.2002“. Nicht aber uneindeutige Aussagen wie „Erdbeben“ und „Süden“ (ohne Zeitangabe) und auch nicht bereits vergangene Ereignisse betreffend (wie bei allen bisherigen Prophezeiungen). Auch sollte die Voraussage riskant sein, also nicht etwas betreffen, was mit großer Wahrscheinlichkeit ohnehin eintritt.

VI. Warum wird die Behauptung von ihren Anhängern geglaubt?
Die Bibel ist für viele Menschen ein sehr wichtiges Buch. Dennoch zeigt sich bei genauer Betrachtung, dass vieles, was in ihr behauptet wird (z.B. über die Erschaffung der Welt), nicht mit der Wirklichkeit übereinstimmt, bzw. bestenfalls allegorisch zu verstehen ist. Wäre es für die Gläubigen nicht schön, wenn uns Gott in diesem Buch wirkliche Erkenntnisse vermitteln würde – und zwar solche, über die sich die Wissenschaft ausschweigen muss? Für den Gläubigen ist die Bibel ein wunderbares Buch und es ist nichts Ungewöhnliches, wenn man ihr solche wunderbaren Qualitäten zuschreibt.

Dem ganzen Prozess kommt ein weiterer Mechanismus zugute, den man als die „mustersuchende“ Natur des Menschen bezeichnen könnte. Menschen haben eine angeborene Fähigkeit, „Gestalten“ aufgrund weniger Hinweise wahrzunehmen (mehr dazu im nächsten Kapitel). Auch wenn diese Hinweise gar nicht zu einer Gestalt gehören, erkennen wir sie darin. In jeder Anhäufung uneindeutiger Zeichen können Menschen etwas „Sinnvolles“ entdecken. Hat man das Sinnvolle gefunden, so vergisst man darüber die Unmenge des Sinnlosen, aus der man es herausgefischt hat.

7.3. Wahrnehmungstäuschungen

„Ich habe es mit eigenen Augen gesehen! Es kam aus dem Nichts, schwebte eine Weile über dem Wald und zog dann langsam ab. Das war ein UFO!“ – Was will man da noch gegen sagen? Aus gutem Grund gilt uns „empirische Evidenz" sehr viel und es ist nachgerade ein Verdienst der neuzeitlichen Wissenschaft, dem augenscheinlichen Beweis gegenüber der theoretischen Erwägung den Vorzug gegeben zu haben: Frauen haben genausoviele Zähne wie Männer, auch wenn Aristoteles das Gegenteil behauptete, man braucht ja bloß nachzusehen. Doch die redliche bis verbohrte Haltung: „Ich glaube nur, was ich mit eigenen Augen gesehen habe!" hat ihre Tücken, denn die Augen können uns täuschen. Die Lösung heißt jedoch nicht Verzicht auf die empirische Beobachtung, sondern – wie immer – Kenntnis der Täuschbarkeit und Kontrolle möglicher Fehlerquellen.

Wir konstruieren unsere Wahrnehmungen...

Moment mal – das kommt Ihnen doch bekannt vor! Die Rede vom „Konstruieren" kam schon mal bei der Kritik an der Wissenschaft vor. Der Unterschied zwischen dem „Konstruieren", wie es die Konstruktivisten verstehen, und dem „Konstruieren" der Wahrnehmungspsychologie ist, dass letzteres gesetz- und regelmäßig verläuft: Wir konstruieren die Welt um uns herum nicht „irgendwie" und jeder anders. Der Prozess des Konstruierens ist vielmehr einer, der sich wissenschaftlich untersuchen lässt. Unsere Wahrnehmung ist eine Abbildung der Realität, die mit dieser nicht identisch ist, jedoch in einer regelhaften Beziehung zu ihr steht. Das Gedankenexperiment „Wenn wir alle Farben verkehrt sähen – Rot als Blau, Blau als Grün usw. – wir würden es nicht bemerken" ist witzlos: So lange mehr oder minder alle Menschen dieselben Frequenzen des Lichtes als „Rot", „Blau" oder „Grün" bezeichnen, ist das unerheblich.

Das, was wir beim Wahrnehmen konstruieren, ist in den meisten Fällen sinnvoll. Der „blinde Fleck" in unserem Auge, der an der Stelle des Sehfeldes entstehen müsste, wo der Sehnerv auf die Netzhaut trifft, wird von uns nicht bemerkt, da die fehlende Information quasi durch eine Extrapolation der Umgebung ersetzt wird. Wir bemerken das, wenn wir mit einem Auge starr auf einen bestimmten Punkt blicken, so dass die Stelle des „blinden Flecks" weder durch das andere Auge noch durch die minimalen Bewegungen, die unser Auge ständig vollführt, ersetzt werden kann. Trotzdem sehen wir an einer Stelle, wo wir definitiv nichts sehen können (denn es sind keine Sinneszellen auf diesen Fleck gerichtet), etwas, nämlich eine Fortführung des restlichen Hintergrundes. Befindet sich an dieser Stelle eine Markierung, so verschwindet diese in der entsprechenden Position und wird durch das Hintergrundmuster ersetzt.

Abbildung 6: Blinder-Fleck-Test
Kneifen Sie das linke Auge zu und fixieren Sie das Kreuz F aus circa 32 cm Entfernung. Der Punkt auf der rechten Bildseite verschwindet.

Doch damit nicht genug: Wir können Farben nur in der Mitte unseres Sehfeldes wahrnehmen, da wir nur hier die dafür notwendigen Sehzellen („Zapfen") in unserer Netzhaut haben. Dennoch sehen wir die ganze Welt um uns herum farbig. Unser Gehirn gibt den tatsächlich schwarz-weiß wahrgenommenen Objekten am Rande des Sehfeldes die Farben, die typischerweise zu ihnen gehören. Dies zeigt übrigens, dass schon so einfache Sinnesleistungen wie das Farbensehen von unserem Vorwissen und unseren Erwartungen abhängig sind. Die Blätter des Baumes, den ich gerade am Rande meines Sehfeldes wahrnehme, sehe ich grün – weil ich weiß und erwarte, dass Blätter grün sind.

Literaturtipp: Zu den Wahrnehmungs- und Gedächtnistäuschungen gibt es ein Themenheft des *Skeptiker*, der Zeitschrift der deutschen Skeptikerbewegung: *Skeptiker*, 12 (4), 1999. Zu beziehen über GWUP, Postfach 12 22, 64374 Roßdorf oder http://www.gwup.org. Ein anschauliches Lehrbuch zum Thema ist Campenhausen, C.v. (1993). *Die Sinne des Menschen*. Stuttgart: Thieme.

Noch bemerkenswerter sind die so genannten Flimmer-Skotome. Dabei fallen Teile der Sehrinde (jener Bereich im Gehirn, der für das Sehen zuständig ist) vorübergehend aus. Die betroffene Person sieht dann in großen Teilen ihres Sehfeldes mit beiden Augen nichts, ist partiell blind. Flimmer-Skotome sind vermutlich weiter verbreitet, als man annimmt, und circa jeder Vierte dürfte vorübergehend schon einmal davon betroffen gewesen sein. Denn meistens bemerkt man das Flimmer-Skotom gar nicht. Das Gehirn ersetzt selbst diese große Menge an fehlenden Informationen durch plausible Annahmen darüber, was sich an den blinden Stellen befinden könnte. Das Flimmer-Skotom fällt allenfalls durch den „flimmerigen" Rand auf, der die „nach-konstruierten" Stellen des Sehfeldes von den „echten" trennt. Rainer Wolf (persönliche Mitteilung, vgl. aber auch 1999) berichtet, während eines Flimmer-Skotoms sogar ein Buch gelesen zu haben. Es sei ihm zunächst nur aufgefallen, wie langsam und mühevoll das Lesen war (in etwa so, wie wenn man im Traum versucht, etwas zu lesen), bis er bemerkte, dass er jeweils nur wenige Buchstaben *wirklich* sah. Die bedruckte Seite, die er im Bereich des Flimmer-Skotoms wahrnahm, „erfand" ihm sein Gehirn.

Wie stark unsere Wahrnehmung von unseren Erwartungen abhängig ist, zeigen auch die zahlreichen optischen Täuschungen. Einige Bilder des niederländischen Künstlers M.C. Escher nutzen diese Phänomene. Die wohl bekannteste Täuschung dürfte die Müller-Lyersche sein:

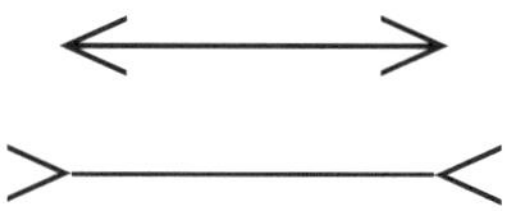

Abbildung 7: Müller-Lyer-Täuschung

Die beiden Striche sind gleich lang, auch wenn sie Ihnen höchstwahrscheinlich unterschiedlich lang vorkommen.

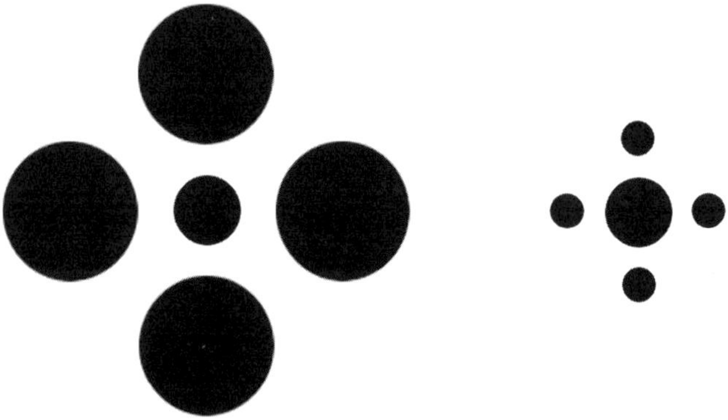

Abbildung 8: Ebbinghaus-Illusion

Die Ebbinghaus-Illusion verweist auf die Logik, nach der unsere Wahrnehmung arbeitet. Die mittlere Scheibe, die von den großen Scheiben umgeben ist, ist genauso groß wie die, die von den kleinen Scheiben umgeben ist. In beiden Fällen „hilft" uns unsere Wahrnehmung, indem sie den Kontrast verstärkt. Obwohl Sie jetzt wissen, dass die beiden mittleren Scheiben gleich groß sind, sehen Sie sie noch immer unterschiedlich groß: Das ist das Bemerkenswerte an den optischen Täuschungen, dass wir sie *erleben*, obwohl wir es anders *wissen*.

Ebenfalls verblüffend ist die Wirkung des Gestaltprinzips beim Wahrnehmen. Wir nehmen nämlich nicht einfach nur Lichtreize wahr, wir verarbeiten diese sofort zu „Gestalten". Die Macht dieses Prinzips erkennen wir z.B. an folgender Abbildung:

Abbildung 9: Illusorisches Dreieck

Das weiße Dreieck, das Sie zweifelsohne dort oben sehen, existiert nicht. Sie haben es sich aus den Umgebungshinweisen erschlossen. Die leichte Wahrnehmung von Gestalten ist für den Menschen von Vorteil. Wer den Tiger *sieht*, auch wenn das meiste von diesem Tiger von Blättern und Büschen verdeckt ist, hat eine deutliche Überlebenschance gegenüber „objektiveren" Mitbewerbern. Der Preis, den wir dafür zahlen müssen, ist, dass wir ständig Gestalten sehen, wo keine sind: Gesichter im Mond, im Halbdunkel des Schlafzimmers (Grusel!), Kartoffelchips, die aussehen wie Abraham Lincoln usw. Wenige Reize genügen, damit wir uns etwas „Bedeutungsvolles" daraus basteln können. Besonders Gesichter erkennen wir in allem und jedem. Eine gewisse Prominenz erlangte das „Gesicht auf dem Mars".

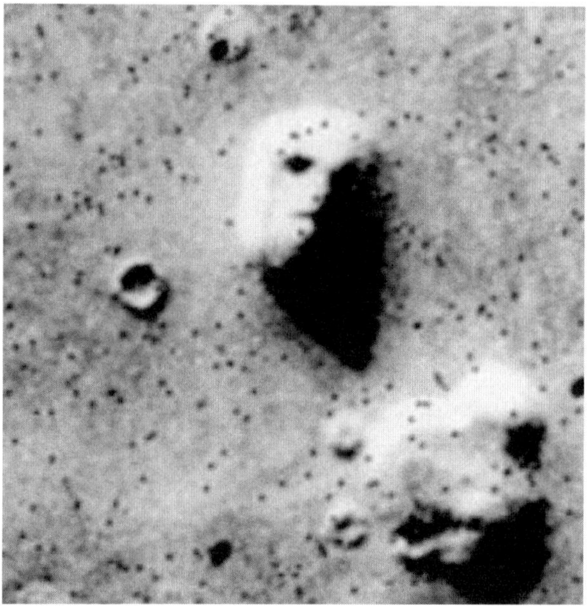

Abbildung 10: Gesicht auf dem Mars 1 (Bild: NASA)

Die Viking-Sonden, die 1976 den Mars besuchten, sendeten viele Bilder von der Oberfläche des Planeten zur Erde. Die Auflösung dieser Bilder war bescheiden, außerdem gingen Daten verloren – kein Wunder bei der Entfernung –, was sich in kleinen schwarzen Punkten auf den Bildern bemerkbar macht. Trotzdem waren die Fotos von großem wissenschaftlichen Wert. Die Experten der NASA bemerkten unter diesen Bildern eines aus der „Cydonia"-Region des Mars, auf dem sich ein Objekt befand, welches sehr einem menschlichen Gesicht ähnelte. Die niedrige Auflösung und das zum Zeitpunkt der Aufnahme schräg einfallende Licht ermöglichten die Illusion. Gewissermaßen das I-Tüpfelchen war der schwarze Punkt für fehlende Daten, der wie ein Nasenloch wirkte. Die NASA schickte das Bild an die Presse, als ein witziges Beispiel dafür, wie uns unsere Wahrnehmung in uneindeutigen Strukturen Gesichter sehen lässt. Hätten die Wissenschaftler geahnt, was sie damit auslösen! Drei Jahre später behaupteten zwei Computer-Spezialisten, sie hätten nachweisen können, dass das „Gesicht" nicht auf natürlichem Wege entstanden sein könne (die Wahrscheinlichkeit dafür sei einfach zu gering). Richard C. Hoagland (1987) griff diese Idee auf und behauptete schließlich, das „Gesicht“ sei Bestandteil eines ganzen Komplexes aus Pyramiden und Anlagen, vermutliche Überreste einer Mars-Zivilisation, die vor einer halben Million Jahren den roten Planeten bevölkert hat. Er steht damit in der Tradition eines Giovanni Schiaparelli und eines Percival Lowell, die Ende des 19. Jahrhunderts durch das Teleskop ein Netz von Kanälen auf dem Mars beobachtet hatten, das sich später als Illusion erwies. Einmal mit der Hypothese ausgestattet, dass das „Gesicht“ ein Monument sei, sah Hoagland in allen möglichen Landschaftsmerkmalen Ruinen einer vergangenen Mars-Kultur. Einige seiner Anhänger sahen sogar im Verlust der Planetensonde Mars-Observer im Jahr 1993 eine Verschwörung der NASA, um dieses gigantische Geheimnis vor uns geheim zu halten.

Diese wundersame Geschichte hat ein – wie ich finde – eindeutiges Ende gefunden. Im April 1998 fotografierte der *Mars Global Surveyor* die betreffende Region erneut, jedoch mit wesentlich besserer Auflösung. Das was jetzt zu sehen ist, ähnelt einem Gesicht nicht im mindesten.

Die wenigen, die jetzt noch immer ein Gesicht „sahen“ (und sehen wollten), wurden im Mai 2001 ein weiteres mal enttäuscht, als eine dreidimensionale Vermessung des „Gesichts“ ergab, dass es sich durch nichts von den anderen Tafelbergen in dieser Region unterschied (was im Gegensatz zu den „Beweisen“ der eingangs erwähnten Computer-Spezialisten steht).

Webtipp: Die Seite von Sally Stephens http://www.aspsky.org/education/tnl/25/25.html gibt einen guten Überblick über die Geschichte des „Mars-Gesichtes“. Die Seite ist für Lehrkräfte geschrieben mit vielen Hinweisen zur didaktischen Aufbereitung des Themas (sie enthält allerdings noch nicht die Bilder des *Mars Global Surveyor*).

Diese Gestaltsuche findet nicht nur im optischen Bereich statt. Auch in uneindeutigem akkustischem Material suchen wir aktiv nach Mustern. Die berühmt-berüchtigten „Backward-Messages“ – Botschaften, die nur in rückwärts abgespielten Musikstücken vornehmlich von Rockbands zu hören sind, dürften zum größten Teil auf die Gestaltsuche zurückzuführen sein. Wer will, kann in jedem Geräusch eine Botschaft oder eine Melodie vernehmen (vgl. auch Ott, 1988).

Während die Gestaltwahrnehmung wenigstens noch auf etwas Tatsächliches zurückgreift, spielen uns Halluzinationen etwas vor, was überhaupt nicht vorhanden ist. Halluzinationen kann jeder von uns in ganz alltäglichen Situationen haben. Je ungewöhnlicher die Situation allerdings

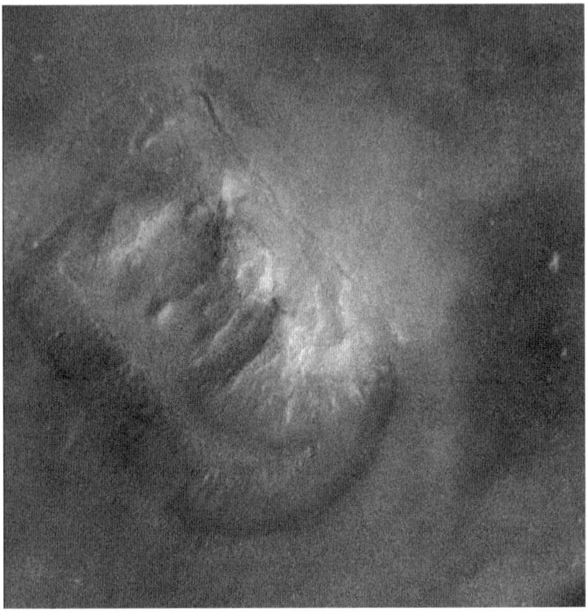

Abbildung 11: Gesicht auf dem Mars 2 (Bild: NASA)

ist, desto wahrscheinlicher wird es, dass wir etwas erleben, was nicht passiert. Unser Gehirn präsentiert uns diejenigen Informationen, die im Moment am stabilsten sind, als die „Realität". In Situationen, in denen sonst keine Informationen zur Verfügung stehen, werden auch „Wahrnehmungen", die lediglich im Gehirn stattfinden, für uns real. Dies dürfte auch bei so genannten außerkörperlichen Erfahrungen der Fall sein. Die Menschen, die solche *Out-of-Body-Experiences*, OBEs, erleben, befinden sich in den unterschiedlichsten Zuständen: In lebensbedrohlichen Situationen, unter Drogen, nach langer Meditation und manchmal auch einfach im normalen Wachzustand. Am prominentesten sind die OBEs in Verbindung mit den Nahtoderlebnissen, NDEs (*Near-Death-Experiences*). Der Patient, der dem Tode nah ist, „verlässt" seinen Körper und betrachtet sich und die Ärzte, die sich um seine Rettung bemühen, von oben. Unter Umständen hat er danach ein „Tunnelerlebnis" (bewegt sich mit zunehmender Geschwindigkeit durch einen Tunnel auf ein helles Licht zu) und begegnet vertrauten, verstorbenen Personen aus seinem früheren Leben. Schließlich bricht alles ab und er spürt, wie er in seinen Körper zurückgezogen wird. Soweit das typische NDE. Gerne wird behauptet, Nahtod-Erlebnisse verliefen bei allen Menschen gleichförmig. Hierfür gibt es bislang keinen überzeugenden Beleg, die meisten Untersuchungen fanden nur an weißen Amerikanern der Mittelschicht statt (z.B. Greyson & Stevenson, 1980). Und selbst hier lässt sich noch nicht einmal sagen, ob überhaupt nur eine Person ein Nahtoderlebnis mit allen „typischen“ Aspekten hatte.

Literaturtipp: Die Bücher von Susan Blackmore sind ein guter und skeptisch-kritischer Zugang zu dem faszinierenden Gebiet der Nahtoderlebnisse und der außerkörperlichen Erfahrungen: Blackmore, S.J. (1982). *Beyond the Body*. London: Heinemann. Blackmore, S.J. (1993b). *Dying to live*. Buffalo, NY: Prometheus Books. Zum Einstieg: Blackmore, S. J. (1993a). Beinahe tot. In G. v. Randow, *Mein paranormales Fahrrad* (S. 115-129). Reinbek: Rowohlt.

Außerkörperliche Erfahrungen sind für die davon Betroffenen sehr beeindruckend und real. Was geschieht hier? Verlässt die Seele den Körper? Eine alternative Erklärung ist die von Susan Blackmore. Nach ihr ist das außerkörperliche Erlebnis das Ergebnis eines Mangels an anderen Realitätsmodellen, produziert von einem Gehirn unter Stress (z.B. bei Sauerstoffmangel). Die „Phantasie“ ist in der Situation des OBE das gerade stabilste Realitätsmodell. Dass man sich beim außerkörperlichen Erlebnis in der Regel von oben sieht, hat, so Blackmore, seinen Grund darin, dass wir Situationen gewöhnlich aus der Vogelperspektive rekonstruieren. Wir stellen uns vor, wie es gerade (z.B. im Operationssaal) sein könnte und diese Vorstellung wird dann zur erlebten Realität, weil wir keinen anderen Input haben, der mit dieser Vorstellung konkurrieren könnte.

Fallbeispiel: Entführt von Außerirdischen

I. Worum geht es eigentlich?

„Der Weltraum ist groß. Verdammt groß. Du kannst Dir einfach nicht vorstellen, wie groß, gigantisch, wahnsinnig riesenhaft der Weltraum ist. Du glaubst vielleicht, die Straße runter bis zur Drogerie ist es eine ganz schöne Ecke, aber das ist einfach ein Klacks, verglichen mit dem Weltraum. Pass mal auf..."

Douglas Adams,
Per Anhalter durch die Galaxis

In unserer Milchstraße gibt es Milliarden von Sonnensystemen wie das unsere. Im Universum gibt es viele Milliarden Galaxien wie unsere Milchstraße. Egal, als wie unwahrscheinlich man die Entstehung von Leben und intelligentem Leben einschätzt, die Zahl der möglichen Fälle ist einfach so groß, dass es anderes intelligentes Leben *irgendwo da draußen* fast sicher geben muss. Andererseits ist das Universum auch *sehr groß*. Die Entfernung nur bis zum nächsten Stern ist so groß, dass allein das Licht von diesem Stern (Alpha Centauri) schon mehr als vier Jahre zu uns braucht. Und schneller als Licht kann sich nach heutigem Wissensstand der Physik nichts bewegen. Selbst die schnellsten, von Menschen gefertigten Objekte, die Voyager-Raumsonden, würden zu Alpha Centauri über 70.000 Jahre brauchen! Und das ist nur unsere unmittelbare kosmische Nachbarschaft. Die nächste Galaxie in der Art unserer Milchstraße ist fast drei *Millionen* Lichtjahre von uns entfernt.

Alles in allem stehen unsere Chancen, je mit außerirdischer Intelligenz in Kontakt zu treten, sehr schlecht. Dennoch ist es nicht ganz ausgeschlossen, und diese Möglichkeit ist faszinierend wie kaum ein anderer Gedanke. Diese Faszination speist auch den Enthusiasmus vieler Menschen, die sich für das UFO-Phänomen interessieren. UFO bedeutet eigentlich „unidentifiziertes Flugobjekt" und das ist ja zunächst einmal jedes Objekt, das wir am Himmel sehen. Bei den meisten dieser Objekte lässt sich ziemlich leicht herausfinden, um was es sich handelt (Flugzeuge, Wetterballons, Meteoriten, Satelliten, Planeten), aber einige kann man einfach nicht indentifizieren. UFO-Anhänger im eigentlichen Sinn glauben, dass diese UFOs die Raumfahrzeuge intelligenter Außerirdischer sind.

Im Zusammenhang mit der Annahme, dass Außerirdische die Erde bereits besuchen, ist ein Phänomen in letzter Zeit bekannt geworden, das von einem wesentlich engeren Kontakt ausgeht. Demnach begnügen sich die mutmaßlichen Außerirdischen nicht damit, nur mal kurz über unseren Köpfen zu schweben und dann zu verschwinden. Einige Menschen berichten davon, von Außerirdischen entführt, untersucht und anschließend zurückgebracht worden zu sein. Ein typisches Entführungserlebnis sieht so aus:

Der davon Betroffene erwacht nachts und stellt fest, dass er sich nicht bewegen kann. Er beobachtet einige kleine, graue Männchen, die sich in seinem Zimmer aufhalten. Später befindet er sich an einem anderen Ort, vermutlich an Bord des Raumschiffs der Außerirdischen. Er wird von diesen Männchen untersucht, oft im Anal- oder Genitalbereich. Viele Betroffene berichten, ihnen seien Sperma oder Eizellen entnommen worden. Die Erinnerung an diese Vorfälle ist nie geradlinig, sondern bruchstückhaft. Sie werden aber immer als real erlebt, nicht als Traum. Irgendwann erwacht die Person wieder in ihrem Bett. Gelegentlich beobachten die Personen an sich Kratzer oder Schnittwunden.

Literaturtipp: Der große Science-Fiction-Autor Isaac Asimov hat ein sehr informatives Buch über die Chancen für außerirdisches Leben und für einen Kontakt mit diesem geschrieben: Asimov, I. (1981). *Außerirdische Zivilisationen*. Köln: Kiepenheuer & Witsch.

Viele Betroffene erinnern sich nicht von sich aus an diesen Vorfall, sondern erst unter Hypnose. Die Betroffenen und ihre Fürsprecher (Mack, 2000 oder http://www.abductee.net/) interpretieren diese Erlebnisse als die Entführung durch Außerirdische. Die kleinen grauen Männchen ähneln demnach den aus Film und Fernsehen bekannten Außerirdischen mit ihren großen Köpfen und den schwarzen großen Augen, dünnen Extremitäten und Fingern usw. (Sie haben bestimmt schon einmal eine Abbildung oder ein aufblasbares Exemplar gesehen.) Die Außerirdischen entführen gelegentlich Menschen, da sie uns studieren wollen oder aber gar, da sie eine Mischrasse aus Menschen und Außerirdischen züchten wollen (daher die Entnahme von Eizellen und Sperma). Die Tatsache, dass sich die Betroffenen während des Vorfalls nicht bewegen konnten und die Erinnerungen bruchstückhaft sind, wird darauf zurückgeführt, dass sie zum Zweck der Untersuchung ruhig gestellt wurden, z.B. mittels Drogen.

Wir wollen im Folgenden *nicht* untersuchen, ob die Menschen, die von solchen Ereignissen berichten, diese erlebt haben. Wir gehen im Folgenden davon aus, dass sie nicht lügen und dass sie wirklich erlebt haben, was sie berichten. Die Frage ist, ob das, was sie *erlebt* haben, auch *passiert* ist, ob ihre Erlebnisse reale Vorgänge widerspiegeln. Es geht also darum: Wurden tatsächlich schon Menschen von Außerirdischen entführt, untersucht und zurückgebracht?

II. Was wird behauptet?

Es fällt schwer, diese Behauptung in einen Wenn-dann-Satz zu pressen. Ich versuche es einmal.

All dem liegt wohl zugrunde, dass es außerirdische, intelligente Lebewesen gibt, die gelegentlich die Erde besuchen.
ES: Es gibt Außerirdische, die die Erde besuchen.

Die Hypothese lautet, dass das wahr ist:
H: Das Erklärungssystem ist wahr.

Es geht darum, dass einigen Menschen etwas bestimmtes widerfährt. Also würde ich sagen, die Ausgangsbedingung ist, dass Menschen einfach „da“ sind.
IC: Menschen, die zumeist in ihren Betten liegen.

Von allen Menschen auf der Welt, die nachts in ihren Betten liegen, berichten einige, irgendwann einmal von einem bestimmten Erlebnis.
AC: Einige Menschen, irgendwann einmal.

Das Ergebnis dieser Bedingungen (Außerirdische + Menschen) ist, dass einige Menschen von Entführungen berichten.
P: Diese Menschen berichten davon, von Außerirdischen entführt und untersucht worden zu sein.

Zusammengefasst ergeben diese Bestandteile wieder einen sinnvollen Satz: Wenn [es Außerirdische gibt, die die Erde besuchen (H), dann werden einige (AC) Menschen (IC), irgendwann einmal (AC)] davon berichten, von Außerirdischen entführt, untersucht und wieder zurückgebracht worden zu sein (P).

Die Frage lautet also: Ist die Tatsache, dass einige Menschen davon berichten, irgendwann einmal von Außerirdischen entführt worden zu sein, ein Beleg dafür, dass Außerirdische die Erde besuchen?

III. Welche Gründe werden angeboten, um die Behauptung zu stützen?

Es gibt viele Berichte in der Art des oben angeführten. Manchmal können die Betroffenen sogar Schnitt- und Kratzwunden vorzeigen. Das Fehlen von Eizellen oder Sperma lässt sich naturgemäß nicht nachweisen.

IV. Wie gut wird die Behauptung gestützt?

Geht das Ergebnis logisch aus den Ausgangsbedingungen hervor?

Eigentlich nicht unbedingt. Selbst wenn Außerirdische die Erde besuchen, warum sollten sie Dinge wie die geschilderten tun? Es ist zwar logisch anzunehmen, dass die Außerirdischen uns untersuchen möchten. Aber wenn sie viele Billionen von Kilometern durch das All fliegen konnten, warum schaffen sie es dann nicht, ihre Untersuchungsobjekte ordentlich zu betäuben, so dass diese sich danach nicht daran erinnern können? Warum müssen sie Ei- und Samenzellen entnehmen, wo doch schon irdische Wissenschaftler bald soweit sind, Leben aus normalen Körperzellen (die jeder Mensch ständig überall hinterlässt) zu klonen? Aber gehen wir einmal davon aus, dass die Außerirdischen wirklich so verfahren, wie ihnen unterstellt wird.

Wie wahrscheinlich ist das Ergebnis unter der Voraussetzung, dass die Hypothese falsch ist?

Die von den Entführungen Betroffenen berichten, dass sie das, was sie erlebten, als völlig *real* erlebten. Es war kein Traum! Kann man also etwas als real erleben, was tatsächlich gar nicht stattfindet?

Man kann. Es gibt Halluzinationen und sie betreffen nicht nur Geisteskranke und Menschen in Extremsituationen. Im Gegenteil, das Stimmenhören und andere Halluzinationen gelten mittlerweile nicht mehr als Kernsymptome der Schizophrenie. Es gibt viele Schizophrene, die nie Stimmen hören. Andererseits gibt es auch viele Menschen, die nicht schizophren sind und die Stimmen hören. Auch Träume sind im Grunde Halluzinationen. Solange wir träumen, halten wir den Traum für real. Die Ausnahme, dass wir, *während* wir träumen, wissen, *dass* wir träumen (so genanntes *luzides* Träumen), ist eher selten. Wir können erst nach dem Aufwachen sagen, was Traum und was Wirklichkeit war.

Während wir träumen, ist unsere Bewegungsfähigkeit eingeschränkt. Man nennt das Schlafparalyse und das soll verhindern, dass wir uns beim Träumen mitbewegen (vereinfacht ausgedrückt). Wenn wir aufwachen, endet die Schlafparalyse. Manchmal wachen wir nicht richtig auf und die

Schlafparalyse besteht weiter. Wir haben dann das Gefühl, wir seien wie gelähmt, bisweilen verspüren die davon Betroffenen auch einen Druck auf der Brust. Oft geht dieser Zustand schnell vorüber. Manchmal dauert er etwas länger und manchmal geht auch das Träumen weiter, vor dem Hintergrund der Realität. Man nennt dies eine *hypnopompe* Halluzination (wenn sie beim Aufwachen stattfindet; auch beim Einschlafen kommt so etwas vor, man spricht dann von *hypnagogen* Halluzinationen). Sehr häufig wird die Anwesenheit einer Person halluziniert (http://watarts.uwaterloo.ca/~acheyne/S_P.html). Man hat das Gefühl, dass jemand anderes im Raum ist oder man sieht diesen anderen sogar schemenhaft. Das hat fast jeder einmal in der einen oder der anderen Form erlebt, auch ich selbst. Manchmal dauern diese Halluzinationen länger. Eine Bekannte von mir erwachte einmal nachts, konnte sich nicht bewegen und sah das Schlafzimmer seltsam verzerrt. Auch hörte sie Stimmen. Als angehende Diplompsychologin befürchtete sie, den Beginn einer Psychose zu erleben. Nach einer Weile wachte sie „richtig“ auf. Da sie später keine derartigen Erlebnisse mehr hatte (und auch sonst keine Symptome einer psychischen Erkrankung), können wir davon ausgehen, dass es sich um eine hypnopompe Halluzination während einer Schlafparalyse gehandelt hat. Wäre sie nicht Psychologiestudentin gewesen, hätte sie dieses Erlebnis wahrscheinlich nicht als „beginnende Psychose“ interpretiert. Wäre sie sehr religiös gewesen, hätte es beispielsweise sein können, dass sie in diesem Vorfall eine Vision gesehen hätte.

Je nach dem persönlichen Hintergrund werden solche Erlebnisse unterschiedlich gedeutet und daher auch unterschiedlich *erlebt*. Solche Erfahrungen wurden im Mittelalter und in der frühen Neuzeit oft als Besuch von Dämonen interpretiert. Es gab sogar zwei Arten von nächtlichen Dämonen, den *Inkubus* und den *Sukkubus*. Ersterer besuchte vornehmlich Frauen, letzterer eher Männer und „wohnte den Betroffen bei“ – hatte Sex mit ihnen. Oder er hockte sich den Betroffenen nur einfach auf die Brust.

Wir Heutigen sind aufgeklärter und glauben nicht an Dämonen. Aber wir alle haben schon von UFOs und von „Aliens“ gehört. Und wir alle kennen das typische Bild eines Außerirdischen: klein, grau, dünne Gliedmaßen und mit großen schwarzen Augen. Können Sie sich vorstellen, wie *Inkubi* und *Sukkubi* heute aussehen? Genau so. Und so sehen „Aliens“ aus, seit sie in dem Comic *Buck Rogers im 25. Jahrhundert* 1930 erstmals so dargestellt wurden (so Schaeffer, 1996). In der Tat lässt sich die Entwicklung des „typischen Aliens“ durch die Kulturgeschichte des 20. Jahrhunderts hindurch verfolgen. Die Tatsache, dass die meisten „Entführten“

dieselbe Art von Alien sehen, muss nicht daran liegen, dass es sich um ein und dieselbe Spezies handelt (die sie wirklich gesehen haben), sondern kann auch darauf zurückzuführen sein, dass wir alle dieselben Filme sehen (vgl. Blackmore, 1998).

Dass einige Menschen davon berichten, von Außerirdischen entführt worden zu sein, ist also auch wahrscheinlich, wenn keine Außerirdischen die Erde besuchen.

Warum aber berichten einige der „Entführten" von Schnittwunden? Sind dies nicht objektivierbare Tatsachen, die für die Echtheit der Berichte sprechen? Nicht unbedingt. Wir alle verletzen uns öfter und wissen dann nicht, wann und wie es zu der Verletzung gekommen ist. Vielleicht haben Sie selbst schon ab und an den einen oder anderen Kratzer an sich bemerkt. Ich selbst hatte mal „Stigmata": Kratzer an den Handinnenflächen, deren Herkunft mir schleierhaft war. Wäre ich strenggläubiger Katholik, hätte ich die Kratzer auch als Wundmale Christi deuten können,[20] so aber wunderte ich mich nur. Normalerweise vergessen wir das schnell wieder. Solche Kratzer werden nur dann bedeutsam und erinnerungswürdig, wenn wir sie als Beleg für etwas betrachten. Wenn jemand von einem Entführungserlebnis erwacht und dann einen solchen Kratzer an sich bemerkt, dann wird er diesen in einem anderen Licht sehen als sonst. Und mehr als Kratzer hatten „Entführte" meines Wissens bislang nicht vorzuweisen. Umfangreiche Operationen, wie sie gelegentlich beschrieben werden, müssten große Narben zurücklassen. „Entführte" entgegnen, dass die außerirdischen Chirurgen die Wunden aufgrund ihrer überragenden Technik spurlos verschwinden lassen können (dass sie dagegen so lausige Anästhesisten sind, stört nicht)...

Wie gut sind die angebotenen Belege (für sich)?

Es verwundert, dass es noch keinem „Entführten" gelungen ist, mehr als nur seine bruchstückhaften Erinnerungen von seinem Ausflug mitzubringen. Bloße Augenzeugenberichte, ohne jedes Beweisstück, sind die schlechtest denkbare Art von Beleg. Zudem sind Erinnerungen, die unter Hypnose produziert wurden – was auf viele Entführungsberichte zutrifft –, extrem unzuverlässig. Mehr dazu im nächsten Kapitel.

---

[20] Tatsächlich geschieht anscheinend genau dasselbe bei solchen „Wundern": Mehr oder minder zufällige Kratzer werden als Wundmale gedeutet, vgl. Nikkell, J. (2000).

V. Was wäre eine angemessene Bestätigung der Hypothese?

Um die Annahme, dass Außerirdische tatsächlich Menschen entführen, zu bestätigen, wäre ein externer Beleg, der über den Bericht eines Betroffenen hinausgeht, nötig. Auch Zeugenaussagen Dritter (die die Entführung des Betroffenen gesehen haben wollen) sind mit Vorsicht zu genießen. Solche Beobachtungen Dritter gibt es, aber sie beschränken sich in der Regel auf die bloße Feststellung, der Betroffene sei zum Zeitpunkt der angeblichen Entführung nicht da gewesen, wo er hätte sein sollen (z.B. zuhause). Zudem können solche Aussagen aus Gefälligkeit gemacht worden sein (vgl. Huston, 1993).

Erst wenn handfeste Beweisstücke (z.B. Gegenstände aus dem Raumschiff) vorliegen, lohnt es sich, die Berichte ernsthaft zu untersuchen. Diese Forderung ist nicht so ungerecht, wenn man bedenkt, dass viele „Entführte“ behaupten, dass sie sich frei im Raumschiff bewegen konnten. Sie hätten gute Gelegenheit gehabt, etwas „mitgehen“ zu lassen.

Literaturtipp: Ulrich Magins Buch zum Thema ist empfehlenswert: Magin, U. (1991). *Von Ufos entführt*. München: Becksche Reihe. Zum Thema UFOs im allgemeinen gibt es das Buch eines „Aussteigers“ aus der UFO-Szene, des Skeptikers Werner Walter: Walter, W. (1996). *UFOs - Die Wahrheit*. Königswinter: Heel. Den ganzen Themenkomplex, in dem auch, wie üblich, Verschwörungen eine Rolle spielen, decken Frazier und andere ab: Frazier, K. et al. (Eds). (1997). *The Ufo Invasion. The Roswell Incident, Alien Abductions, and Government Coverups*. Buffalo, NY: Prometheus Books.

VI. Warum wird die Behauptung von ihren Anhängern geglaubt?

Schlafparalysen und Halluzinationen sind sehr intensive Erlebnisse. Sie weichen in großem Maße von unseren alltäglichen Erfahrungen ab. Zudem hört man kaum etwas davon: Bis vor wenigen Jahren wusste ich selbst – trotz Psychologiestudiums – praktisch nichts darüber. Wahrscheinlich haben Sie eher von den angeblichen Entführungen gehört als von den hypnagogen und hypnopompen Halluzinationen. Wenn man als Laie ein solches Erlebnis hat, möchte man es deuten und irgendwie einordnen können. Die im Zeitalter von „Akte X“ naheliegendeste Erklärung solcher merkwürdigen Erlebnisse ist die, dass Außerirdische im Spiel waren. Wenn wir einmal eine bestimmte Hypothese gefasst haben, dann passen sich unsere Wahrnehmung und unser Gedächtnis dieser Hypothese an. Die grauen Gestalten sind für uns Aliens, vor 500 Jahren waren sie Hexen und Dämonen. Die „Anhänger“, die selbst betroffen sind, glauben die Behauptung, weil sie ihren Wahrnehmungen und ihrer Erinnerung glauben. Hinzu kommt das Interesse der Öffentlichkeit bzw. der Medien für „Außerirdisches". Wer solche gruseligen Geschichten zu berichten weiß, darf sich der Aufmerksamkeit anderer gewiss sein. Im Laufe der Zeit werden die Geschichten immer detaillierter und stimmiger, obwohl sie am Anfang nur aus ein paar Bruchstücken von uneindeutigen Wahrnehmungen bestanden („Tendenz zur guten Geschichte").

7.4. Erinnerungsfehler

Jon Krakauer nahm 1996 an einer Expedition zum Gipfel des Mount Everest teil, bei der mehrere Teilnehmer ihren alpinistischen Ehrgeiz mit dem Leben bezahlen mussten. In der dünnen Luft der „Todeszone" über 8.000 Meter, in eisiger Kälte, verloren sie die Orientierung, konnten Gefahren nicht mehr richtig einschätzen und fanden im Schneesturm den Tod durch Erschöpfung, durch Erfrieren und aufgrund von Sauerstoffmangel. Im Vorwort zu seinem Bestseller *In eisige Höhen* berichtet er von den Schwierigkeiten, die dramatischen Ereignisse zu rekonstruieren: „Die Kette der Ereignisse war hoffnungslos komplex, und die Erinnerungen der restlichen Überlebenden waren durch Erschöpfungszustände, Sauerstoffmangel und Schock extrem verzerrt. Zum Beispiel bat ich während meiner Recherche drei meiner Gefährten, einen Vorfall zu rekapitulieren, den wir zu viert hoch oben auf dem Berg mit angesehen hatten. Aber wir konnten uns selbst über solch grundlegende Fragen wie den Zeitpunkt des Geschehens und was wir gesagt hatten nicht einigen; nicht einmal darauf, wer überhaupt zugegen gewesen war" (Krakauer, 1998, S. 9f). So gab es auch bald nach der Veröffentlichung seines Berichts erste Proteste von anderen Teilnehmern, die ihr Verhalten nicht korrekt wiedergegeben fanden. Einige von ihnen veröffentlichten daraufhin ihre Sicht der Ereignisse (vielleicht auch, um am Erfolg von Krakauers Buch teilzuhaben). Es ist ausgesprochen lehrreich, nach der Lektüre von *In eisige Höhen* eines dieser anderen Bücher zu lesen (z.B. Boukreev & DeWalt, 1998). Die dort geschilderten Ereignisse unterscheiden sich teilweise fundamental von der Darstellung bei Krakauer.

Was ist geschehen? Gehen wir davon aus, dass die Autoren nicht lügen, d.h. nicht versuchen, durch bewusste Fehlinformation ihre eigene Rolle in dieser Katastrophe in einem besseren Licht erscheinen zu lassen. Die Tatsache, dass die verschiedenen Berichte so krass voneinander abweichen, lässt uns vielmehr die Täuschbarkeit unseres Gedächtnisses erkennen. Und dies gilt nicht nur für Erlebnisse in Extremsituationen und unter Umweltbedingungen, bei denen die Funktion des Gehirns stark eingeschränkt ist.

Bekanntlich vergessen wir sehr viel. Hermann Ebbinghaus (1850-1909), einer der Ur-Väter der modernen Psychologie, ist berühmt für seine Versuche, bei denen er die Teilnehmer sinnlose Silben lernen ließ und in denen er nachweisen konnte, dass der Zerfall von Gedächtnisinhalten über die Zeit einer logarithmischen Funktion entspricht: Anfangs vergessen wir sehr schnell, dann immer langsamer. Obwohl Ebbinghaus' Versuche wohlbekannt sind, hält sich nach wie vor der Mythos, das Gehirn würde alles speichern, was wir je wahrgenommen haben, jedes Detail, und das Problem bestünde nur darin, all das wiederzufinden. Diese Annahme erweist sich bereits bei einem flüchtigen Blick auf die begrenzte Speicherkapazität unseres Gehirns als absurd; abgesehen davon, dass die moderne Gedächtnispsychologie (Baddeley, 1999) mittlerweile gut belegt hat, dass wir nur sehr wenig von dem, was wir wahrnehmen, auch so in Erinnerung behalten, wie wir es wahrgenommen haben.

Aber da gab es doch die berühmten Experimente von Penfield (1938)! Wilder Penfield nutzte Operationen am offenen Gehirn für seine Versuche: Die Patienten waren während der Operation bei Bewusstsein und Penfield reizte mit einer Elektrode verschiedene Bereiche der Großhirnrinde. Reizte er bestimmte Punkte, so hatten die Versuchspersonen ihnen vollkommen real erscheinende Erlebnisse, die sie als Ereignisse aus ihrer Vergangenheit interpretierten. Sie konnten sich, so ihre Sicht, an jedes noch so winzige Detail erinnern, als sähen sie ein Videoband mit der Aufzeichnung des Ereignisses (inklusive Duft und Gefühl). Lässt uns dieses Ergebnis nicht vermuten, dass überall im Gehirn solche „Bänder" liegen – Penfield hatte nur zufällig eines davon gefunden – und dass womöglich alles, was wir je erlebt haben, irgendwo da drin gespeichert ist?

Die moderne Gedächtnispsychologie interpretiert die Ergebnisse von Penfields Versuchen anders: Nicht die Erinnerung wurde abgerufen, sondern der Akt des Erinnerns. Das macht einen feinen Unterschied. Penfield hat demnach nicht auf die „Play-Taste" jenes hypothetischen Videorecorders im Kopf gedrückt, sondern er hat das Gehirn aufgefordert, etwas zu tun: Sich zu erinnern. Und „sich-erinnern" heißt, aus den Engrammen (den Gedächtnisspuren) eine Erinnerung zu *rekonstruieren*. Das heißt, wir basteln uns aus dem, was wir noch wissen, eine komplett neue Vorstellung. Meistens ist diese Erinnerung eine recht gute Abbildung dessen, was tatsächlich geschehen ist. Ich erinnere mich, heute morgen die Marmelade und nicht den Senf aus dem Kühlschrank genommen zu haben. Diese

Erinnerung dürfte wohl mit großer Wahrscheinlichkeit den Tatsachen entsprechen.

Manchmal unterlaufen uns dabei aber auch Fehler, die von leichten Abweichungen bis zu kompletten Neu-Konstruktionen gehen können. Wir merken das spätestens daran, dass wir uns manchmal mit anderen über den Ablauf gemeinsam erlebter Ereignisse uneins sind. Wie können wir dann wissen, was tatsächlich geschehen ist? Ein Bekannter von mir hat diese Frage für sich elegant gelöst: Er selbst erinnert sich immer richtig, nur das Erinnerungsvermögen anderer ist defizitär oder die anderen lügen. Wenn wir uns aber in Demut üben, müssen wir bei widersprüchlichen Erinnerungen zugeben, dass unsere eigene Erinnerung uns trügen kann, auch wenn wir keinen Grund wüssten, warum wir uns falsch erinnern sollten.

Ein Grund dafür liegt darin, wie Wissen und Erinnerungen überhaupt im Gedächtnis abgelegt werden. Schank und Abelson (1977) weisen dabei den so genannten *Skripts* eine große Rolle zu: Ein Skript ist eine Anweisung, was alles in eine Situation gehört. Fast alle von uns dürften z.B. ein Skript für „Restaurant" haben. Wir wissen, dass da Stühle und Tische sind, dass es eine Speisekarte und einen Kellner gibt, Tischdecken usw. Sobald Sie das Wort „Restaurant" gelesen haben, ist dieses Skript bei Ihnen aktiviert worden. Das Skript ist gewissermaßen das Kondensat Ihrer früheren Erfahrungen mit Restaurants (und sei es, dass sie Restaurants nur aus dem Fernsehen kennen). Das Interessante ist, dass wir solche Skripts zu Hilfe nehmen, wenn wir uns erinnern. Das Gehirn spart sich dadurch eine Menge Informationen, dass es Sachen, die sowieso immer mehr oder minder gleich ablaufen, weglassen kann. Es funktioniert ähnlich wie Programme zur Datenkomprimierung. Wenn Sie sich an Ihren letzten Besuch in einem Restaurant erinnern, dann muss sich Ihr Gedächtnis nicht jedes Detail aus diesem spezifischen Restaurant gemerkt haben, sondern nur das, was „besonders" an diesem Restaurant war (z.B. die schönen Kerzenleuchter). Trotzdem produziert Ihre Erinnerung ein detailliertes Bild vom Restaurantbesuch, weil die Lücken gewissermaßen mit den Standardelementen des Restaurant-Skripts gefüllt werden. Ihre Erinnerung ist also notwendigerweise eine Mischung aus dem speziellen Restaurantbesuch und all Ihren vorigen Erfahrungen mit Restaurants. Dies macht sich aber nur bemerkbar, wenn in Ihrer Erinnerung an den spezifischen Restaurantbesuch Elemente des Skripts „Restaurant" vorkommen, die bei jenem besonderen Restaurantbesuch eben *nicht* vorkamen: Zum Beispiel könnte es sein, dass Sie sich an eine Tischdecke erinnern, weil „Tischdecken" ein notwendiger Bestandteil ihres Restaurant-Skripts sind. Tatsächlich war damals aber keine Tischdecke auf ihrem Tisch.

Der so genannte Rückschaufehler hängt ebenfalls damit zusammen, dass Erinnern eine Tätigkeit ist und nicht ein bloßes Abrufen von Informationen. Ein typisches Experiment zum Rückschaufehler sieht so aus: Eine Person wird gefragt, wie hoch ihrer Meinung nach der Eiffelturm ist (oder wie lang die Bahnstrecke von Münster nach Bamberg, oder wie groß der größte Mensch der Welt oder...). Die Person gibt eine Antwort (z.B. „200 Meter"). Der Versuchsleiter informiert die Versuchsperson über die „wahre" Höhe (300 Meter). Einige Zeit später wird die Versuchsperson gebeten, sich daran zu erinnern, was sie beim ersten Mal auf die Frage, wie hoch der Eiffelturm sei, geantwortet habe. Das Ergebnis: Die Antwort der Versuchsperson beim Nachfragen „rutscht" auf die richtige Antwort zu und sie sagt z.B.: „Hm, die richtige Lösung habe ich damals nicht genannt, ich lag drunter, ich glaube, ich habe damals '250 Meter' gesagt...". Im Schnitt rutscht die Antwort beim zweiten mal um 30% auf die richtige Antwort hin. Dass dies keine bewusste Schönfärberei ist, mit dem Ziel, sich besser aussehen zu lassen, als man wirklich ist, zeigt ein Versuch von Hell et al. (1988): Die Versuchsleiter setzten einen Geldpreis für denjenigen aus, der sich beim zweiten mal am besten an seine erste Antwort erinnerte. Die Schätzungen der Versuchspersonen waren nur unwesentlich besser. Nicht einmal die ständige Rückmeldung über die „Güte" der eigenen Antwort verbesserte dieselbe: Versuchspersonen (die übrigens Experten für Gedächtnispsychologie waren), denen man nach jedem Durchgang sagte, wie sehr sie noch daneben lagen, gelang es nicht, dem Rückschaufehler entgegenzuwirken und die Genauigkeit ihrer Antworten zu verbessern. Und: Es muss noch nicht einmal die explizit *richtige* Antwort sein, die die Erinnerung an die frühere eigene Antwort verzerrt: Auch Versuchspersonen, denen man zwischen den beiden Fragen die „Antwort einer anderen Versuchsperson" genannt hatte („Eine andere Versuchsperson meint, der Eiffelturm sei 300 Meter hoch. Ob das stimmt, kann ich Ihnen aber nicht sagen.") wurden durch diese in ihrer Erinnerung beeinflusst.

Auch andere Informationen können das Urteil verzerren. Lässt man die Zeugen eines Autounfalls z.B. wissen, dass bei dem Unfall ein Schulbus in der Nähe gewesen sein *könnte*, so erinnern sich einige der Zeugen (15% bis 30%) später daran, tatsächlich einen Schulbus gesehen zu haben (obwohl er nicht da war, vgl. Loftus et al., 1978). Auch die Fragestellung beim Abruf der Erinnerung kann die Tätigkeit des Erinnerns beeinflussen.

Besonders krasse Beispiele sind Präsuppositionalfragen, also solche Fragen, die bereits etwas unterstellen, was noch gar nicht erwiesen ist (eine besonders plumpe Präsuppositionalfrage ist z.B. „Wann haben sie aufgehört, Ihre Frau zu schlagen?"). Aber auch subtilere Formen der (meist unwillentlichen) Beeinflussung sind folgenreich. Man *kann* fast gar nicht fragen, ohne bereits etwas zu unterstellen. Der Punkt ist der, dass der Fragesteller (z.B. der Vernehmungsbeamte) bereits nach den ersten Worten des Zeugen bei sich selbst Skripts aktiviert und damit auch Dinge bereits sieht, die bei dem Ereignis eventuell gar nicht vorkamen. In obigem Restaurant-Beispiel könnte die Frage z.B. lauten: „Tropfte Wachs vom Kerzenleuchter auf das Tischtuch?" Der Frager „sieht" (in seinem Skript) ein Tischtuch auf dem Tisch und baut es in seine Frage ein, obwohl da unter Umständen gar keines war. Da auch der Frager sich seiner Vorstellungswelt bedient, um Fragen zu formulieren, ist eine wirklich unvoreingenommene Befragung gar nicht möglich, so sehr sich der Frager auch bemühen mag.

Literaturtipp: Viele Anregungen für dieses Kapitel entnahm ich dem Artikel von Wolfgang Hell im erwähnten *Skeptiker*-Sonderheft zu „Wahrnehmungstäuschungen": Hell, W. (1999). *Gedächtnistäuschungen. Skeptiker, 12*, S. 155-164.

Diese Veränderungen der Erinnerung gegenüber dem Ereignis betreffen bei weitem nicht nur Details, sie sind manchmal ausschlaggebend für die Gesamteinschätzung des Ereignisses. So macht es einen Unterschied, ob man die Zeugen eines Unfalls fragt (Loftus, 1975):

(a) „Wie schnell waren die Autos, als sie miteinander Kontakt hatten?"
oder
(b) „Wie schnell waren die Autos, als sie ineinander krachten?"

Bei Frage (b) waren in den Antworten die Autos deutlich schneller als bei Frage (a).

Die Beeinflussung durch die Frage kann so weit reichen, dass sich die Person an komplette Ereignisse erinnert, die nie stattgefunden haben. Elisabeth Loftus (Loftus & Ketcham, 1995) konnte durch nur wenige Hinweise Kinder dazu bringen, sich daran zu erinnern, einmal im Einkaufszentrum verlorengegangen zu sein. Die Kinder lieferten detaillierte Beschreibungen, wie sie auf einmal allein waren (und wo sie dabei waren), zu weinen anfingen und schließlich von jemandem an die Hand genommen wurden usw. Nichts davon hatte je stattgefunden, dennoch ließen sich die Kinder anschließend nur schwer oder gar nicht davon überzeugen, dass man ihnen das Vorkommnis nur eingeredet hatte. Das Phänomen der falschen Erinnerungen ist durch zahlreiche Forschungen gut belegt. Oft genügen minimale Hinweise bzw. nur die Frage nach einem Ereignis, um die Versuchsperson falsche Erinnerungen produzieren zu lassen (z.B. Lampinen et al., 1997; Marsh & Hicks, 2001; Roediger & McDermott, 1995; Vernon & Nelson, 2000).

Der Hypnose werden bisweilen Wunderkräfte in Bezug auf das Gedächtnis zugeschrieben. So soll man sich unter Hypnose besser erinnern können. Stimmt das? Zunächst einmal sollte geklärt werden, was Hypnose eigentlich ist (vgl. Kossak, 1993). Sie ist nicht „Trance", nichts dem Schlaf oder anderem Vergleichbares. Auch ist es nicht der Hypnotiseur, der über besondere Kräfte verfügt. Eher noch der Hypnotisierte: 25% aller Menschen gelten als leicht hypnotisierbar, 50% als normal hypnotisierbar und 25% als nicht oder nur schwer hypnotisierbar. Vielmehr könnte man die Hypnose als eine Art „Spiel" umschreiben, eine Vereinbarung zwischen Hypnotiseur und Hypnotisiertem, dass letzterer die Verantwortung, für das, was geschieht, an ersteren abgibt und im Folgenden nur das tut, was der Hypnotiseur ihm sagt. Dieses „Tun" beinhaltet auch, dass der Hypnotisierte sich das vorstellt, was der Hypnotiseur ihm vorgibt. Hypnose ist eine besondere Form der Suggestion. Daraus folgt, dass der Hypnotiseur seinem Klienten nicht sagen kann, er solle etwas *nicht* tun, z.B. „Sie haben jetzt *keine* Angst!" Das funktioniert nicht, aus demselben Grund, aus dem es „funktioniert", wenn Wolfgang Hund (der erwähnte Skeptiker) den Zuhörern seiner Vorträge befiehlt, *nicht* an den Weihnachtsmann zu denken: Die Zuhörer denken natürlich an den Weihnachtsmann. Denn streng genommen kann man nicht jemandem befehlen, etwas *nicht* zu tun. So sagt der Hypnotherapeut auch zum Patienten des Zahnarztes, der ohne Betäubung behandelt wird, er solle an eine bestimmte schöne Situation denken und *nicht*, er solle „keine Schmerzen haben"!

Wenn wir uns die Hypnose als eine Vereinbarung vorstellen, das zu tun, was der Hypnotiseur sagt, wird mehrerlei klar: Zum einen können wir nicht gegen unseren Willen hypnotisiert werden. Wir müssen uns schon freiwillig darauf einlassen. Wenn bei dieser Freiwilligkeit ein gewisser Druck eine Rolle spielt (wie das z.B. bei der so genannten Show-Hypnose, wie sie in Discotheken bisweilen vorgeführt wird, der Fall ist), dann hat das nichts mit den Qualitäten der Hypnose als solcher zu tun, sondern der Druck findet bereits statt, wenn die Person noch nicht hypnotisiert ist. Zum anderen können wir nichts tun, was wir wirklich ablehnen würden: Dass Menschen unter Hypnose (speziell in der Showhypnose) bisweilen alberne Dinge tun, hat eher etwas damit zu tun, dass sie die Verantwortung für ihr Tun an den Hypnotiseur abgegeben haben und sich damit auch später rechtfertigen können. Es heißt nicht, dass Menschen unter Hypnose jemand anderen töten könnten; es sei denn, es spielen außer der Hypnose noch andere Faktoren eine Rolle, z.B. die Androhung von Gewalt etc. Und wiederum haben diese Faktoren nichts mit den Qualitäten der Hypnose als solcher zu tun.

Literaturtipp: Das Lehrbuch von Kossak gibt den Stand der Forschung zur klinischen Hypnose gut wieder: Kossak, H.-C. (1993). *Hypnose. Ein Lehrbuch.* 2., überarbeitete und erweiterte Auflage. Weinheim: Psychologie-Verlags-Union. Aus der Perspektive des Skeptikers behandelt Baker die Hypnose: Baker, R.A. (1990). *They Call it Hypnosis.* Amherst, NY: Prometheus Books.

Um auf die Ausgangsfrage zurückzukommen: Im Prinzip können wir uns unter Hypnose nicht an mehr Dinge erinnern, als sonst, denn wir *können* nicht mehr als ohne Hypnose; ebensowenig können wir unter Hypnose drei Meter hoch springen. Wenn wir etwas wirklich vergessen haben, dann können wir uns auch unter Hypnose nicht daran erinnern. Allein die Voraussetzungen, unter denen wir uns erinnern (denken Sie daran: Erinnern ist etwas, das man *tut*), kann die Hypnose beeinflussen. Zum Beispiel könnte es sein, dass wir uns unter Hypnose entspannen und dass uns deshalb etwas wieder einfällt, was wir vorher nicht mehr erinnern zu können glaubten.

Zum anderen erwächst aus der Hypnose eine Gefahr für die Echtheit der Erinnerung: Der Hypnotisierte tut das, was der Hypnotiseur möchte. Was ist, wenn der Hypnotiseur möchte, dass er sich an etwas „erinnert", was so nie stattgefunden hat? Was ist, wenn der Hypnotiseur den Hypnotisierten bittet, sich vorzustellen, „was gewesen sein könnte", und der Hypnotisierte ahnt, was der Hypnotiseur glaubt, dass gewesen ist? Wird er sich nicht – als gehorsamer Klient – den Wünschen fügen und sich die entsprechenden Szenen (z.B. als Kind vom Vater missbraucht worden zu sein) vorstellen? Und wenn man ihm sagt, dass das *wahr* ist, was er sich eben so lebhaft vorgestellt hat, wird er es nicht irgendwann glauben? Tatsächlich gibt es keine Möglichkeit, solche falschen Erinnerungen von echten unterscheiden zu können, außer durch externe Belege.[21] Echte und falsche Erinnerungen unterscheiden sich in ihrer „Anmutung" – der Art, wie man sie erlebt, wie sie sich „anfühlen" – durch nichts voneinander. Und tatsächlich

[21] Diese Einschätzung wird von der Mehrzahl der Forscher geteilt, von Ausnahmen abgesehen (z.B. Neuschatz et al., 2001).

gibt es zahlreiche Beispiele, wie falsche Erinnerungen unter Hypnose gesetzt wurden (z.B. Tayloe, 1995).

Erinnern ist, wie wir gesehen haben, alles andere als eine objektive Wiedergabe vergangener Ereignisse. Warum sollten wir auch eine riesige Menge an Daten, die wir höchstwahrscheinlich nie wieder brauchen, mit uns herumschleppen? Die Natur (bzw. die Evolution) hat uns nicht zu Videorecordern geschaffen. Aus dieser Perspektive genügt es, wenn wir ein paar Dinge wiedererkennen können – Futterquellen, gefährliche Tiere und Orte usw. Welchen Nutzen hätte Objektivität, welchen die Speicherung konkreter Situationen (nicht nur einiger weniger Merkmale)?

Aber seien Sie getröstet: Dass Ihnen beim Erinnern sehr leicht Fehler unterlaufen, *macht* in der Regel *nichts*. Wenn nicht gerade ein organischer Schaden vorliegt, funktioniert das Gedächtnis bei uns allen so gut, dass wir mit alltäglichen Situationen in der Regel problemlos zurechtkommen. Nur bei außergewöhnlichen Situationen, bei denen es wirklich auf Details ankommt, stoßen wir an seine Grenzen. Ebenso ist unsere Erinnerung im Großen und Ganzen akkurat – wenn wir nicht durch irgendetwas beeinflusst werden. Nur leider sind die Möglichkeiten, willentlich oder unwillentlich beeinflusst zu werden, so zahlreich, dass wir die Beeinflussung unserer Erinnerung nie ganz ausschließen können.

Die Lösung dieses Dilemmas habe ich schon weiter oben in diesem Buch angedeutet: Wenn es darauf ankommt, ziehen Sie externe Belege hinzu: Aussagen anderer, „Beweisstücke“ usw. Wenn Sie im voraus wissen, dass die spätere Erinnerung wichtig sein könnte, führen Sie Tagebuch, protokollieren Sie die Ereignisse unmittelbar, benutzen Sie Tonbandgeräte oder Videoaufnahmen usw. Diese Hilfsmittel sind keine Garantie gegen Fehler in der Erinnerung, aber sie sind eine wichtige Stütze.

Fallbeispiel: Verdrängte Erinnerungen

I. Worum geht es eigentlich?

Der Begriff „Verdrängung“ ist einer der am häufigsten benutzten psychologischen (genauer: psychoanalytischen) Fachausdrücke. Wenn wir jedoch scherzhaft sagen „Das hab’ ich verdrängt!“, wenn wir an etwas Unangenehmes oder Peinliches erinnert werden, dann meinen wir eigentlich, dass wir uns nicht daran erinnern *wollen*. Das ist nicht „Verdrängung“.

Verdrängen ist auch nicht einfach Vergessen. Es gab lange Zeit zwei konkurrierende Vergessenstheorien, die Zerfallstheorie und die Interferenztheorie. Nach der Zerfallstheorie zerfallen Gedächtnisinhalte nach und nach, wenn sie nicht immer wieder mal aufgerufen werden. Die Erinnerung wird immer ungenauer und ist irgendwann weg. Die Interferenztheorie besagt, dass wir nur dann etwas vergessen, wenn neue Inhalte die alten verdrängen. Man kann sich nach dieser Theorie das Gedächtnis wie eine Bank vorstellen, auf der Akten liegen. In der Kanzlei des deutschen Reiches wurden tatsächlich Akten so zwischengelagert. Wenn ein Vorgang lange nicht bearbeitet worden war, dann hatte man ihn „auf die lange Bank geschoben“ (daher die Redewendung). Stellen wir uns unser Gedächtnis als so eine Bank vor: Irgendwann ist die Bank voll und jede weitere Akte, die an einem Ende darauf geschoben wird, lässt am anderen Ende eine Akte herunterfallen.

Mittlerweile hat man herausgefunden, dass diese beiden Theorien sich nicht gegenseitig ausschließen. Die Interferenztheorie gilt eher für das Kurzzeitgedächtnis, die Zerfallstheorie für das Langzeitgedächtnis. Wenn eine Akte auf der Bank (= Kurzzeitgedächtnis) also nicht irgendwann mal ins Archiv (= Langzeitgedächtnis) gebracht wird, dann wird sie früher oder später runterfallen, es sei denn, jemand legt sie immer wieder an den Anfang der Bank. Für die Akten im Archiv besteht jedoch die Gefahr, dass sie nach und nach zerfallen, dass sie sich auflösen. Es sei denn, sie werden ab und an wieder hervorgeholt und restauriert (wobei es bei jeder Restaurierung geschehen kann, dass die Akte unbeabsichtigt verändert wird). Wenn nicht, zerfällt die Akte und ist dann auch restlos und für immer verloren. Die Archiv-Metapher beschreibt ganz gut, was im Gedächtnis passiert.

Daraus wird klar, dass Verdrängung nicht Vergessen ist, denn Verdrängung beinhaltet, dass der Gedächtnisinhalt nur vorübergehend nicht verfügbar ist. Sie ist damit auch zu unterscheiden vom „motivierten Vergessen“, vom willentlichen Vergessen. Wenn wir etwas vergessen wollen, dann vermeiden wir es, an den Vorfall zu denken und rufen ihn nicht immer wieder auf. Wir lassen den Gedächtnisinhalt gewissermaßen absichtlich zerfallen.

Verdrängung bedeutet also, dass bestimmte Erinnerungen eine gewisse Zeit lang nicht verfügbar sind, dann aber wieder da sind. Man spricht daher auch nicht von Verdrängung, wenn man sich an einen ganzen Zeitabschnitt nicht erinnern kann, also einen „Blackout“ hatte. Bei einem Blackout war die Person zum Zeitpunkt des Vorfalls nicht bei vollem Bewusstsein: Die Information konnte vom Gehirn gar nicht verarbeitet werden, sie ist nicht gelernt (bzw. gespeichert) worden, also kann sie auch nicht vergessen werden. Häufig passiert so etwas bei Alkoholvergiftungen und Unfällen mit Hirnverletzungen.

Die retrograde Amnesie (der rückwirkende Gedächtnisverlust) ist ebenfalls nicht „Verdrängung“: Die retrograde Amnesie ist Bestandteil vieler so genannter degenerativer Erkrankungen des Gehirns. Vereinfacht ausgedrückt, zerfällt dabei das Gehirn nach und nach. Davon ist auch das Gedächtnis betroffen, welches zeitlich nach hinten wegbricht. Stellen sie sich das Archiv des Langzeitgedächtnisses zeitlich geordnet vor: Ganz vorne sind die neuesten Akten, weiter hinten die älteren. Bei der retrograden Amnesie frisst sich gewissermaßen ein Wurm von vorne nach hinten durch die Akten und vernichtet sie dabei. So verschwinden nach und nach erst die neueren Akten, dann die älteren. Die Folge davon ist, dass sich die Person nicht mehr an frühere Ereignisse erinnert, bis zu einem bestimmten Punkt in ihrer Vergangenheit (wo der Wurm zu fressen aufgehört hat). Oliver Sacks (1990) beschreibt in seinem Buch *Der Mann der seine Frau mit einem Hut verwechselte* den Fall des „verlorenen Seemanns“. Der Seemann litt am so genannten Korsakow-Syndrom, bei dem (oft als Folge von chronischem Alkoholmissbrauch) eine solche retrograde Amnesie auftritt und die Person unfähig ist, neue Informationen im Langzeitgedächtnis zu speichern. Sacks’ Patient war über fünfzig Jahre alt, meinte aber dennoch, erst zwanzig Jahre und gerade aus der Marine entlassen worden zu sein. Bilder von Ereignissen, die in der Zwischenzeit stattgefunden hatten (wie die Mondlandung), oder gar der Anblick seines gealterten Gesichts im Spiegel, verwirrten und erschreckten den Patienten (der sich allerdings bald darauf nicht mehr daran erinnern konnte).

Literaturtipp: Sacks, O. (1990). *Der Mann der seine Frau mit einem Hut verwechselte*. Reinbek: Rowohlt. Neuropsychologe Oliver Sacks beschreibt hier einige bemerkenswerte Fälle aus seiner Praxis, die zeigen, wie sehr wir vom richtigen Funktionieren unseres Gehirns abhängen.

Die retrograde Amnesie zählt im „Diagnostisch-Statistischen Manual“ (der vierten Auflage, dem DSM-IV; Saß et al., 1998) zu den „Amnestischen Störungen“, den Störungen des Gedächtnisses im engeren Sinne. Das DSM ist der Diagnose-Leitfaden der amerikanischen Psychiater-Vereinigung. Hier sind die möglichen Formen psychischer Erkrankungen aufgeführt, zusammen mit den Kennzeichen (Symptomen) dieser Krankheiten. Im DSM kann beispielsweise der Psychotherapeut nachsehen, wie ein bestimmtes Erscheinungsbild einer Krankheit bezeichnet wird, damit er so mit seinen Kollegen einfacher darüber reden kann.

Zu diesen amnestischen Störungen gehören neben der retrograden Amnesie einige andere Störungen des Gedächtnisses. Diese werden aber alle auf organische Ursachen zurückgeführt, also Hirnverletzungen oder Vergiftungen. Sie sind somit auch keine Fälle von „Verdrängung“, denn was der Amnesie anheim fällt, ist für immer verloren.

Bei den „psychisch bedingten Formen von Gedächtnisverlust“[22] könnten wir schon eher fündig werden: Das Vergessen bezieht sich hier auf wichtige persönliche Informationen, oft in Zusammenhang mit einem Trauma, einer psychischen „Verletzung“ (z.B. durch ein Gewaltverbrechen). Das Vergessen muss das Ausmaß normaler Vergesslichkeit übersteigen. Vergessen, wo man seine Uhr hingelegt hat, zählt also nicht dazu. Das Vergessen ist reversibel, d.h. die Informationen können prinzipiell wiederkommen. Und: Es kann ausgeschlossen werden, dass nicht eine der oben erwähnten organischen Ursachen dafür verantwortlich ist. Soweit die Definition im „DSM-IV“.

Prinzipiell könnte also die Verdrängung unter die psychisch bedingten Formen des Gedächtnisverlustes fallen. Jedoch müssen wir beachten: Das DSM ist keineswegs eine Sammlung unbedingt abgesicherter wissenschaftlicher Erkenntnis. Viele Diagnosen sind letztendlich nur das Ergebnis der Einschätzung von klinischen Praktikern, und diese mussten ihre Überzeugung von dem, was eine „Krankheit“ ist, schon mehrfach ändern. Dennoch scheint es wohl einige gut dokumentierte Fälle von traumatischer bzw. dissoziativer Amnesie zu geben.

Doch diese Amnesien zeichnen sich auch dadurch aus, dass die Person in der Regel noch mehr Informationen als nur die Umstände des traumatischen Ereignisses, z.B. eines Gewaltverbrechens, vergisst, so oft auch den eigenen Namen und die Adresse. Zudem kehren die Erinnerungen bald wieder. Und: „Das Opfer weiß, dass es einen bedeutsamen Teil seiner Vergangenheit verloren hat“ (Loftus & Ketcham, 1995, S. 277). All dies macht die „dissoziativen Amnesien“ wieder als Kandidaten für „Verdrängung“ im strengen Sinne ungeeignet.

Was aber ist denn dann nun „Verdrängung“? Es war Sigmund Freud, der Begründer der Psychoanalyse, der diesen Begriff populär machte. Ein Blick auf Freuds Artikel „Die Verdrängung“ scheint angeraten:

Freud (1915/*1946*) sieht in der Verdrängung „ein Mittelding zwischen Flucht und Verurteilung“ (S. 248). Einem belastenden äußeren Reiz kann man sich durch Flucht entziehen: Wenn ich die scheußliche Musik nicht

[22] Im DSM-IV als „dissoziative Amnesie" bezeichnet.

hören will, gehe ich aus dem Zimmer. Dagegen lässt sich der Anspruch eines Triebes durch „Urteilsverwerfung" zurückweisen: Spüre ich in mir den heftigen Impuls, Schokolade zu essen, so liegt es an mir, ob ich dem Impuls nachgebe oder ihn zurückweise. Die Urteilsverwerfung besteht im bewussten Zurückweisen des Triebes („Nein, ich esse jetzt keine Schokolade!"). Die unreife Form dieser Urteilsverwerfung ist die Verdrängung.

Wenn man mit einem Impuls nicht zurechtkommt, es nicht schafft, ihn zu verwerfen, dann kann man ihn auch verdrängen. Das sieht z.B. so aus: Das Kind verfügt nach Freud noch nicht über ein starkes „Ich", das mit jedem Triebanspruch (Impuls) fertig wird. Darum können sich Kinder nicht so gut beherrschen wie Erwachsene und greifen beispielsweise impulsiv nach der Schokolade, auch wenn sie eigentlich nicht dürften. Manche Triebansprüche werden aber mit Strafe bedroht: Im schlichten Fall des Wunsches nach Schokolade könnte das Kind was auf die Finger bekommen, wenn es seinem Triebanspruch einfach nachgibt. Andere Triebansprüche sind von massiveren Strafen bedroht. So hat das Kind, nach Freud, den Wunsch, mit dem gegengeschlechtlichen Elternteil zu schlafen: Der kleine Junge möchte gerne mit seiner Mutter schlafen, das kleine Mädchen gerne mit dem Vater. Solchen Wünschen *kann* das Kind nicht nachgeben. Es ist andererseits aber auch noch nicht so reif, diesen Wunsch zu verwerfen („Das lasse ich lieber sein!"). Also verdrängt es.

Wie geht diese Verdrängung nun vonstatten? Ihr Wesen besteht in der „*Abweisung und Fernhaltung vom Bewussten*" (S. 250), also nicht nur im bloßen Vergessen: „Man darf sich den Verdrängungsvorgang nicht wie ein einmaliges Geschehen mit Dauererfolg vorstellen, etwa wie wenn man etwas Lebendes erschlagen hat, was von da an tot ist; sondern die Verdrängung erfordert einen anhaltenden Kraftaufwand, mit dessen Unterlassung ihr Erfolg in Frage gestellt wäre, so dass ein neuerlicher Verdrängungsakt notwendig würde." (S. 253)

Das Kind wird mit dem Triebanspruch nicht fertig, also verbannt es ihn aus seinem Bewusstsein. Dadurch wird die Vorstellung, die mit dem Triebanspruch in Verbindung stand, beendet. Das heißt, das Kind weiß jetzt nicht mehr, dass es je mit Mama oder Papa schlafen wollte. Der Triebanspruch ist jedoch nicht beseitigt. Denn die mit diesem Triebanspruch verbundene „psychische Energie" besteht weiterhin fort und wirkt unbewusst.

Stellen Sie sich vor, Sie sehen im Vorbeigehen im Schaufenster leckere Schokolade liegen. Daraufhin entsteht in Ihnen Hunger auf Schokolade (das ist der Triebanspruch). Dieser Hunger auf Schokolade besteht gewissermaßen aus der Vorstellung von Schokolade und dem Hunger, d.h. einer mehr oder minder unspezifischen Unruhe (das wäre die Triebenergie). Verdängen hieße nun, dass Sie die Vorstellung von Schokolade (vorübergehend) vergessen. Trotzdem besteht die unspezifische Unruhe, der Hunger, weiter. Ein Folge davon kann sein, dass die Person Symptome einer psychischen Erkrankung entwickelt. Stellen Sie sich die Psyche nach Freud wie einen Dampfkessel vor: Die Triebenergie ist der Dampf. Der Dampf sucht einen Ausweg aus dem Kessel. Da der normale Weg (Triebanspruch befriedigen, Schokolade essen, mit Mutter schlafen) versperrt ist, sucht sich der Dampf einen anderen Weg, z.B. durch ein Leck im Kessel. Dieser andere Weg ist die Ausbildung von Symptomen, z.B. Depressionen oder Ängsten.

Zweck der psychoanalytischen Methode ist es nicht zuletzt, die Verdrängung zu beenden. In den Gesprächen mit dem Analytiker, durch die Deutung von Träumen und anderes mehr holt der Patient wieder die Vorstellungen aus dem Unbewussten hervor. Dadurch werden die verdrängten Vorstellungen wieder bewusst, die Symptome verschwinden und die Psyche arbeitet wieder effizienter.

Die Freudsche Idee der Verdrängung wurde in der breiten Öffentlichkeit aufgenommen und verändert. Zum einen ist sie in die Alltagssprache eingedrungen. Jedoch, mit dem saloppen Spruch „Das hab' ich verdrängt!" meinen wir bekanntlich eher ein „Sich-Nicht-Erinnern-*Wollen*". Der Vorfall ist nach wie vor dem Bewusstsein zugänglich, wir mögen nur nicht gerne daran denken. Zum anderen hat sie in die „Pop-Psychologie" Eingang gefunden.

Aber auch viele ausgebildete Psychotherapeuten verstehen unter Verdrängung nicht mehr genau das, was Freud darunter verstanden hat. Für sie ist die Verdrängung vor allem die Verdrängung eines belastenden, angstauslösenden Ereignisses.[23] Das Ereignis ist aber nicht endgültig vergessen worden, sondern ins Unbewusste (oder „Unterbewusstsein" – ein Ausdruck, den Freud selbst nie benutzt hat) verdrängt worden. Hier stört es nun – wie bei Freud angenommen – den psychischen Haushalt und ruft allerlei Symptome, wie Essstörungen oder Depressionen, hervor. Diese Angst vor dem Ereignis kann wieder weggenommen werden. Die Person wird in der Therapie, z.B. indem sie sich unter Hypnose daran „erinnert",

[23] Bei Freud hingegen war der Ausgangspunkt ein Triebanspruch, also z.B. der Wunsch des Knaben, mit der Mutter zu schlafen. Die Angst resultiert erst aus der Verdrängung dieses Wunsches.

befähigt, mit der Erinnerung umgehen zu können. Sodann kehrt auch die bewusste Erinnerung daran zurück. Wenn Sie die Story des Hitchcock-Filmes *Ich kämpfe um Dich* (mit Ingrid Bergmann als Analytikerin und Gregory Peck als Patienten) kennen, dann haben Sie ein recht gutes Bild von diesem populärpsychologischen Konzept von „Verdrängung".

Das alles lässt sich in drei Punkten zusammenfassen:

1. Verdrängung ist das selektive Vergessen von Erinnerungen, die für das Individuum unangenehm sind. Das heißt, es wird nicht einfach alles, was in einem bestimmten Zeitabschnitt passiert ist, vergessen, sondern nur die unangenehmen Ereignisse selbst.
2. Verdrängung ist nicht willkürlich kontrollierbar. Man spricht nicht von Verdrängung, wenn man an etwas nicht erinnert werden *möchte*, nicht mehr daran denken *möchte* usw.
3. Verdrängte Erinnerungen werden nicht einfach vergessen und sind dann verloren. Sie werden im Unbewussten gespeichert und können wieder abgerufen werden, wenn die Angst, die mit ihnen verbunden ist, wegfällt.

Also: Verdrängung meint nicht einfach das Vergessen von Gedächtnisinhalten und beinhaltet vor allem nicht die banale Möglichkeit, dass man sich an etwas, das man „vergessen" hatte, wiedererinnern kann. „Verdrängung" ist das unwillkürliche, vollständige (aber vorübergehende) Vergessen von Etwas, *weil* dieses Etwas bedrohlich oder angsteinflößend ist. Zudem beinhaltet „Verdrängung", dass dieses Etwas wieder erinnert werden kann, wenn die damit verbundene Angst oder unangenehme Empfindung wegfällt.

Die Frage lautet: Gibt es diese Verdrängung?

II. Was wird behauptet?

Es wird behauptet, dass es so einen Mechanismus wie Verdrängung gibt.
ES: Verdrängung gibt es.

Die Hypothese lautet, dass das ES wahr ist.
H: Das Erklärungssystem ist wahr.

Was muss vorliegen, damit das Ergebnis eintreten kann?
IC: Eine Person.

Dieser Person widerfährt etwas:
AC: Die Person hat ein unangenehmes oder angsteinflößendes Erlebnis.

Das Ergebnis ist, dass sie es verdrängt:
P: Die Person kann sich an das unangenehme Erlebnis nicht erinnern. Erst, wenn die Ursache der Angst wieder wegfällt, erinnert sie sich wieder daran.

Zusammengefasst:
Wenn [es Verdrängung wirklich gibt (H) und eine Person (IC) ein unangenehmes oder angsteinflößendes Erlebnis hat (AC)], dann wird sich diese Person so lange nicht an dieses Ereignis erinnern können, wie die Ursache der Angst fortbesteht (P).

III. Welche Gründe werden angeboten, um die Behauptung zu stützen?

In dieser harten Form ist der Anspruch natürlich nicht aufrecht zu erhalten. Auch den Befürwortern der Verdrängung ist klar, dass wir uns an bestimmte unangenehme Ereignisse sehr wohl ständig erinnern können. Dennoch müsste sich so etwas wie eine Tendenz feststellen lassen, dass unangenehme Ereignisse schlechter erinnert werden als angenehme. Hierzu wurden zahlreiche Experimente durchgeführt.

IV. Wie gut wird die Behauptung gestützt?

Geht das Ergebnis logisch aus den Ausgangsbedingungen hervor?
Diese Frage können wir bejahen: Wenn das Gedächtnis wirklich so funktioniert, dann sollten wir unangenehme Ereignisse eher vergessen als angenehme, uns aber an diese wieder erinnern können, wenn sie nicht mehr unangenehm sind.

Wie wahrscheinlich ist das Ergebnis unter der Voraussetzung, dass die Hypothese falsch ist?
Es ist auch ohne Verdrängung wahrscheinlich, dass wir uns an unangenehme Dinge weniger gut erinnern als an angenehme. Wir denken öfter an angenehme als an unangenehme Erlebnisse, daher haben unangenehme Erinnerungen größere Chancen zu zerfallen als angenehme. Sie wären dann aber gänzlich weg: Das ist nicht Verdrängung. Wenn das Ergebnis eintritt, dann war es also schon so etwas wie Verdrängung.

War klar, welches Ergebnis als eine Bestätigung genügt und welches nicht?
Nein, eigentlich nicht so recht. Das Konzept von Verdrängung beinhaltet viele unbeobachtbare Variablen: Alles spielt sich im Geiste ab und das

wichtigste davon auch noch im Unbewussten. Daraus folgt, dass es keine oder unzählige Möglichkeiten gibt, Verdrängung zu „operationalisieren". Die empirische Psychologie fordert aber, dass Theorien *eindeutig* operationalisierbar sein müssen, d.h. dass man aus Ihnen ableiten können muss, was konkret beobachtet werden kann, wenn die Theorie richtig ist. Unbewusstes ist nicht beobachtbar. Für die Verdrängung (und viele andere Bestandteile der Psychoanalyse und der Tiefenpsychologie) gibt es keine solchen eindeutigen Operationalisierungen. Wir müssen uns selbst überlegen, was der Fall sein müsste, wenn es Verdrängung wirklich gibt. Wenn wir mit unserer Analyse zu dem Ergebnis kommen, dass es Verdrängung nicht gibt, kann ein Befürworter der Verdrängung immer noch sagen, wir hätten Verdrängung ja auch ganz falsch verstanden (unsere Operationalisierung sei nicht angemessen gewesen).

Zudem sind viele Begriffe interpretierbar: Was ist z.B. ein unangenehmes oder angsteinflößendes Ereignis? Unangenehm wird ein Ereignis erst *für eine bestimmte Person*. Unangenehm ist nichts von sich aus. Was heißt „vorübergehend vergessen"? Nur nicht daran gedacht haben oder sich beim besten Willen nicht daran erinnern können? Manche Dinge vergessen wir so, dass sie aktiv nicht mehr aufrufbar sind: Ich kann mich insofern nicht mehr an die Namen meiner Klassenkameraden aus der Grundschule erinnern. Trotzdem können sie noch passiv abrufbar sein, wir können sie unter bestimmten Umständen wiedererkennen: Wenn ich eine Liste mit den Namen meiner damaligen Mitschüler sehe, werden mir sicher einige davon vertraut vorkommen. Habe ich die Namen nun vorübergehend vergessen oder nicht?

Verdrängter Missbrauch

Das Konzept der Verdrängung war lange Zeit eher unbedeutend. Bis in den achtziger Jahren immer öfter Fälle ans Licht kamen, die man sich zunächst nur als Verdrängung erklären konnte (Bass & Davis, 1990). Vornehmlich erwachsene Frauen erinnerten sich in einer Therapie daran, als Kinder von ihren Bezugspersonen sexuell missbraucht worden zu sein. Oft wurde in diesen Therapien Hypnose eingesetzt, über deren Gefahren für die Echtheit von Erinnerungen ich bereits berichtet habe. Die Frauen gaben an, dass sie sich lange Zeit hindurch nicht an diesen Missbrauch erinnert hatten. Waren dies Fälle von Verdrängung? Die Befürworter der Verdrängung verweisen darauf, dass bisherige Forschungen zur Verdrängung für diese „traumatische Verdrängung“ bedeutungslos seien. Im Bereich traumatischer Erfahrungen spielten andere Gesetze eine Rolle als in Alltags- und Laborsituationen. Skeptiker der These vom verdrängten Missbrauch führen die Unzuverlässigkeit von Erinnerungen unter Hypnose an. Zudem sei in vielen Fällen entweder nicht klar, ob der Missbrauch tatsächlich stattgefunden hat oder ob er wirklich „vergessen“ worden war. Alles in allem berufen sich Anhänger der These vom verdrängten Missbrauch in letzter Zeit weniger auf Verdrängung im Sinne Freuds, sondern auf andere Mechanismen, z.B. die so genannte „Dissoziation“, das Abspalten von Persönlichkeitsanteilen aufgrund von traumatischen Erinnerungen. Die Debatte wird mit großem emotionalen Engagement geführt: Auf der einen Seite stehen die mutmaßlichen Opfer und ihre Fürsprecher, auf der anderen Seite Eltern, die sich zu Unrecht des sexuellen Missbrauchs bezichtigt fühlen und ihre Anwälte und Gutachter – vornehmlich eher „traditionelle“ Gedächtnisforscher.

Literaturtipp: Die Sammlungen von Baker (1998) und Ceci und Bruck (1995) liegen leider nur auf Englisch vor: Baker, R.A. (1998). *Child Sexual Abuse and False Memory Syndrome*. Amherst, NY: Prometheus. Ceci, S.J. & Bruck, M. (1995). *Jeopardy in the Courtroom*. Washington: American Psychological Association. Auf Deutsch erschienen ist das Buch von Elisabeth Loftus und Katherine Ketcham: Loftus, E. & Ketcham, K. (1995). *Die therapierte Erinnerung. Vom Mythos der Verdrängung bei Anklagen wegen sexuellen Mißbrauchs*. Hamburg: Klein.

Ich habe es bewusst vermieden, in dieser Analyse des Falles „Verdrängung“ auf die Verdrängung von traumatischen Erlebnissen wie sexuellem Missbrauch einzugehen. Zum einen fehlt mir hier die Bereitschaft, mich denselben Angriffen auszusetzen, die jeden treffen, der versucht, dieses Thema skeptisch zu untersuchen. Zum anderen ist die Diskussion mittlerweile so komplex, dass sie nicht mehr im Rahmen eines Fallbeispiels angemessen dargestellt werden kann. Ich empfehle die angeführte Literatur, um sich mit der Materie vertraut zu machen.

Wie gut sind die angebotenen Belege (für sich)?

Holmes (1990), auf den ich mich im Folgenden beziehe, betrachtete die empirische Forschung zur Verdrängung. Erste Experimente (z.B. Jerslid, 1931; Meltzer, 1931) schienen die Vermutung zu bestätigen, dass sich Menschen weniger leicht an unangenehme Ereignisse erinnern können als an angenehme. Weitere Untersuchungen (z.B. Menzies, 1936; Waters & Leeper, 1936) ergaben, dass die Rate des Wiedererinnerns eher mit der *Stärke* der beteiligten Gefühle zusammenhängt, als mit der *Qualität* des

Ereignisses: „Aufregende“ Ereignisse werden besser erinnert. Dennoch blieb unklar, wie der Umstand zu erklären ist, dass im Alltag die *unangenehmen* Ereignisse schlechter erinnert werden als die angenehmen. Experimente von Holmes (1970) und D'Zurilla (1965) konnten zeigen, dass hier weniger Verdrängung wirkt als vielmehr eine Art Nachbearbeitung: Unangenehme Erfahrungen werden später bearbeitet und selbstwertschonend in neutrale Erfahrungen umgedeutet. Die Neutralisierung erleichtert das Vergessen. Dagegen beschäftigen sich Menschen mit positiven Gedanken (Matlin & Stang, 1978) häufig und gern, so dass diese eher erhalten bleiben.

Wenn es Verdrängung gäbe, könnte man zudem erwarten, dass bestimmte Persönlichkeitseigenschaften mit der Rate des Wiedererinnerns zusammenhängen müssten: „Hysteriker“ neigen gemäß der psychoanalytischen Theorie mehr zur Verdrängung als andere. Es sollte daher auch einen Unterschied bezüglich der Erinnerung an unangenehme Ereignisse geben; Hysteriker sollten sich an diese schlechter erinnern können als Nicht-Hysteriker. Dies ist aber nicht der Fall. Auch bei keiner anderen relevanten Persönlichkeitseigenschaft konnten Unterschiede gemäß der Theorie gefunden werden (Holmes, 1973).

Die Forschung zur Verdrängung erhielt durch die Gestaltpsychologie neuen Auftrieb. Wir haben bereits im Kapitel über „Wahrnehmungstäuschungen“ über die „mustersuchende“ Natur der Wahrnehmung berichtet. Die Gestaltpsychologie, wie sie vor allem in den zwanziger Jahren des letzten Jahrhunderts in Deutschland betrieben wurde, beschäftigte sich damit, die Gesetze der Gestaltwahrnehmung in allen Bereichen zu erforschen. Gemäß der Gestaltpsychologie stellt eine nicht vollendete Aufgabe eine auffälligere „Gestalt“ dar als eine vollendete. Durch die Nicht-Vollendung einer Aufgabe wird diese „markiert“ und so beim Bearbeiter eine Art Spannung erzeugt. Man sollte sich daher leichter an nicht-vollendete Aufgaben als an vollendete erinnern können. In den ersten Tests konnte diese Hypothese bestätigt werden; man nennt dieses Phänomen den „Zeigarnik-Effekt“ (vgl. Zeigarnik, 1927). Jedoch gab es bemerkenswerte Ausnahmen, die dem zu widersprechen schienen. In einigen Experimenten wurden nicht-vollendete Aufgaben *weniger* gut erinnert als vollendete. Diese Ausnahmen wurden damit erklärt, dass das Nicht-Vollenden einer Aufgabe von den Versuchspersonen als „Fehler“ gewertet wurde. Die damit verbundene negative Emotion würde zu einer Verdrängung der Erinnerung an diese Aufgabe führen.

Gewöhnlich handelte es sich bei den Aufgaben in diesen Experimenten um vorgebliche Intelligenz-Tests – was den Stress auf die Teilnehmer noch zusätzlich verstärkte. Zur Prüfung dieser Vermutung wurden Versuche (u.a. Eriksen, 1952; Tudor & Holmes, 1973) mit zwei Gruppen von Teilnehmern durchgeführt. In der einen Gruppe sollten die Teilnehmer eine Aufgabe unter Stressbedingungen bearbeiteten (die Aufgabe wurde als Intelligenz-Test bezeichnet). In der anderen Gruppe sollte die Aufgabe mit wenig Stress bearbeitet werden (dieselbe Aufgabe wurde hier als unbedeutend bezeichnet). In beiden Gruppen konnten einige Teilnehmer die Aufgabe vollenden, einige nicht. Unter der Bedingung mit wenig Stress gab es keine Unterschiede in der Erinnerung an vollendete und unvollendete Aufgaben, d.h. die Versuchspersonen erinnerten sich an beide Aufgaben gleich gut. Dagegen gab es einen Unterschied in der Gruppe mit den hohen Stressbedingungen. Hier erinnerten sich die Versuchspersonen eher an die vollendeten als an die unvollendeten Aufgaben. Man könnte diese Ergebnisse so interpretieren, dass hier Verdrängung am Werk war: Das stressvolle Nicht-Beenden eines Intelligenztests wird verdrängt, dass stressfreie Nicht-Beenden einer unbedeutenden Aufgabe wird dagegen weiter erinnert.

Es gäbe allerdings eine alternative Erklärung für die Ergebnisse: Die Versuchspersonen haben die nicht-vollendete Aufgabe nicht so lange bearbeitet wie die vollendete, daher haben sie sie auch nicht so gut *gelernt* wie diese. Selektives *Lernen* würde hier also verwechselt werden mit selektivem *Erinnern*. Diese Vermutung wurde geprüft (Caron & Wallach, 1957), indem in einem weiteren Experiment ein Teil der Versuchspersonen *aufgeklärt* wurde: D.h. man sagte diesen Versuchspersonen, dass es sich gar nicht um einen Intelligenztest gehandelt habe. Nach der Theorie der Verdrängung müsste der Wegfall der Stressbedingung und der damit verbundenen negativen Emotionen zum Wiedererinnern der nicht vollendeten Aufgaben führen. Dagegen sollten sich die anderen Versuchspersonen, die *nicht* über die wahre Natur des angeblichen Intelligenztests aufgeklärt worden waren, nach wie vor nur schlecht an die nicht-vollendete Aufgabe erinnern können. Jedoch gab es keinen solchen Unterschied. Auch diejenigen Versuchspersonen, die aufgeklärt worden waren, konnten sich nun nicht genausogut an die unvollendeten wie an die vollendeten Aufgaben erinnern. Tatsächlich handelte es sich also lediglich um ein unterschiedlich gutes Lernen von vollendeten bzw. nicht vollendeten Aufgaben.

Die Annahme, verdrängtes Material könne wiedererinnert werden, wenn die Ursache der negativen Emotion wegfalle, wurde jedoch weiter getestet. In einigen Untersuchungen (z.B. Flavell, 1955; Merill, 1954) wurde den Teilnehmern z.B. erklärt, ihre Antworten auf die von ihnen bearbeiteten Aufgaben ließen auf eine Persönlichkeitsstörung schließen (= negatives Feedback; Psychologen können manchmal sehr gemein sein...). Anderen Teilnehmern, die dieselben Aufgaben bearbeitet hatten, wurde eine neutrale Rückmeldung gegeben. Daraufhin wurde ihre Erinnerung an die Fragen getestet. Dabei schnitten die Teilnehmer, die eine negative Rückmeldung erhalten hatten, schlechter ab als die Teilnehmer, die ein neutrales Feedback erhalten hatten. Anschließend wurden die Teilnehmer aufgeklärt und nun konnten sich wieder alle Teilnehmer gleichermaßen gut an die Fragen erinnern. Dies stellt wiederum zunächst eine Bestätigung der Verdrängungshypothese dar.

Könnte es nicht aber sein, dass das zunächst schlechte Erinnern ganz einfach auf den Stress zurückzuführen ist? D.h. die Versuchspersonen in der Bedingung mit negativem Feedback könnten beim ersten Erinnern mehr mit Gedanken über ihr Testergebnis beschäftigt gewesen sein als mit der Konzentration auf das Abrufen von Gedächtnisinhalten. Holmes (1972) erweiterte daher dieses Untersuchungsdesign um eine weitere Gruppe. Diesen Versuchspersonen wurde berichtet, ihre Ergebnisse ließen auf *besonders wünschenswerte* Charakterzüge schließen (= positives Feedback). Jetzt zeigte sich, dass auch diese Gruppe von Versuchspersonen beim ersten Erinnern – ehe sie aufgeklärt wurde – ungefähr so (schlecht) abschnitt wie die Versuchspersonen der Gruppe mit negativem Feedback. Nach der Aufklärung schnitten alle Versuchspersonen wieder ungefähr gleich ab. Natürlich kann dieses Ergebnis auch bedeuten, dass bei den Versuchspersonen mit negativem Feedback trotzdem „Verdrängung“ am Werk war und bei den Versuchspersonen mit positivem Feedback dagegen das oben erwähnte Nachdenken über die Bedeutung des Testergebnisses stattfand. Jedoch ist es theoretisch weitaus sparsamer anzunehmen, dass bei beiden Gruppen der gleiche Prozess am Werk war (denken Sie an „Occams Rasiermesser“, S. 58).

Ein anderer Aspekt der Verdrängung ist die „Wahrnehmungsabwehr“. Wahrnehmungen, die auf unbewussten Widerstand bei der Person treffen (z.B. sexuell getönte Inhalte), sollen demnach schlechter wahrgenommen werden können, weil sich der psychische Apparat gewissermaßen dagegen sträubt. Wir alle kennen das Phänomen, dass wir zunächst „unseren Augen nicht trauen“, wenn wir etwas Ungewöhnliches sehen. Dies mag den Anlass zur Hypothese von der Wahrnehmungsabwehr gegeben haben, wenngleich diese sich nur auf anstößige Inhalte und nicht auf alles Ungewohnte bezieht. Aber auch die Forschung zur Wahrnehmungsabwehr (z.B. Brunner & Postman, 1947a, 1947b), bei der die Zeit bis zur bewussten Erkennung von neutralen Wörtern (kurz) und Reizwörtern (lang) untersucht wurde, kann nur wenig überzeugende Befunde vorweisen. Zwar ergaben frühe Experimente, dass sich Versuchspersonen, denen kurz Worte auf einer Leinwand gezeigt worden waren, später an die „Reizwörter" (unanständige Wörter u.ä.) nicht so gut erinnern konnten wie an die neutralen Wörter. Jedoch konnte gezeigt werden, dass dieser Unterschied allein auf der Unvertrautheit der Reizwörter beruhte: Unanständige Wörter liest man nicht so häufig wie neutrale. Oder aber die Versuchspersonen waren gehemmt, diese Wörter auch auszusprechen, wenn sie nicht ganz sicher waren, richtig gelesen zu haben. Spätere Forschungen versuchten, dieser Kritik gerecht zu werden (vgl. Eriksen, 1954). Jedoch fragt sich, worin die Beweiskraft dieser Versuche für die „Verdrängung" liegt. Bei diesen Versuchen wurden Reize subliminal (unterschwellig) dargeboten. Man bediente sich dabei eines Tachistoskops, das ist ein Gerät, das Bilder für den Bruchteil einer Sekunde auf eine Leinwand projiziert, so dass sie bewusst nicht wahrgenommen werden können. Das hat wenig mit der Verdrängung von unangenehmen Ereignissen (die sich über längere Zeit erstreckten) zu tun.

Holmes (1990) fasst zusammen, dass über sechzig Jahre der Forschung keinen überzeugenden experimentellen Beleg für Verdrängung zutage gefördert haben. Wohl gibt es eine Selektivität im Wahrnehmen und Erinnern (wie gezeigt wurde). Jedoch hat dies nicht das Mindeste mit dem Konzept der Verdrängung zu tun.

V. Was wäre eine angemessene Bestätigung der Hypothese?

Um die Verdrängung als allgemeines Phänomen zu belegen, sind experimentelle Befunde unabdingbar. Andererseits ist ein beachtenswerter Einwand gegen die bisherige Forschung, dass Verdrängung nur bei sehr schlimmen, traumatischen Ereignissen auftritt (vgl. *Kasten: Verdrängter Missbrauch*, S. 162). Naturgemäß gibt es hierzu keine Experimente: Man kann nicht absichtlich eine Person einer schlimmen Erfahrung aussetzen, um die Auswirkungen zu beobachten. Es bleiben also deskriptive Studien und Falldarstellungen. Es gibt aber (so Pope & Hudson, 1995) keine kontrollierten Studien, die zweifelsfrei nachweisen konnten, dass das besagte traumatische Ereignis wirklich stattgefunden hat und dass es wirklich vorübergehend vergessen worden ist (und nicht nur nicht daran gedacht wurde...). Es bleiben die Falldarstellungen: Hier finden sich in der Tat einige scheinbar beeindruckende Belege für Verdrängung (z.B. Reisner, 1996). Allerdings lässt sich auch in jedem Einzelfall nicht sicher sagen, ob die oben genannten Kriterien (Ereignis fand wirklich statt und wurde wirklich vorübergehend vergessen) auch tatsächlich zutrafen. Zudem gleichen einige Falldarstellungen eher anekdotischen Belegen. Und nicht zuletzt lässt sich mit Einzelfällen kein allgemeines Phänomen belegen.

Neben dem – schwer zu beschaffenden – experimentellen Beleg wäre auch noch eine Theorie der Verdrängung nötig, die sich in das Bild der bisherigen Gedächtnispsychologie fügt. Nach allem was wir wissen, fällt sie aber so sehr aus dem Rahmen, dass die meisten Forscher auf diesem Gebiet sie von sich weisen.

VI. Warum wird die Behauptung von ihren Anhängern geglaubt?

Man hat die Psychoanalyse und ihren Abkömmling, die so genannte Tiefenpsychologie, gelegentlich mit einer Religion verglichen (Zimmer, 1990). Und meines Erachtens muss man wirklich das „*Credo quia absurdum*“ (Ich glaube, weil es widersinnig ist“) verinnerlicht haben, um an der Psychoanalyse festhalten zu können. Zu dunkel sind viele ihrer Konzepte, deutbar, nie eindeutig. Nur der „Priester“, der psychoanalytische Therapeut, ist befähigt, sie im konkreten Einzelfall auszudeuten. Wissenschaftliche Analysen beeindrucken den Anhänger der Psychoanalyse genauso wenig wie die Untersuchung des so genannten Grabtuchs von Turin (des angeblichen Leichentuches Jesu Christi) den gläubigen Katholiken (siehe Sarma, 2000).

Doch selbst, wenn er sich der Prüfung stellt, wie sollte es möglich sein, die Verdrängung zu widerlegen? Nicht nur, dass die Zahl der möglichen Operationalisierungen praktisch unendlich ist: Jedwedes Ergebnis kann eine Bestätigung für Verdrängung sein, auch das Ausbleiben eines Ergebnisses. Die Psychoanalyse ist so formuliert, dass sie nicht widerlegt werden kann (Popper, 1974).

Zudem ist Verdrängung einfach notwendig, um weiterhin psychoanalytisch argumentieren zu können. Denn gerade sie ist die ultimative Ausrede, wenn wieder einmal Forschungsergebnisse der Psychoanalyse zu widersprechen scheinen oder wenn sich wieder einmal ein Mensch nicht so verhält, wie er sich gemäß Psychoanalyse verhalten sollte: Wenn beispielsweise eine bestimmte Person ihren Vater nicht hasst, obwohl sie das gemäß Psychoanalyse eigentlich sollte, dann hat sie eben ihre *wahren*

Gefühle verdrängt. Ohne Verdrängung müsste der Psychoanalytiker die Antwort schuldig bleiben.

7.5. Klingt gut, ist trotzdem höchstwahrscheinlich nicht so: Was sich richtig anhört, ist nicht notwendigerweise richtig

Stellen Sie sich folgende Situation vor: In einem psychologischen Labor müssen Sie eine Stunde lang eine äußerst langweilige Tätigkeit durchführen (z.B. Zahlenkolonnen addieren). Danach fragt Sie der Versuchsleiter: „Könnten Sie bitte dem nächsten Teilnehmer, der draußen vor der Tür sitzt, sagen, das Experiment sei sehr interessant gewesen? Es ist nämlich wichtig, dass die Versuchspersonen mit einer positiven Einstellung an die Aufgabe herangehen, denn wir wollen den Einfluss der Einstellung auf die Leistung untersuchen." Damit Sie das sagen, bietet Ihnen der Versuchsleiter einen *Geldbetrag* an. Anschließend erzählen Sie dem anderen Teilnehmer, das Experiment sei sehr interessant gewesen. Zuletzt sollen Sie dem Versuchleiter noch mitteilen, wie interessant Sie den Versuch *wirklich* fanden.

➡ ***Was meinen Sie, wann finden Sie den Versuch (bei der Befragung am Ende) interessanter? Wenn Sie für Ihre Aussage gegenüber dem anderen Teilnehmer einen Geldbetrag von (a) Einer Mark oder (b) 50 Mark erhalten?***

➡ Der Alltagsverstand lässt uns so denken: „Hm, wenn ich gut bezahlt werde, habe ich vermutlich eine günstigere Einstellung gegenüber dem Versuch, als wenn ich schlecht bezahlt werde. Also (b)".

Das ist falsch. Die oben geschilderte Versuchssituation fand (mit der „eine Mark"- und der „50 Mark"-Bedingung) tatsächlich statt. Es handelt sich um ein Experiment des Sozialpsychologen Leon Festinger (Festinger & Carlsmith, 1959), das mittlerweile vielfach wiederholt worden ist. Regelmäßig kam dabei heraus: Diejenigen Versuchspersonen, die nur eine Mark als „Bezahlung fürs Lügen" bekamen, fanden den Versuch interessanter als diejenigen Versuchspersonen, die 50 Mark erhielten.

Die Theorie, die dieses Phänomen erklärt, ist eine der interessantesten und bestbestätigten der Psychologie: Die Theorie der kognitiven Dissonanz von Festinger (1957). Unter anderem sagt diese Theorie voraus, dass wir unsere „kognitiven Elemente" (das sind u.a. unsere Gedanken) in Einklang zu bringen versuchen. Dabei wird jeweils das kognitive Element verändert, das am leichtesten zu ändern ist. Die obige Situation enthält folgende kognitive Elemente: „Ich mache ein langweiliges Experiment mit" (kognitives Element 1) erzeugt in Kombination mit „Ich erzähle jemandem, das Experiment sei interessant gewesen" (kognitives Element 2) *kognitive Dissonanz* (eine Art geistigen Spannungszustand). Diejenigen Versuchspersonen, die 50 Mark fürs Lügen bekommen haben, können diese Dissonanz recht leicht lösen, indem sie ein drittes kognitives Element hinzufügen: „Ich habe eine Menge Geld für diese kleine Lüge bekommen". Die anderen Versuchspersonen aber, die nur eine Mark bekommen haben, müssen anders verfahren, um die kognitive *Konsonanz* (das Gegenteil von Dissonanz) wiederherzustellen. Dass sie dem anderen Teilnehmer gesagt haben, der Versuch sei sehr interessant, wird durch „Dafür habe ich *immerhin* eine Mark bekommen" nicht ausreichend gerechtfertigt. Andererseits haben sie ihre Meinung, dass das Experiment eigentlich langweilig ist, noch nicht laut geäußert. Die Lösung für ihre kognitive Dissonanz besteht nun darin, das Element, das leichter zu ändern ist, auch zu ändern, nämlich zu sagen: „Eigentlich war das Experiment gar nicht so langweilig."

An Festingers Theorie ist interessant, dass sie Voraussagen macht, die dem „gesunden Menschenverstand" widersprechen. Manchen Laien enttäuscht an der wissenschaftlichen Psychologie, dass sie nur Sachen herausfindet, „die meine Oma auch gewusst hätte", z.B. „Familien, die weniger Stress haben, sind stabiler" und so weiter. Oft hätte das auch der gesunde Menschenverstand gesagt. Aber eben nicht immer und darum forschen Psychologen. Psychologen ärgert bisweilen, wenn Laien meinen, sie seien auch Experten für Psychologie, nur weil sie ihr eigenes Erleben und Verhalten zu kennen glauben. Theorien und Experimente wie das obige rechtfertigen die Psychologie als Wissenschaft.

Oft täuschen wir uns, weil wir unseren Alltagsverstand auf Bereiche übertragen, für die er nicht geschaffen wurde. Plausibilität ist im Alltag eine gute Richtschnur, in der Welt der Quantenmechanik ist sie fehl am Platz. Wenn es nach dem gesunden Menschenverstand ginge, wäre die Quantenmechanik falsch, denn sie widerspricht in einigen Punkten diesem gesunden Menschenverstand aufs heftigste. Alan Sokal (1999) zitiert einen postmodernen Philosophen, der die Relativitätstheorie als „paradox" bezeichnet. Er bezieht sich dabei auf das so genannte Zwillingsparadox. Dieses sagt voraus, dass eine Person, die mit hoher Geschwindigkeit (nahe *c*, der Lichtgeschwindigkeit) reist, langsamer altert als eine Person, die sich nicht so schnell bewegt. So dass ein Zwilling, der von einer solchen

Reise zurückkehrt, seinen Bruder als alten Mann vorfindet, selbst aber noch jung ist. Sokal erwidert: „Die Aussagen der Relativitätstheorie sind auf den ersten Blick wirklich schockierend. Man muss unterstreichen, dass sie nur insofern 'paradox' sind, als sie unseren *Vermutungen* widersprechen, keineswegs, weil sie irgendeinen logischen Widerspruch enthielten. Und diese 'paradoxen' Vorhersagen wurden experimentell bewiesen (zumindest für Uhren). Unsere Vermutungen sind ganz einfach *falsch* (auch wenn sie für Geschwindigkeiten weit unterhalb des Lichts sehr gute Näherungen darstellen)" (S. 224).

Unsere eigene Einschätzung, was richtig oder falsch ist, muss also nicht mit der Realität übereinstimmen. Die Welt verhält sich manchmal anders, als wir es erwarten. Nur weil uns irgend etwas richtig erscheint, muss es noch lange nicht richtig sein. Der Grund dafür kann auch in der großen Verbreitung eines Irrtums liegen (vgl. *Fallbeispiel: Symptomverschiebung* unten). Ebenso kritisch ist die oben angesprochene „Expertenschaft" des Einzelnen für psychische Vorgänge zu sehen: Nur weil wir uns selbst so erleben, muss die Psyche nicht so funktionieren.

Manche Irrtümer sind regelrechte Volksweisheiten geworden. Zum Beispiel, der Glaube, man müsse Aggressionen „abreagieren". Sie kennen das ja: Man hat eine Stinkwut im Bauch. Am liebsten würde man der Person, die einen gerade geärgert hat, eine reinhauen. Statt dessen schlägt man mit der Faust auf den Tisch oder in ein Kissen. Danach geht es einem besser. Aber nur weil wir es so erleben, heißt das nicht, dass es auch so ist und dass man jemandem, der wütend ist, raten sollte, auf einen Sandsack einzudreschen. Die Forschung zeigt durchgehend, dass aggressive Tendenzen durch aggressive Handlungen nicht gemildert, sondern eher noch verstärkt werden: Der Schlag ins Kissen erlöst nicht von der Wut im Bauch (vgl. Bushman et al., 1999). Ebenso ist die so genannte Katharsishypothese, die Vorstellung, man könne durch das Vorführen von Gewalt (z.B. im Fernsehen) die Gewalttendenzen beim Betrachter reduzieren, ein Mythos (vgl. Gunter, 1994).

Insbesondere im Bereich der Psychologie ist die Gefahr, etwas irrtümlich für wahr zu halten, nur weil es uns plausibel erscheint, sehr groß. Und gerade die „schlechte" Psychologie, die Art von Psychologie, die Sie in Illustrierten vorfinden, ist voller solcher plausibler, aber unbelegter und falscher Annahmen. Sie alle haben schon vom „Unterbewusstsein" gehört, das uns steuert und beeinflusst, zu dem wir sprechen sollen, in dem Kindheitstraumen verborgen sind usw. Ein solches Unterbewusstsein gibt es nicht. Allenfalls können wir von Vorgängen sprechen, die unserem Bewusstsein nicht zugänglich sind. Diese haben aber rein gar nichts mit einem Unterbewusstsein zu tun. Die Verantwortung für viele Mythen dieser „Illustrierten-Psychologie“ trägt die Tiefenpsychologie. Dabei handelt es sich um eine Denkrichtung, die hinter dem Bewussten und dem Verhalten eine ganze Welt des Psychischen vermutet. All das, was wir sehen und erleben können, wird durch diese „Tiefen der Persönlichkeit“ erst verursacht. Die Verantwortung für diese Tiefenpsychologie wiederum muss man der Psychoanalyse zuschreiben, jener Weltanschauung, Psychotherapie und (Form von) Psychologie, die auf Sigmund Freud zurückgeht. Entgegen der öffentlichen Meinung ist die Psychoanalyse im strengen Sinne kein Bestandteil der wissenschaftlichen Psychologie, auch wenn sie an manchen Universitäten noch gelehrt wird. Nach Ansicht vieler wissenschaftlich arbeitender Psychologen ist sie eine Pseudowissenschaft. Diese Ansicht gründet sich darauf, dass viele Aussagen der Psychoanalyse entweder *unwiderlegbar* sind (vgl. *Kasten: Widerlegbarkeit*, Seite 13) oder aber bereits widerlegt wurden (vgl. das vorige und das folgende Fallbeispiel). Für die meisten wissenschaftlich arbeitenden Psychologen ist der Fall „Psychoanalyse“ erledigt. Psychoanalyse ist eine mehr oder minder amüsante Erzählung, eine Erfindung, ein Mythos, der mit dem, was wirklich das Verhalten und Erleben des Menschen ausmacht, soviel zu tun hat wie die Schöpfungsgeschichte der Bibel mit der Evolution des Lebens. Es gibt lohnendere Aufgaben, als zu versuchen, die teilweise widersprüchlichen Aussagen Freuds empirisch zu bestätigen. Ganz unabhängig davon hat aber die Erzählung „Psychoanalyse“ Einzug in unsere Kultur gefunden und prägt unsere Vorstellung davon, was uns in Bezug auf psychische Vorgänge plausibel erscheint.

Literaturtipp: Den gegenwärtigen Stand der Aggressionsforschung können Sie in Selg et al. (1997) nachlesen: Selg, H.; Mees, U. & Berg, D. (1997). *Psychologie der Aggressivität*. Göttingen: Hogrefe. Zur Kritik der Psychoanalyse empfehle ich mit Einschränkungen Dieter E. Zimmer (1990). *Tiefenschwindel*. Reinbek: Rowohlt. Das Buch ist zwar eine gelungene Abrechnung mit der Psychoanalyse, Zimmers Vorstellungen davon, was die „richtige“ Psychologie macht bzw. machen sollte, lassen jedoch einiges an Sachkenntnis vermissen.

Fallbeispiel: Symptomverschiebung

I. Worum geht es eigentlich?

Schnupfen, Kopfschmerzen, Fieber und Mattigkeit sind Symptome einer Erkrankung, des grippalen Infekts. Einige dieser Symptome können auch bei anderen Erkrankungen auftauchen, z.B. die Mattigkeit bei Malaria. Daher wird der verantwortungsvolle Arzt nicht nur versuchen, die Symptome zu lindern, sondern auch die dahinterstehende Krankheit zu erkennen und wenn möglich zu behandeln. Nur das Fieber senken zu wollen, könnte sich als fatal erweisen, wenn das Fieber nicht auf einen grippalen Infekt, sondern eine weitaus schlimmere Erkrankung zurückzuführen ist und einschneidendere Maßnahmen erfordern würde.

Die Auffassung, dass das Symptom nur Repräsentant einer Krankheit und nicht diese selbst ist, nennt man das „medizinische Krankheitsmodell" und was physische Erkrankungen angeht, scheint es im Großen und Ganzen auch angemessen zu sein. Wie aber steht es mit „psychischen Erkrankungen"?

Die „Symptome" einer „psychischen Erkrankung" sind ungewöhnliche Verhaltensweisen, Gedanken und Empfindungen[24]: Eine Person bekommt in Gegenwart eines bestimmten (an sich ungefährlichen) Objekts Herzrasen und schwitzt. Sie vermeidet dieses Objekt aktiv – wechselt z.B. die Straßenseite oder aber sie verlässt erst gar nicht das Haus, um dem Objekt auszuweichen. Sie hat unangenehme Empfindungen, wenn sie an das Objekt denkt. Diese und einige andere Verhaltensweisen gelten als die Symptome einer „Phobie". Eine Auffassung besagt nun, dass diese Symptome – die ungewöhnlichen Verhaltensweisen – nur der Ausdruck eines zugrundeliegenden innerpsychischen Konfliktes seien: Sie übertragen das medizinische Krankheitsmodell auf den Bereich des Psychischen. Symptome, so hat schon Freud behauptet, sind nicht zufällig, sie bedeuten etwas. Das Objekt, vor dem ein Phobiker ausweicht usw. spielt eine Rolle in einem verdeckt im Menschen stattfindenden Konflikt: Pferde, vor denen ein kleiner Junge (der „kleine Hans"[25]) Angst hatte, standen für Freud

---

[24] Man kann auch das Denken als Verhalten betrachten. Verhalten ist alles, was ein Mensch tut. Und „denken" ist etwas, das man tut.

[25] Freud hat den Jungen, der als „kleiner Hans" Psychologiegeschichte schrieb und den er angeblich „behandelt" hat, in der Tat nur ein einziges Mal gesehen – und auch da nicht zwecks Behandlung. Vielmehr behandelte der Vater den Jungen selbst nach Freuds Anweisungen.

(1909/*1955*) stellvertretend für den Vater des Jungen. In Wirklichkeit, so Freud, hatte der Junge also keine Angst vor Pferden, sondern vor seinem Vater (bei Freud ist das noch viel komplizierter, aber das erspare ich Ihnen mal). Die Angst vor Pferden ist nur ein Symptom der eigentlichen „Krankheit", der Angst vor dem Vater. Zwischen dem Symptom und dem zugrundeliegenden Konflikt besteht eine mehr oder weniger feste Beziehung: Zum Beispiel ähnelt das Pferd dem Vater in gewisser Weise (für den kleinen Jungen sind beide übermächtig und stark). Eine ähnliche Relation ließe sich zwischen dem Vater und anderen Objekten (z.B. anderen großen Tieren) sicher auch herstellen. Von einigen Objekten behauptet man, sie würden in der Regel auf eine bestimmte Art von Konflikt hinweisen. Arachnophobie ist die übergroße Angst vor Spinnen. Einige Psychoanalytiker nehmen an, diese Phobie hinge mit Problemen in den persönlichen Beziehungen des Patienten zusammen.[26] Die vage Analogie, die zwischen dem Netz der Spinne und dem Netz der Beziehungen, in das man sich verstrickt, besteht, mag dabei eine Rolle spielen.

Eine andere Auffassung besagt, dass die „Symptome" selbst die Krankheit seien (z.B. Eysenck, 1959). Die Angst vor Pferden ist nicht der Ausdruck von etwas anderem, sie ist, was sie ist, mehr nicht. Die letztendliche Ursache zu kennen, wie es das medizinische Krankheitsmodell zu können vorgibt, ist nach dieser Auffassung gar nicht notwendig: Vielleicht ist „Hans" irgendwann einmal von einem Pferd getreten worden, vielleicht ist er einmal durch ein Pferd erschreckt worden, vielleicht hat er nur gesehen, wie jemand von einem Pferd erschreckt wurde. Das ist letztendlich unerheblich: Es gilt (im Prinzip), die Angst vor Pferden zu beseitigen, mehr nicht. Gängige Methoden dieser als Verhaltenstherapie bekannten Auffassung sind z.B. die systematische Desensibilisierung. Hierbei wird der Patient nach und nach an die Vorstellung und die tatsächliche Anwesenheit des Objekts „gewöhnt". Oder die „Gegenkonditionierung": Dabei wird dem Patienten beispielsweise gleichzeitig mit dem angstauslösenden Objekt ein angenehmes Objekt präsentiert.[27]

Aus der Sicht des medizinischen Krankheitsmodells ist diese Vorgehensweise ein grober Kunstfehler, ähnlich, wie wenn ein Arzt nur Tabletten gegen die Kopfschmerzen und das Fieber verschreibt, ohne sich um die dahinterstehende Infektion zu kümmern. Die Symptome, so die

---

[26] Nach einer persönlichen Mitteilung von Christoph J. Stengel.

[27] Diese Hinweise bitte nicht zur Eigentherapie verwenden! In der Tat ist es doch etwas komplizierter, als ich es hier darstelle.

Befürchtung, verschwänden zwar vorübergehend, dafür aber kämen nach einer Weile andere Symptome, womöglich schlimmere wieder, die auf dieselbe Krankheit zurückzuführen seien. Wer dem kleinen Hans die Angst vor Pferden solcherart nur „abgewöhne“, der müsse damit rechnen, dass der Junge über kurz oder lang z.B. Angst vor einem anderen Objekt (das seinem Vater in irgendeiner Art und Weise gleicht) entwickle, z.B. vor Hunden. Das bezeichnet man als „Symptomverschiebung“: Wer nur das Symptom bekämpft, der riskiert, dass die „Krankheit“ fortbesteht und andere, neue Symptome produziert. So die Befürchtung.

II. Was wird behauptet?

Der Hintergrund der Befürchtung, es könne bei einer reinen Therapie der Symptome, wie sie (im Prinzip) die Verhaltenstherapie betreibt, zu einer Symptomverschiebung kommen, ist das Erklärungssystem der Psychodynamik. Psychodynamische Theorien wie die Psychoanalyse betrachten die Seele als eine Art Dampfmaschine, in der die Triebenergie das Verhalten erzeugt. Demnach entstehen psychische Krankheiten durch ungelöste innerpsychische Konflikte. Werden diese nicht angemessen verarbeitet, dann bildet die Triebenergie, die in diesen Konflikten wirkt, Symptome aus: Diese sind die oberflächlich beobachtbaren Anzeichen der Erkrankung. Eine nicht ganz unbedeutende Rolle spielt hier die „Verdrängung“. Freud selbst entwickelte für diesen Vorgang, bei dem unerwünschte Triebregungen aus dem Bewusstsein verbannt werden, einmal folgenden Vergleich: Die unerwünschten Triebregungen seien ein Gast, der sich unangemessen benimmt. Wird dieser Gast vor die Tür gesetzt (die Triebregung aus dem Bewusstsein verbannt), so wird er in einigen Fällen nicht einfach abziehen, sondern vor dem Haus zu randalieren anfangen, Steine gegen die Scheiben schmeißen und uns auf alle möglichen Arten stören. Diese Störungen sind die Symptome. Es genügt nicht, einfach eine Störung zu beseitigen, und z.B. die Fensterläden zu schließen, denn der unerwünschte Gast wird dann an anderer Stelle anfangen, sich bemerkbar zu machen (das ist die Symptomverschiebung). Vielmehr muss man das Problem an der Wurzel fassen und z.B. mit dem Gast vereinbaren, unter welchen Bedingungen er wieder ins Haus darf (die unerwünschte Triebregung z.B. „sublimieren“, d.h. in eine andere, erwünschte Form bringen) bzw. den Gast endgültig vertreiben (die Triebregung noch einmal mit bewusster Anstrengung von sich weisen). Soweit, stark vereinfacht, aber im Prinzip richtig, die psychodynamische Erklärung für psychische Krankheiten (vgl. *Fallbeispiel: Verdrängte Erinnerungen*, S. 154).

Demgegenüber steht die verhaltenstherapeutische Krankheitslehre: Ihr zufolge sind die „Symptome“ einer psychischen Krankheit falsch oder nicht gelernte Verhaltensweisen. Zum Beispiel hat der Phobiker gelernt, unnötigerweise vor dem phobischen Objekt Angst zu haben. Die Therapie besteht darin, ihm die angemessenen Verhaltensweisen beizubringen, also ihn z.B. zu lehren, vor dem Objekt keine Angst mehr zu haben.

Wenn nun [das psychodynamische Modell (ES) richtig wäre (H), dann müsste folgendes eintreten: Wenn eine Person, die bestimmte Symptome einer psychischen Erkrankung aufweist (IC), nur verhaltenstherapeutisch behandelt wird (AC)], dann sollten nach einer Weile andere Symptome einer psychischen Erkrankung an der Person auftreten (P).

III. Welche Gründe werden angeboten, um die Behauptung zu stützen?

Bestimmte Personen (z.B. psychodynamisch arbeitende Therapeuten) glauben an die Symptomverschiebung, weil sie an die Wahrhaftigkeit des psychodynamischen Modells glauben. Es ist noch nicht einmal der Augenschein, der sie im Glauben an die Gefahr der Symptomverschiebung bestärkt. Denn sie selbst behandeln ihre Patienten ja psychodynamisch und erleben somit Symptomverschiebung nie selbst. Allenfalls sehen sie Patienten, die zuvor bei einem Verhaltenstherapeuten waren und nun mit neuen Symptomen zu ihnen kommen. Um die Frage allgemein zu beantworten, könnte man aber auch groß angelegte Studien hinzuziehen. In solchen Studien wird der Langzeiterfolg von Verhaltenstherapien überprüft und mit dem Langzeiterfolg der psychodynamischen Therapien verglichen.

IV. Wie gut wird die Behauptung gestützt?

Geht das Ergebnis logisch aus den Ausgangsbedingungen hervor?

Wenn das psychodynamische Modell richtig ist, dann ist es in der Tat wahrscheinlich, dass es nicht genügt, die Symptome zu behandeln. Insofern müssen wir diesen Punkt bejahen.

Wie wahrscheinlich ist das Ergebnis unter der Voraussetzung, dass die Hypothese falsch ist?

Ist es wahrscheinlich, dass eine Person, die bereits einmal Symptome einer psychischen Erkrankung aufwies, neue Symptome entwickelt, nachdem die alten beseitigt wurden, auch wenn das psychodynamische Modell nicht zutreffend ist? Ja, das ist wahrscheinlich. Manche Menschen leben in Umständen, die das Entwickeln von Symptomen einer psychischen Erkrankung wahrscheinlich machen. Nehmen wir z.B. jemanden, der drogensüchtig ist und in einem Umfeld lebt, in dem häufig Drogen konsumiert werden. Dass eine solche Person, nachdem die Abhängigkeit von einem Stoff beseitigt wurde, mit großer Wahrscheinlichkeit wieder mit dieser oder einer anderen Droge in Kontakt kommt, und so erneut süchtig werden kann, ist auch ohne psychodynamisches Modell wahrscheinlich. Daher versuchen verantwortungsvolle Verhaltenstherapeuten auch, nicht nur die aktuelle Sucht zu bekämpfen, sondern zugleich die Lebensumstände des Süchtigen zu verändern.

War klar, welches Ergebnis als eine Bestätigung genügt und welches nicht?
Nein, das war es – wie so oft in der Psychoanalyse – eigentlich nicht: Was sind die anderen Symptome genau? Jeder von uns hat in der einen oder anderen Form ab und an etwas, was man als Symptom einer psychischen Erkrankung deuten könnte, z.B. depressive Verstimmungen. Würde das genügen, oder müssten es Symptome mit klinischem Krankheitswert sein? Müssen die Symptome von ähnlicher Art sein, wie die zuvor behandelten? Sollte also ein Phobiker, der verhaltenstherapeutisch behandelt wird, danach wieder Angst vor anderen Objekten haben, um von Symptomverschiebung sprechen zu können? Oder genügt es auch, wenn er später die Symptome einer ganz anderen Erkrankung aufweist (z.B. zwanghaftes Verhalten)? Wie groß darf der Zeitraum sein, der zwischen der Behandlung und dem Auftauchen anderer Symptome liegt? Ein paar Wochen, ein paar Monate, ein paar Jahre? – Man bedenke: Je größer dieser Zeitraum, desto wahrscheinlicher ist es, dass Ereignisse eintreten, die den Patienten krank machen, ohne dass ein ursächlicher Zusammenhang zur ersten Erkrankung besteht. Zudem müssen wir berücksichtigen, dass eine Therapie aus vielerlei Gründen (die nichts mit dem zugrundeliegenden Krankheitsmodell zu tun haben) scheitern kann, so dass ein Symptom nur ansatzweise beseitigt wurde. Alles in allem: ein „unklar gestelltes Problem“ (Perrez, 1978).

Wie gut sind die angebotenen Belege (für sich)?
Da die Gültigkeit des psychodynamischen Modells selbst zur Debatte steht, ist es gewiss nicht akzeptabel, dieses Modell als Beleg für eine seiner Implikationen (die angenommene Symptomverschiebung) heranzuziehen.

Wenn ein psychodynamisch arbeitender Therapeut einen Klienten aufnimmt, der zuvor von einem Verhaltenstherapeuten behandelt worden ist und nun andere Symptome zeigt, so ist dies ein lediglich anekdotischer Befund, der auf vielerlei Weise hinterfragt werden muss: Hat der Verhaltenstherapeut wirklich Verhaltenstherapie (im engeren Sinne) betrieben? Wurde die Behandlung vorzeitig abgebrochen?

Am verlässlichsten sind auch hier die aus wissenschaftlichen Studien gewonnenen Daten: Wie sieht es also mit den Ergebnissen von so genannten Therapie-Evaluationen aus? Glücklicherweise müssen wir nicht Hunderte von Studien zur Wirksamkeit von Verhaltenstherapien im Vergleich zu psychodynamischen Therapien durchforsten. Es gibt ein recht umfassendes Werk, das die Ergebnisse solcher Studien zusammenfasst: Grawe, Donati und Bernauer (1994): *Psychotherapie im Wandel*. Und diesem Werk entnehmen wir, dass Verhaltenstherapien im Schnitt – auch langfristig – sogar eher effektiver sind als psychodynamische Verfahren. Zudem gibt es einige Studien, die speziell das Risiko einer Symptomverschiebung untersucht haben. Denn auch Verhaltenstherapeuten wollten wissen, ob am Ende doch „was dran" ist. Die Vermutung, es könne zur Symptomverschiebung kommen, ist für verschiedenste Störungen bzw. (verhaltenstherapeutisch orientierte) Therapiearten durch Langzeitstudien widerlegt worden. So für die Partner-Therapie (Hallweg & Markman, 1988), die Agoraphobie (Jansson & Öst, 1982), Zwangserkrankungen (Christensen, Hadzi-Pavlovic, Andrews & Mattick, 1987) und viele andere mehr. Vielmehr ist gut belegt, dass die Symptomverschiebung *nicht* auftritt (Kazdin & Wilson, 1978, Sloane et al., 1975). Die *American Psychiatric Association* stellte schon 1973 fest, dass die Analyse der Ergebnisse von Verhaltenstherapien keinerlei Hinweise auf die Existenz der Symptomverschiebung erbrachte.[28]

V. Was wäre eine angemessene Bestätigung der Hypothese?

Die Hypothese müsste überhaupt erst einmal klar formuliert werden. Dies ist bislang nicht geschehen. Da dies so ist, kann in der Tat jedes und kein Resultat einer Verhaltenstherapie als ein Fall von Symptomverschiebung betrachtet werden. Potentielle psychodynamische Vorgänge im „Inneren" von Menschen – die zudem unbewusst ablaufen – sind nicht beobachtbar. Daher kann man einen eindeutigen Nachweis, dass das Auftauchen anderer Symptome nach Beendigung einer Verhaltenstherapie ein echter Fall

[28] „Carefull analyses of the results of ... behaviour therapy methods, with a wide variety of problems have ... failed to reveal any evidence for symptom substitution" (S. 54).

von „Symptomverschiebung" ist, ohnehin nicht führen. Insgesamt deutet das Ergebnis dieser Prüfung darauf hin, dass ein solches Modell wie das psychodynamische an sich nicht prüfbar und damit nicht wissenschaftlich ist. Was mittlerweile auch schon viele akademisch arbeitende Psychologen eingesehen haben, aber noch viele Psychotherapeuten nicht wissen wollen.

VI. Warum wird die Behauptung von ihren Anhängern geglaubt?

Psychodynamisch arbeitende Therapeuten – die wohl vehementesten Anhänger der These von der Symptomverschiebung – haben einen guten Grund, dieses Risiko anzunehmen: Eine psychodynamisch orientierte Therapie dauert in der Regel länger, kostet mehr und der Therapeut ist wesentlich stärker beteiligt als in einer Verhaltenstherapie. Vor allem muss man vor den Klienten und den Krankenkassen rechtfertigen, warum ein so aufwändiges Verfahren sein muss. Wenn es späteren Erkrankungen erfolgreich vorbeugt, dann ist es gerechtfertigt, so viel Zeit, Geld und Arbeit zu investieren. Aus dieser Sichtweise heraus *muss* es die Symptomverschiebung geben, denn sonst wäre die psychodynamische Therapie überflüssig.

Zudem klingt das medizinische Krankheitsmodell, das der Hypothese von der Symptomverschiebung zugrunde liegt, plausibel und vertraut: Als Patienten eines Arztes wollen wir auch, dass das Übel „an der Wurzel gepackt" wird und nicht nur an Symptomen „herumgedoktert" wird. Doch nichts garantiert uns, dass, was für physische Erkrankungen gilt, auch für abweichendes Verhalten und Erleben gilt.

Tatsächlich gibt es Misserfolge in der Verhaltenstherapie. Jedoch trifft dies ebenso auf andere Therapien zu. Einige dieser Misserfolge mögen oberflächlich betrachtet wie Symptomverschiebung aussehen: Das Symptom oder ein anderes kehrt nach einiger Zeit wieder. Jedoch ist dies der einzige Hinweis und es gibt einige weit sparsamere Erklärungen für dieses Ereignis als die Symptomverschiebung (die die Akzeptanz des psychodynamischen Modells voraussetzt). Gutwillig könnte man die Symptomverschiebung „als Spezialfall verschiedener Arten von Misserfolgen in der Therapie" (Jacobi, 1999, S. 58) betrachten. Als allgemeines Phänomen ist sie jedoch so gut wie widerlegt.

Literaturtipp: Wenn Sie sich für eine umfassendere Darstellung der Debatte um die Symptomverschiebung interessieren, dann ist die Aufsatzsammlung von Perrez und Otto (1978) eine noch heute maßgebliche Quelle: Perrez, M. & Otto, J. (Hrsg.). (1978). *Symptomverschiebung. Eine Kontroverse zwischen Psychoanalyse und Verhaltenstherapie. Ein Reader.* Salzburg: O. Müller.

Zuletzt übt die psychodynamische Krankheitslehre auf ein bestimmtes Klientel eine große Faszination aus: Für manchen ist es einfach interessanter und schmeichelhafter, wenn seine Probleme auf unbewältigte Krisen und Kindheitstraumen zurückgeführt werden, als wenn er erfährt, dass er einfach etwas falsch „gelernt" hat. Psychoanalyse lässt uns uns selbst tiefer und interessanter finden als die Verhaltenstherapie. Denn wenn schon „krank" sein, so könnte sich der Patient sagen, dann bitte an einer wirklich interessanten Krankheit.

8. Was war noch mal mit der Socke...?

Warum glauben Menschen daran, von Außerirdischen entführt worden zu sein oder dass Gott in der Bibel Botschaften an uns versteckt hat? Warum glauben sie, dass der Mond ihr Verhalten beeinflusst oder dass Wahrsager die Zukunft voraussehen können? Ganz allgemein: Warum glauben Leute *sowas*? Einige Gründe dafür haben wir in diesem Buch kennengelernt: Leute glauben an außergewöhnliche Dinge, weil sie es so erleben. Sie erleben, dass sie von Außerirdischen entführt wurden, sie erleben, dass ein Wahrsager ihnen die Zukunft vorausgesagt hat. Ein Grund dafür, warum sie es erleben, liegt darin, dass sie bestimmten Täuschungen erliegen. Die wichtigsten Möglichkeiten, sich zu täuschen, haben wir in diesem Buch angesprochen.

Das Bemerkenswerte an vielen Anhängern paranormaler Überzeugungen ist aber, dass sie an ihren Überzeugungen festhalten, obwohl sie es besser wissen könnten. Viele von uns erliegen denselben Täuschungen: Auch ich fand einmal, ich sei in der Tat ein typischer „Fisch" und fiel dabei dem Barnum-Effekt zum Opfer. Dennoch wurde aus mir kein überzeugter Anhänger der Astrologie. Was also macht den Unterschied aus zwischen Skeptikern und Gläubigen?

In der kognitiven Psychologie kennt man das Motiv „Unbestimmtheit / Kontrolle" (Berlyne, 1974). Damit wird erklärt, warum wir manchmal etwas Neues erleben wollen und manchmal lieber alles unter Kontrolle behalten wollen: „Unbestimmtheit / Kontrolle" ist ein so genanntes Jojo-Motiv, also eines, das uns immer zwischen zwei Gegensätzen pendeln lässt. Manchmal suchen wir nach dem Unbekannten – wollen neue Leute kennenlernen, neue Dinge erfahren. Bis wir irgendwann wieder genug davon haben und uns wünschen, dass alles in gewohnten Bahnen verläuft, dass alles seine Ordnung hat und uns keine Überraschungen widerfahren. Nun ist dieses Motiv bei verschiedenen Menschen verschieden ausgeprägt: Manch einer braucht viel Kontrolle über sein Leben und empfindet es schon als aufregend, wenn er mal morgens nicht weiß, was es abends zum Essen gibt. Andere wiederum können viel Unbestimmtheit ertragen und es macht ihnen nichts aus, über viele Angelegenheiten keine Kontrolle zu haben.

Ein Ergebnis der bisherigen Forschungen zur Frage nach der Entstehung und Aufrechterhaltung paranormaler Überzeugungen (vgl. Weschke, 2000) ist, dass die Gläubigen im Schnitt ein höher ausgeprägtes Bedürfnis nach Kontrolle haben. In diesem Zusammenhang sind auch Unterschiede in der Ambiguitätstoleranz interessant. So bezeichnet man das Ausmaß, in dem jemand unklare und vieldeutige Situationen ertragen kann. Die Ambiguitätstoleranz ist ebenfalls von Individuum zu Individuum verschieden: Die Anhänger paranormaler Überzeugungen haben tendenziell eine geringere Ambiguitätstoleranz als der Rest der Bevölkerung, Skeptiker eingeschlossen (z.B. Houran, 1997, 1998). Man könnte dies so interpretieren, dass sie sich eher als andere auf etwas festlegen müssen.

Viele paranormale Überzeugungen erfüllen den Zweck, ihren Anhängern wenn nicht Kontrolle, so doch wenigstens die Illusion von Kontrolle zu geben. Wenn ich weiß, dass „Fische“ heute besonders vorsichtig sein müssen, kann ich mich auf eventuelle Missgeschicke einstellen. Auch die Fehler anderer sind leicht erklärt: „Der Mann ist Widder, die sind halt so bockig.“ Wer sowas wirklich glaubt, muss sich keine Gedanken über die möglichen wahren Ursachen des Verhaltens anderer machen. Auch besteht nicht die Gefahr, dass man eventuell bei sich selbst nach Fehlern suchen sollte.

Parawissenschaften haben fast immer eindeutige Antworten: Unbekannte Flugobjekte sind die Raumfahrzeuge Außerirdischer. Wenn in einem Haus Gegenstände ohne erkennbaren Grund durch die Luft fliegen, dann war es ein Poltergeist. Sie liefern Erklärungen, wo Wissenschaftler zunächst schweigen und auf eine langwierige Untersuchung verweisen müssen, bei der am Ende auch kein hundertprozentig sicheres Ergebnis herauskommt. Für viele Menschen scheint das inakzeptabel. Sie möchten Sicherheit, nicht ein vages „vielleicht“.

Skeptiker sein, heißt Unsicherheit ertragen können. Dadurch unterscheidet er sich auch vom Dogmatiker: Der nämlich glaubt zu wissen, dass das alles Quatsch ist und zwar ohne sich damit auseinanderzusetzen. Der Skeptiker hat nicht immer gleich die Auflösung des Rätsels bei der Hand, er muss suchen und prüfen. Und selbst dann ist die Lösung nicht der Weisheit letzter Schluss. Der Skeptiker vermag dann nur die Wahrscheinlichkeit dafür, dass wirklich etwas Paranormales vorgefallen ist, besser einzuschätzen. Solange der Fall nicht untersucht ist, fällt er kein Urteil.

Ich weiß nicht, wohin die Socken verschwinden, die ich so nach und nach verliere. Ich vermute, dass es eine Mischung der verschiedensten Umstände ist, die zum Sockenschwund führt. Letztgültig erklären kann ich es nicht. Aber ich kann damit leben...

Anhang

A. Skeptische Informationsquellen

Dieses Buch ist eine Einführung in das skeptische *Denken*. Die hier untersuchten Fallbeispiele dienen vor allem der Illustration dieser Methode. Weitere kritische Informationen zu verschiedensten paranormalen Überzeugungen finden Sie in den folgenden Büchern, auf Internetseiten und bei diversen Organisationen.

Bücher:

Die beiden Bücher von Gero von Randow sind Sammlungen von ins Deutsche übersetzten Artikeln aus dem *Skeptical Inquirer*, der Zeitschrift der amerikanischen Skeptiker-Vereinigung CSICOP (leicht lesbar):

Randow, G.v. (1993). *Mein paranormales Fahrrad und andere Anlässe zur Skepsis*. Reinbek: Rowohlt.

Randow, G.v. (1996). *Der Fremdling im Glas und weitere Anlässe zur Skepsis, entdeckt im „Skeptical Inquirer"*. Reinbek: Rowohlt.

Auch die Bücher der Reihe „Skeptisches Jahrbuch" stellen Sammlungen von „Fällen" dar (in der Regel etwas anspruchsvoller):

Shermer, M.; Maidhof-Christig, B. & Traynor, L. (Hrsg.). (1996). *Skeptisches Jahrbuch 1997. Rassismus, die Leugnung des Holocaust, AIDS ohne HIV und andere fragwürdige Behauptungen*. Aschaffenburg: Alibri.

Shermer, M.; Maidhof-Christig, B. & Traynor, L. (Hrsg.). (1998). *Skeptisches Jahrbuch II. Endzeittaumel. Propheten, Prognosen, Propaganda*. Aschaffenburg: Alibri.

Shermer, M. & Traynor, L. (Hrsg.). (2000). *Skeptisches Jahrbuch III. Heilungsversprechen. Zwischen Versuch und Irrtum*. Aschaffenburg: Alibri.

Das *Lexikon der Parawissenschaften* ist nicht nur zum Nachschlagen, sondern auch zum Schmökern geeignet:

Oepen, I.; Federspiel, K.; Sarma, A. Windeler, J. (Hrsg.): *Lexikon der Parawissenschaften. Astrologie, Esoterik, Okkultismus, Paramedizin, Parapsychologie kritisch betrachtet*. Münster: Lit.

Organisationen:

Die deutsche Skeptiker-Organisation GWUP e.V. unterhält ein Zentrum, bei dem Sie Informationen einholen können. Hier können Sie auch die Zeitschrift *Skeptiker* bestellen:

Gesellschaft zur wissenschaftlichen Untersuchung von Parawissenschaften
Arheilger Weg 11
D-64380 Roßdorf
Tel.: +49 6154/695021
Fax: +49 6154/695022
E-Mail: info@gwup.org

Zentrum für Wissenschaft und kritisches Denken
Dr. Martin Mahner
Arheilger Weg 11
D-64380 Roßdorf
Tel.: +49 6154/695023
Fax: +49 6154/695022
Email: mahner@gwup.org

Das *Forum Parawissenschaften* hat sich dem Dialog mit den Parawissenschaften verschrieben:

Forum Parawissenschaften e.V.
Postfach 1202
D-69200 Sandhausen
Tel.: +49 62 24 / 92 22 92
Fax: +49 62 24 / 92 22 91
Email: info@forum-parawissenschaften.de

Internet:

Die Seiten der GWUP und des *Forum Parawissenschaften* eignen sich als Ausgangspunkt für die Suche nach Informationen:

www.gwup.org
www.forum-parawissenschaften.de

Viele gute Quellen sind auf Englisch:

www.csicop.org
Über die Seite des CSICOP erreichen Sie auch den *Skeptical Inquirer*.

www.skeptic.com
Die *Skeptic's Society* gibt die Zeitschrift *Skeptic* heraus.

www.skepdic.com
Das *Skeptic's Dictionary* ist eine sehr gute Quelle für kritische Informationen rund um viele Para-Themen.

B. Valeriu Borgos (Sendung vom 25.10.1998): Gespräch mit Uri Geller

Talkshow mit Valeriu Borgos (V.B.) als Talkmaster, dem Gast Uri Geller (U.G.) und drei einbezogenen Zuschauern aus dem Publikum. Uri Geller spricht englisch und wird synchronisiert.
Aufgezeichnet im Studio des RTL, gesendet am 25.10.1998.

(V.B. sitzt auf der Bühne und spricht in die Kamera)

V.B.: Mein nächster Gast, der hat schon Millionen von Zuschauern fasziniert auf der ganzen Welt mit seinen telepathischen Kräften. Ich freue mich besonders heute abend, dass er bei uns ist. Hier ist, herzlich willkommen, der große Meister Uri Geller.

(Beifall des Publikums, U.G. tritt auf, V.B. steht auf und gibt ihm die Hand)

U.G.: Hallo. Hi. (winkt ins Publikum, beide setzen sich)

V.B.: Ich freue mich, dass Du hier bist. Also, ich glaube, die meisten Zuschauer brauche ich gar nicht zu erklären, wer Du bist und was Du machst. Es fällt richtig schwer, Dich irgendwas zu fragen. Aber nur mal als, als Grundfrage, was ist ein Telepath?

U.G.: Ein Telepath ist eine Person, die eines anderen Menschen Gedanken lesen kann und einen Gedanken an viele Menschen weiterreichen kann. Und kurz ist das extrasensuale ... ähm ... Aufnahme.

V.B.: Diese telepathische Kraft ist bei Dir sehr ausgeprägt, aber diese Kraft besitzen viele Menschen in vielleicht kleineren Mengen. Wie kann man es rauskriegen, dass man selbst auch diese Kraft besitzt?

U.G.: Ich habe das entdeckt, als ich 4 Jahre alt war. Ich habe den Kindern in der Schule gesagt, zeichne mal draußen eine Zeichnung, und dann komm rein in den Klassenraum. Und dann werde ich sie anschauen, und dann hatte ich das Bild in meinem Kopf gesehen. Also, äh auf diese Art habe ich also die Kinder und die Lehrer mit dieser Kraft unterhalten. Das war auch eine Übung für mich. Wenn Sie ihr Gehirn trainieren, das ist wie ein Muskel, den können Sie trainieren, und so wurde ich immer besser mit dieser Telepathie.

V.B.: Was glaubst Du, warum hast Du diese Kraft bekommen in so einer großen Menge und von wem hast Du das bekommen?

U.G.: Gute Frage. Warum habe ich diese Kraft? Das weiß ich immer noch nicht. Aber ich glaube, dass es ein Geschenk ist. Und ich glaube auch, dass wir alle irgendwie ein Geschenk erhalten haben, wahrscheinlich von Gott. Aber die meisten Menschen wissen nicht, wie sie das, diese Geschenke verwenden können.

V.B.: Nun hast Du sehr vieles in Deinem Leben gemacht, sehr viele Sensationen. Gibt es da irgendeine große Sensation, wo Du Dir einfach immer wieder erinnerst, wo Du besonders stolz darauf bist?

U.G.: Als der äh Vorsitzende des Außenausschusses Senator Klaben Hell mich einlud nach Genf, als die Amerikaner den Atomwaffenabrüstungsvertrag wieder verhandelten und neben mir stand Vizepräsident, US-Vizepräsident Al Gore, der Chef vom CIA. Und meine Aufgabe war es, die russische Delegation, Juri Baronsov, mit mit zu bombadieren, damit sie diesen Vertrag unterzeichnen. Es war unglaublich. Und ich sendete telepathisch, ich bombadierte sie telepathisch. Und sie haben unterschrieben. Ich bin mir nicht 100% sicher, dass sie ausgerechnet wegen mir unterzeichnet haben, aber es gibt meiner Meinung nach gar keinen Zweifel, dass ich einen gewissen Einfluss hatte auf diese ganze Sache.

V.B.: Uri, gibt es auch irgendwas, was unerreichbar für Dich ist. Was Du sagst, hier sind Deine Grenzen. Einen Traum von Dir, was Du verwirklichen würdest.

U.G.: Nun, wie jeder andere bin ich ein Mensch, nichts anderes. Aber ich hab natürlich auch meine Träume, wie Sie alle Ihre Träume haben. Aber ich bin sehr besorgt über dieses nukleare Wettrennen in der Welt. Wir sitzen ja gerade hier und in dem Moment gibt es Nuklearwaffen, die auf England, auf Deutschland, auf Russland, auf Amerika abzielen und ich würde mit Ihrer Hilfe, mit all Ihnen hier, mit Ihrer Hilfe über das Fernsehen eine Botschaft mit unserem Kopf, mit Psychokinese, eine Botschaft senden, um alle Nuklearwaffen auf der Welt zu neutralisieren.

V.B.: Uri, darauf... (Applaus des Publikums) Darauf kommen wir noch zurück, irgendwann. Wir versuchen, daraus eine Wirklichkeit zu machen. Also dieser Traum kann noch wahr werden. Gut, Uri. Du wolltest heute irgendetwas demonstrieren. Was ist das denn?

U.G.: Ich bin ja bekannt für Gabelbiegen und für Telepathie und so weiter. Was ich Ihnen heute zeigen möchte, eben hier und zu Hause, eine ganz einfache Sache. Und eine sehr spaßige Geschichte, aber auch eine sehr mysteriöse Angelegenheit. Vielleicht haben Sie das ja schon mal irgendwo gesehen, was ich hier demonstriere, aber Sie wissen nicht, wie Sie's machen sollen. Ich werde Sie also lehren, wie man das machen kann, und dann versuchen Sie es vielleicht zu Hause mal nachzumachen.

(V.B. und U.G. stehen auf und gehen auf der Bühne zu einem Stahlrohrstuhl mit stoffbezogener Sitzfläche und Lehne)

U.G.: Hier, Sie sehen hier einen ganz einfachen Stuhl. Ich möchte Sie einladen (zum Publikum), Sie machen das mit mir. Valeriu (beschwichtigend zu V.B., der eine Hand auf den Stuhl legen wollte, worauf V.B. seine Hand zurückzieht), drei Leute brauche ich noch aus dem Publikum. Wenn Sie bitte kommen (deutet ins Publikum), wer noch, ich brauche noch einen, noch einen brauche ich (sucht zwei weitere Zuschauer aus, die auf die Bühne kommen)... Ihr Name? Frank, Hi. (reicht ihm die Hand) Ich möchte, dass Du hier stehst (platziert ihn am linken vorderen Stuhleck) Ihr Name?

Z 2: Kiki.

U.G.: Kiki, bitte hier. (zeigt auf das vordere rechte Stuhleck) Stell Dich bitte hier hin. Und Sie?

Z 3: Tom.

U.G.: Tom. Bitte, äh, Sie sind nicht, sagen wir mal, zu schlank, also setzen Sie sich bitte auf den Stuhl. Valeriu (V.B. steht links hinter dem Stuhl neben U.G., der am rechten Stuhleck hinter Tom steht), das ist eine sehr erstaunliche Sache. Das war an einer Universität in England gemacht worden, es gibt immer noch keine Erklärung dafür. Die Leute zu Hause, also ich mach' es nur einmal, also schaun Sie bitte genau hin. Alle von Ihnen (spricht die ausgewählten Zuschauer und V.B. an) machen Sie mir das nach, mit Ihren Fingern. (U.G. faltet die Hände vor dem Körper und spreizt dabei die beiden Zeigefinger ab) Valeriu, stecken Sie Ihre Finger bitte unter die Achselbeuge hier. (zeigt auf die linke Achselhöhle von Tom, wohin V.B. von hinten seine beiden gestreckten Zeigefinger steckt) Und Sie, unter die Kniebeugen hier. (zu Frank, zeigt dabei auf das linke Knie) Und Sie entsprechend. (zu Kiki, unter das rechte angewinkelte Knie zeigend) Und wenn wir ihn versuchen jetzt hochzuheben, dann geht das nicht, denn er ist schwer. Okay, versuchen wir es mal. (die Helfer und U.G. versuchen jeweils an dem zugewiesenen Ort, Tom hochzuheben, aber nur die Knie bewegen sich nach oben) Versuchen wir's mal. Es geht nicht. (Sie lassen von Tom ab und richten sich wieder auf) Er ist schwer. Sie haben's versucht.

V.B.: Das stimmt, er ist schwer.

U.G.: Aber es gibt eine Möglichkeit, um Tom sein Gewicht verlieren zu lassen. Nicht für immer natürlich, für ein paar Sekunden vielleicht. (V.B. wendet sich kurz Tom zu, U.G. legt ihm die Hände auf die Schultern) Und Sie ganz entspannt, bleiben Sie auf Ihrem Stuhl sitzen bitte. Dieses mal möchte ich, dass Sie Ihre Hände so (hält seine ausgestreckte linke Hand über den Kopf von Tom), Valeriu, nicht mich berühren, bitte. Ihre Hand da drauf und dann Ihre Hand darauf und so weiter. (V.B. und die beiden umstehenden Zuschauer legen abwechselnd ihre Hände über die von U.G. und halten jeweils ein paar Zentimeter Abstand dazwischen) Und jetzt alle die Hände so. Jetzt fünf Sekunden lang konzentrieren, damit Tom leicht wird. Und jetzt, wenn ich jetzt sage, „eins, zwei, drei" dann ziehen Sie nacheinander die Hände weg. Eins, zwei, drei. Jetzt. (die den Stuhl umstehenden Personen führen die Anweisung aus, Tom blickt starr gerade aus) Jetzt nochmal. Gleichen Ort (wie vorher werden die gefalteten Hände mit gestreckten Zeigefingern unter den Achseln und unter die Kniebeuge gehalten, die vorderen Helfer gehen in die Hocke) und jetzt, wenn ich jetzt „eins, zwei, drei" sage und Sie werden hochheben, er wird ganz leicht sein. Go. (die vier den Stuhl umstehenden Personen halten jeweils die gefalteten Hände an den ihnen zugewiesenen Ort, richten sich auf und heben Tom bis auf Schulterhöhe hoch, halten ihn da für eine Sekunde und lassen ihn auf den Stuhl zurücksinken. Applaus.) Ja. Diesen Trick... (Applaus) Wir haben das mit einem Auto gemacht und es hat funktioniert, unglaublich. Vielen Dank (U.G. reicht den Helfern nacheinander die Hand, und diese gehen unter Beifall in den Zuschauerraum zurück. V.B. und U.G. gehen zurück zu ihren Sesseln in der Bühnenmitte.)

(Die Transkription besorgte Anja Gehrlicher)

C. Literatur

Adams, D. (1988). *Per Anhalter durch die Galaxis*. Frankfurt a.M.: Ullstein.

American Psychiatric Association. (1973). *Behavior therapy in psychiatry*. New York: Jason Aronson.

Anonymus (fi). (1998). Die systemische Familientherapie nach Hellinger. *Materialdienst der EZW, 61* (2), S. 54-57.

Asimov, I. (1981). *Außerirdische Zivilisationen*. Köln: Kiepenheuer & Witsch

Baddeley, A.D. (1999). *Essentials of Human Memory*. Hove: Psychology Press.

Baker, R.A. (1990). *They Call it Hypnosis*. Amherst, NY: Prometheus Books.

Baker, R.A. (1998). *Child Sexual Abuse and False Memory Syndrome*. Amherst, NY: Prometheus.

Bass, E. & Davis, L. (1990). *Trotz allem. Wege zur Selbstheilung für sexuell missbrauchte Frauen*. Berlin: Orlanda Frauenverlag.

Beck-Bornholdt, H.-P. & Dubben, H.-H. (1997). *Der Hund, der Eier legt. Erkennen von Fehlinformationen durch Querdenken*. Reinbeck: Rowohlt.

Berlyne, D. E. (1974). *Konflikt, Erregung, Neugier. Zur Psychologie der kognitiven Motivation*. Stuttgart: Klett

Blackmore, S.J. (1982). *Beyond the Body*. London: Heinemann.

Blackmore, S. J. (1993a). Beinahe tot. In G. v. Randow, *Mein paranormales Fahrrad* (S. 115-129). Reinbek: Rowohlt.

Blackmore, S.J. (1993b). *Dying to live*. Buffalo, NY: Prometheus Books.

Blackmore, S. (1998). Abduction by aliens or sleep paralysis? *Skeptical Inquirer, 22* (3), S. 23-28. Online unter: http://www.csicop.org/si/9805/abduction.html

Bördlein, C. (1999). Barnum-Effekt und Geschlecht – Sind Frauen leichtgläubiger? *Skeptiker*, 12 (4), S. 171-173.

Bördlein, C. (2000a). Die Bestätigungstendenz. Warum wir (subjektiv) immer Recht behalten. *Skeptiker, 13* (3), S. 132-138

Bördlein, C. (2000b). Frühe Forschungen zum „Barnum-Effekt". *Skeptiker*, 13 (1), S. 44-45.

Boukreev, A. & DeWalt, G.W. (1998). *Der Gipfel. Tragödie am Mount Everest*. München: Heyne.

Brednich, R.W. (1999). *Sagenhafte Geschichten von heute*. München: C.H. Beck Verlag.

Breuer, F. (1991). *Wissenschaftstheorie für Psychologen. Eine Einführung*. Münster: Aschendorff.

Brodbeck, A. (1893). *Die Welt des Irrthums. Hundert Irrthümer aus den Gebieten der Philosophie, Mathematik, Astronomie, Naturgeschichte, Medicin, Weltgeschichte, Aesthetik, Moral, Socialwissenschaften, Religion*. Leipzig: Wilhelm Friedrich.

Brunner, J.S. & Postman, L. (1947a). Emotional selectivity in perception and reaction. *Journal of Personality, 16*, S. 69-77.

Brunner, J.S. & Postman, L. (1947b). Tension and tension release as organizing factors in perception. *Journal of Personality, 15*, S. 300-308.

Bushman, B. J.; Baumeister, R.F. & Stack, A.D. (1999). Catharsis, aggression, and persuasive influence: Self-fulfilling or self-defeating prophecies? *Journal of Personality and Social Psychology, 76*, S. 367-376.

Campbell, D. E. & Beets, J. L. (1978). Lunacy and the moon. *Psychological Bulletin, 85*, S. 1123-1129.

Campenhausen, C.v. (1993). *Die Sinne des Menschen*. Stuttgart: Thieme.

Caron, A. & Wallach, M. (1957). Recall of interrupted tasks under stress: A phenomena of memory or learning? *Journal of Abnormal and Social Psychology, 55*, S. 372-381.

Ceci, S.J. & Bruck, M. (1995). *Jeopardy in the Courtroom*. Washington: American Psychological Association.

Chapman, L.J. & Chapman, J.P. (1967): Illusory correlation as an obstacle to the use of valid psychodiagnostic signs. *Journal of Abnormal Psychology, 74*, S. 271-280.

Christensen, H.; Hadzi-Pavlovic, D.; Andrews, G. & Mattick, R. (1987). Behavior therapy and tricyclic medication in the treatment of obssesivecompulsive disorder: A quantitative review. *Journal of Consulting and Clinical Psychology, 55*, S. 701-711.

Crider, B. (1944). A study of a character analyst. *The Journal of Social Psychology, 20*, S. 315-318.

Dickson, D.H. & Kelly, I.W. (1985). The 'Barnum Effect' in personality assessment: A review of the literature. Psychological Reports, 57, S. 367-382.

Diestler, S. (1998). *Becoming a Critical Thinker. A User Friendly Manual*. Upper Saddle River, NJ: Prentice Hall.

Dörner, D. & Selg, H. (Hrsg.). (1985). *Psychologie, Eine Einführung in ihre Grundlagen und Anwendungsfelder*. Stuttgart: Kohlhammer

Drosnin, M. (1998). *Der Bibel-Code*. München: Heyne.

Durm, M.W.; Terry; C.L. & Hammonds; C.R. (1986). Lunar phase and acting-out behavior. *Psychological Reports, 59*, S. 987-990.

D'Zurilla, T. (1965). Recall efficiency and mediating cognitive events in „experimental repression". *Journal of Personality and Social Psychology, 3*, S. 253-256.

Eriksen, C. (1952). Individual differences in defensive forgetting. *Journal of Experimental Psychology, 44*, S. 442-443.

Eriksen, C. (1954). The case for perceptual defense. *Psychological Review, 61*, S. 175-182.

Evans, J.S.B.T. (1994): *Bias in Human Reasoning. Causes and Consequences*. Hillsdale: Erlbaum.

Evans, J.S.B.T.; Newstead, S.E. & Byrne, R.M.J. (1993): *Human Reasoning: The Psychology of Deduction*. Hove, UK: Lawrence Erlbaum Associates Ltd.

Eysenck, H.J. (1959). Learning theory and behavior therapy. *Journal of Mental Science, 105*, S. 61-75.

Feldman-Summers, S. & Pope, K.S. (1994). The experience of „forgetting" childhood abuse: A national survey of psychologists. *Journal of Consulting and Clinical Psychology, 62*, S. 636-639.

Feshbach, S. & Singer, R. D. (1971). *Television and aggression: An experimental field study*. San Francisco: Jossey-Bass.

Festinger, L. (1957): *A Theory of Cognitive Dissonance*. Stanford, CA: Stanford University Press.

Festinger, L. & Carlsmith, J.M. (1959). Cognitive consequences of forced compliance. *Journal of Abnormal and Social Psychology, 58*, 203-211.

Fincke, A. (1998). Wie gefährlich ist Bert Hellingers Therapie? Suizid nach einer Familienaufstellung. *Psychologie Heute, 25* (4), S. 16-17.

Flavell, J. (1955). Repression and the „return of the repressed". *Journal of Consulting Psychology, 19*, S. 441-442.

Forer, B.R. (1949). The fallacy of personal validation: A classroom demonstration of gullibility. *Journal of Abnormal and Social Psychology, 44*, S. 118-123.

Frazier, K.; Karr, B. & Nickell, J. (Eds). (1997). *The Ufo Invasion. The Roswell Incident, Alien Abductions, and Government Coverups*. Buffalo, NY: Prometheus Books.

Freud, S. (1909/*1955*). Analyse der Phobie eines fünfjährigen Knaben. In S. Freud, *Gesammelte Werke*, Bd. 7. Frankfurt: S. Fischer.

Freud, S. (1915/*1946*). Die Verdrängung. In S. Freud, *Gesammelte Werke*, Bd. 10, S. 248-261. Frankfurt: S. Fischer.

Frey, D. (1981a): Postdecisional perference for decision-relevant information as a function of the competence of its source and the degree of familiarity with this information. *Journal of Experimental Social Psychology, 17*, S. 51-67.

Frey, D. (1981b): Reversible and irreversible decisions: Preference for consonant information as a function of attractiveness of decision alternatives. *Personality and Social Psychology Bulletin, 7*, S. 621-626.

Frey, D., Bresnitz, H. & Moscovici, S. (1993): *Time Pressure in Decision Making and Information Seeking*. Unpublished manuscript.

Frey, D. & Rosch, M. (1984): Information seeking after decisions: The roles of novelty of information and decision reversibility. *Personality and Social Psychology Bulletin, 10*, S. 91-98.

Frey, D., Schulz-Hardt, S. & Martens, T. (1993): *Amount of Available Information and information Seeking After Tentative Decisions*. Unpublished manuscript.

Frey, D.; Schulz-Hardt, S. & Stahlberg, D. (1996). Information seeking among individuals and groups and possible consequences for decision making in business and politics. In E.H. Witte & J.H. Davis (Eds.), *Understanding Group Behavior. Small Group Processes and Interpersonal Relations. Volume 2*, S. 211-225. Mahwah: Lawrence Erlbaum Associates.

Frey, D., Stahlberg, D. & Fries, A. (1986): Reactions of high and low anxiety subjects to positive and negative self-relevant feedback. *Journal of Personality, 54*, S. 694-703.

Furnham, A. & Schofield, S. (1987). Accepting personality test feedback: a review of the Barnum Effect. *Current Psychological Research and Reviews, 6*, S. 162-178.

Gadenne, V. & Oswald, M. (1986): Entstehung und Veränderung von Bestätigungstendenzen beim Testen von Hypothesen. *Zeitschrift für experimentelle und angewandte Psychologie, 33*, S. 360-374.

Gardner, M. (1993). Mysteriöse Fingerübungen. In G. v. Randow, *Mein paranormales Fahrrad* (S. 99-106). Reinbek: Rowohlt.

Gilovich, T. (1991): *How we Know What Isn't So: The Falliblity of Human Reason in Everyday Life*. Free Press, New York.

Goldner, C. (2000). Die Psycho-Szene. Aschaffenburg: Alibri

Gorvin, J.J. & Roberts, M.S. (1994). Lunar phases and psychiatric hospital admissions. *Psychological Reports, 75*, S. 1435-1440.

Grawe, K.; Donati, R. & Bernauer, F. (1994). Psychotherapie im Wandel. Von der Konfession zur Profession. Göttingen: Hogrefe.

Greiner, A. (1993). Frau Luna und die Polizeipraxis. *Kriminalistik, 47*, S. 653-656.

Greyson, B. & Stevenson I. (1980). The phenomenology of near-death experiences. *American Journal of Psychiatry, 137* (10, Oktober), S. 1193-1196.

Gunter, B. (1994). The question of media violence. In J. Bryant & D. Zillmann (Eds.), *Media Effects. Advances in Theory and Research*, S. 163-211. Hillsdale, NJ: Lawrence Erlbaum Associates.

Hager, W. & Weißmann, S. (1991): *Bestätigungstendenzen in der Urteilsbildung*. Göttingen: Hogrefe.

Hallweg, K. & Markman, H.J. (1988). Effectiveness of behavioral martial therapy: Empirical status of behavioral techniques in preventing and alleviating martial distress. *Journal of Consulting and Clinical Psychology, 56*, S. 440-447.

Halpern, D.F. (1997). *Critical Thinking Across the Curriculum: A Brief Edition of Thought and Knowledge*. Mahwah, NJ: Lawrence Erlbaum Associates.

Hell, W.; Gigerenzer, G.; Gauggel, S.; Mall, M. & Müller, M. (1988). Hindsight bias: An interaction of automatic and motivational factors? *Memory and Cognition, 16*, S. 533-538.

Hellinger, B. (1995). *Familien-Stellen mit Kranken, 3 Videocassetten*. Carl Hans Verlag.

Hellinger, B. (1996). *Ordnungen der Liebe. Ein Kurs-Buch*. Heidelberg: C. Auer.

Hellinger, B. (1999). *Einsicht durch Verzicht. Cassette*. Heidelberg: C. Auer.

Herzog, G.R. (1989). Die Zufallskonzepttheorie. Experimente zur Vorstellung vom Aufbau von Zufallsreihen. *Zeitschrift für experimentelle und angewandte Psychologie, 36*, S. 199-220.

Hoagland, R.C. (1987). *The Monuments of Mars. A City on the Edge of Forever*. Berkley: North Atlantic Books.

Hoffrage, U.; Lindsey, S.; Hertwig, R. & Gigerenzer, G. (2000). Communicating statistical information. *Science, 290*, S. 2261-2262.

Holmes, D.S. (1970). Differential change in affective intensity and the forgetting of unpleasant personal experiences. *Journal of Personality and Social Psychology, 15*, S. 234-239.

Holmes, D.S. (1972). Repression or interference: A further investigation. *Journal of Personality and Social Psychology, 22*, S. 163-170.

Holmes, D.S. (1973). *Differential recall of pleasant experiences and personality.* Unpublished manuscript, University of Kansas: Psychology department.

Holmes, D.S. (1990). The evidence for repression: An examination of sixty years of research. In J.L. Singer (Ed.), *Repression and Dissociation: Implications for Personality Theory, Psychopathology, and Health*, S. 85-102. Chicago: The University of Chicago Press.

Houran, J. (1997). Tolerance of ambiguity and the perception of UFOs. *Perceptual and Motor Skills, 85*, S. 973-974.

Houran, J. (1998). Preliminary study of tolerance of ambiguity of individuals reporting paranormal experiences. *Psychological Reports, 82*, S. 183-187.

Hund, W. (1997). Edu-Kinestetik als pädagogische Wunderwaffe? *Skeptiker, 11*, S. 23-26.

Huston, P. (1993). Vom Teufel mit der Telefonschnur gefesselt. In G. v. Randow, *Mein paranormales Fahrrad* (S. 141-147). Reinbek: Rowohlt.

Hyman, R. & Alcock, J. (1998, July). *Syllabus for the Workshop on Critical Thinking*. July 23, 1998, 2nd World Skeptics Congress, Heidelberg, Germany.

Imbach, R. (Hg.). (1987). *Texte zur Theorie der Erkenntnis und der Wissenschaft.* Stuttgart: Reclam.

Jager, C.d. (1993). Was ist Radosophie? In G. v. Randow, *Mein paranormales Fahrrad* (S. 23-33). Reinbek: Rowohlt.

Jacobi, C. (1999). Symptomverschiebung in der Verhaltenstherapie. Psychologisches Alltagswissen, Regelfall oder Ausnahme? *Psychotherapeut, 44*, S. 51-59.

Jansson, L. & Öst, L-G. (1982). Behavioral treatments for agoraphobia: An evaluative review. *Clinical Psychology Review, 2*, S. 311-336.

Jerslid, A. (1931). Memory for the pleasant as compared with the unpleasant. *Journal of Experimental Psychology, 14*, S. 284-288.

Kazdin, A.E. & Wilson, G.T. (1978). *Evaluation of Behavior Therapy: Issues, Evidence and Research Strategies.* Cambridge, MA: Ballinger.

Koehler, D.J. (1991): Explanation, imagination, and confidence in judgement. *Psychological Bulletin, 110*, S. 499-519.

Kossak, H.-C. (1993). *Hypnose. Ein Lehrbuch.* 2., überarbeitete und erweiterte Auflage. Weinheim: Psychologie-Verlags-Union.

Krämer, W. (1998). *Denkste! Trugschlüsse aus der Welt des Zufalls und der Zahlen.* München: Piper.

Krämer, W. & Trenkler, G. (1996). *Lexikon der populären Irrtümer.* Frankfurt a.M.: Eichborn.

Krakauer, J. (1998). *In eisige Höhen. Das Drama am Mount Everest.* München: Piper.

Krems, J.F. & Zierer, C. (1994): Sind Experten gegen kognitive Täuschung gefeit? Zur Abhängigkeit des confirmation bias von Fachwissen. *Zeitschrift für experimentelle und angewandte Psychologie, 41*, S. 98-115.

Krüger, H & Zietz, K. (1933). Das Verifikationsproblem. *Zeitschrift für angewandte Psychologie, 45*, S. 140-171.

Krüll, M. & Nuber, U. (1995). „Wenn man den Eltern Ehre erweist, kommt etwas tief in der Seele in Ordnung". [Interview mit Bert Hellinger]. *Psychologie Heute, 22* (6), S. 22-26.

Kuhn, T. S. (1996). *Die Struktur wissenschaftlicher Revolutionen.* Frankfurt a.M.: Suhrkamp.

Kurtz, P. (1992). *The New Skepticism. Inquiry and Reliable Knowledge.* Buffalo, NY: Prometheus Books.

Kurtz, P. (1996). Der neue Skeptizismus. In G. v. Randow, *Der Fremdling im Glas und weitere Anlässe zur Skepsis, entdeckt im „Skeptical Inquirer"*, S. 91-106. Reinbek: Rowohlt.

Lampinen, J.M.; Neuschatz, J.S. & Payne, D.G. (1997). Memory illusions and consciousness: Examing the phenomenology of true and false memories. *Current Psychology, 16*, S. 181-224.

Langer, E.J.; Blank, A. & Chanowitz, B. (1978). The mindlessness of ostensibly thoughtfull action: The role of „placebic" information in interpersonal interaction. *Journal of Personality and Social Psychology, 36*, S. 635-642.

Lewicka, M. (1998): Confirmation Bias. Cognitive error or adaptive strategy of action control? In: Kofta, M.; Weary, G. & Sedek, G. (Hrsg.), *Personal Control in Action. Cognitive and Motivational Mechanisms*, S. 233-258. New York: Plenum Press.

Lieber, A.L. (1996). *How the Moon Affects You.* Mamaroneck, NY: Hastings House.

Loftus, E.F. (1975). Leading questions and eyewittness report. *Cognitive Psychology, 7*, S. 560-572.

Loftus, E. & Ketcham, K. (1995). *Die therapierte Erinnerung. Vom Mythos der Verdrängung bei Anklagen wegen sexuellen Missbrauchs.* Hamburg: Klein.

Loftus, E.F.; Miller, D.G. & Burns, H.J. (1978). Semantic integration of verbal information into a visual memory. *Journal of Experimental Psychology: Human Learning and Memory, 4*, S. 19-31.

Mack, J.E. (2000). *Passport to the Cosmos. Human Transformation and Alien Encounters.* Three Rivers Press.

Magin, U. (1991). *Von Ufos entführt.* München: Becksche Reihe.

Malberg, H. (1999). *Bauernregeln aus meteorologischer Sicht.* Berlin: Springer.

Marsh, R.L. & Hicks, J.L. (2001). Output monitoring tests reveal false memories of memories that never existed. *Memory, 9*, S. 39-51.

Matlin, M.W. & Stang, D.J. (1978): *The Pollyanna principle: Selectivity in Language, Memory and Thought*. Shenkman, Cambridge, MA.

Matthews, R. & Blackmore, S. (1995). Why are coincidences so impressive? *Perceptual and Motor Skills, 80*, S. 1121-1122.

Meehl, P. E. (1956): Wanted – a good cookbook. *American Psychologist 11*, S. 262-272.

Meltzer, H. (1931). Sex differences in forgetting pleasant and unpleasant experiences. *Journal of Abnormal Psychology, 25*, S. 450-464.

Menzies, R. (1936). The comparative memory value of pleasant, unpleasant, and indifferent experiences. *Journal of Experimental Psychology, 18*, S. 267-279.

Merrill, R. (1954). The effect of pre-experimental and experimental anxiety on recall efficiency. *Journal of Experimental Psychology, 48*, S. 167-172.

Morse, W.H. & Skinner, B.F. (1957). A second type of superstition in the pigeon. *American Journal of Psychology, 70*, S. 308-311.

Neuschatz, J.S.; Payne, D.G.; Lampinen, J.M. & Toglia, M.P. (2001). Assessing the effectiveness of warnings and the phenomenological characteristics of false memories. *Memory, 9*, S. 53-71.

Newstead, S.E. & Evans, J.S.B.T. (Eds.). (1995): *Perspectives on Thinking and Reasoning. Essays in Honour of Peter Wason*. Hillsdale: Erlbaum.

Nickell, J. (1999): Curses: Foiled again. *Skeptical Inquirer, 23* (6), S. 16-19.

Nickell, J. (2000). Stigmata. In Imitation of Christ. *Skeptical Inquirer, 24* (4), S. 24-28.

Nickerson, R.S. (1998): Confirmation Bias: A ubiquitous phenomenon in many guises. *Review of General Psychology, 2*, S. 175-220.

Nietzsche, F. (1873). Ueber Wahrheit und Lüge im außermoralischen Sinne. *Gesammelte Werke, Bd. VI.* S. 75-99.

Offergeld, R. (1997). Mama, ich hab's für dich getan. Bert Hellingers wundersame Heilungen. *Lutherische Monatshefte, 36* (7), S. 23-26.

Okun, B.F. (1990). *Seeking Connections in Psychotherapy*. San Francisco, CA: Jossey Bass Publishers.

Orwell, G. (2001). *1984. Roman*. München: Ullstein.

Ott, R. (1998). Subliminale akustische Beeinflussung. Fakten und Fiktionen. *Hypnose und Kognition, 15*, S. 57-78.

Paungger, J & Poppe, T. (1996). *Aus eigener Kraft*. München: Goldmann.

Paungger, J & Poppe, T. (1998). *Vom richtigen Zeitpunkt. Die Anwendung des Mondkalenders im täglichen Leben*. München: Heyne.

Penfield, W. (1938). The cerebral cortex in man. *Archives of Neurology and Psychiatry, 40*, S. 417-422.

Perrez, M. (1978). Symptomverschiebung. – Ein Mythos oder ein unklar gestelltes Problem? In M. Perrrez & J. Otto, *Symptomverschiebung. Eine Kontroverse zwischen Psychoanalyse und Verhaltenstherapie. Ein Reader* (S. 7-14). Salzburg: O. Müller.

Perrez, M. & Otto, J. (Hrsg.). (1978). *Symptomverschiebung. Eine Kontroverse zwischen Psychoanalyse und Verhaltenstherapie. Ein Reader*. Salzburg: O. Müller.

Peterson, C.R. & DuCharme, W.M. (1967): A primacy effect in subjective probability revision. *Journal of Experimental Psychology, 73*, S. 61-65.

Piattelli-Palmarini, M. (1997). *Die Illusion zu wissen. Was hinter unseren Irrtümern steckt*. Reinbek: Rowohlt.

Pfungst, O. (1907/*1977*). *Der kluge Hans. Das Pferd des Herrn von Osten*. Frankfurt a.M.: Fachbuchhandlung für Psychologie.

Pipes, D. (1998): *Verschwörung. Faszination und Macht des Geheimen*. München: Gerling Akademie Verlag.

Pope, H.G. & Hudson, J.I. (1995). Can memories of childhood sexual abuse be repressed? *Psychological Medicine, 25*, S. 121-126.

Popper, K.R. (1974). *Conjectures and Refutations. The Growth of Scientific Knowledge*. London: Routledge and Kegan Paul.

Poundstone, W. (1992). *Im Labyrinth des Denkens*. Reinbeck: Rowohlt.

Putnam, H. (1982). *Vernunft, Wahrheit und Geschichte*. Frankfurt a.M.: Suhrkamp.

Quincey, P. (1996). Warum die Gezeitenkräfte die Ozeane, aber nicht uns Menschen bewegen. In G. v. Randow, *Der Fremdling im Glas* (S. 71-85). Reinbek: Rowohlt.

Randow, G. v. (1993). *Mein paranormales Fahrrad*. Reinbek: Rowohlt.

Reisner, A.D. (1996). Repressed memories: True and false. *Psychological Record, 46*, S. 563-579.

Robinson, T.N.; Wilde, M.L.; Navracruz, L.C.; Haydel, K.F. & Varady, A. (2001). Effects of reducing children's television and video game use on aggressive behavior. A randomized controlled trial. *Archives of Pediatric and Adolescent Medicine, 155*, S. 17-23.

Roediger, H.L. & McDermott, K.B. (1995). Creating false memories: Remembering words not presented in lists. *Journal of Experimental Psychology: Learning, Memory, and Cognition, 21*, S. 803-814.

Rotton, J. & Kelly, I.W. (1985). Much ado about the full moon: A meta-analysis of lunar-lunacy research. *Psychological Bulletin, 97*, S. 286-306.

Sacks, O. (1990). *Der Mann, der seine Frau mit einem Hut verwechselte*. Reinbek: Rowohlt.

Sagan, C. (1997). *Der Drache in meiner Garage*. München: Droemer Knaur.

Sarma, A. (2000). Ein Tuch mit sieben Siegeln? Das Turiner Grabtuch als Forschungsgegenstand. *Skeptiker, 13*.

Saß, H.; Wittchen, H.-U. & Zaudig, M. (1998). Diagnostisches und Statistisches Manual Psychischer Störungen. DSM-IV. Göttingen: Hogrefe.

Schaeffer, R. (1996). Unidentified Flying Objects (UFOs). In G. Stein (Ed.), *The Encyclopedia of the Paranormal* (S. 767-777). Buffalo, NY: Prometheus.

Schank, R.C. & Abelson, R.P. (1977). *Scripts, plans, goals and understanding: An inquiry into human knowledge structures*. Potomac, Md: Lawrence Erlbaum.

Schick, T. & Vaughn, L. (1998). How to Think About Weird Things. Critical Thinking for a New Age. Mountain View, Cal.: Mayfield Publishing Company.

Schleichert, H. (1999). *Wie man mit Fundamentalisten diskutiert, ohne den Verstand zu verlieren. Anleitung zum subversiven Denken*. München: C.H. Beck.

Schredl, M. (1999). *Die nächtliche Traumwelt. Eine Einführung in die psychologische Traumforschung*. Stuttgart: Kohlhammer.

Selg, H.; Klapprott, J. & Kamenz, R. (1992). *Forschungsmethoden der Psychologie*. Stuttgart: Kohlhammer

Selg, H.; Mees, U. & Berg, D. (1997). *Psychologie der Aggressivität*. Göttingen: Hogrefe.

Sextus Empiricus. (1999). *Grundriss der pyrrhonischen Skepsis*. Frankfurt a.M.: Suhrkamp.

Simón, A. (1998). Aggression in a prison setting as a function of lunar phases. *Psychological Reports, 82*, S. 747-752.

Simon, F.B. & Retzer, A. (1995). Das Hellinger-Phänomen. *Psychologie Heute, 22* (6), S. 28-31.

Simon, F.B. & Retzer, A. (1998). Bert Hellinger und die systemische Psychotherapie: Zwei Welten. *Psychologie Heute, 25* (7), S. 64-69.

Skinner, B.F. (1948). Superstition in the pigeon. *Journal of Experimental Psychology, 38*, S. 168-172.

Skinner, B.F. (1973). *Wissenschaft und menschliches Verhalten*. München: Kindler.

Sloane, R.B.; Staples, F.R.; Cristol, A.H.; Yorkston, N.J. & Whipple, K. (1975). *Psychotherapy Versus Behavior Therapy*. Cambridge, MA: Harvard University Press.

Smith, A. (1998). Breakfast consumption and intelligence in elderly persons. *Psychological reports, 82*, S. 424-426.

Sokal, A. & Bricmont, J. (1999). *Eleganter Unsinn. Wie die Denker der Postmoderne die Wissenschaften missbrauchen*. München: Beck.

Standing, L. & Keays, G. (1987). Do the Barnum Effect and paranormal belief involve a general gullibility factor? *Psychological Reports, 61*, S. 435-438.

Startup, M.J. & Russell, R.J.H. (1985). Lunar effects on personality test scores: a failure to replicate. *Personality and Individual Differences, 6*, S. 267-269.

Stöhr; F.-M. (1999). Familienaufstellung nach B. Hellinger. Ein Erfahrungsbericht von einem Seminar im Berliner Dom. *Materialdienst der EZW, 62* (7), S. 211-219.

Tayloe, D.R. (1995). The validity of repressed memories and the accuracy of their recall through hypnosis. A case study from the courtroom. *American Journal of Clinical Hypnosis, 37*. S. 25-31.

Thomas, D.E. (1997). Hidden messages and the Bible-Code. *Skeptical Inquirer, 21* (6), S. 30-36.

Tudor, T.G. & Holmes, D.S. (1973). Differential recall of successes and failures: Its relationship to defensiveness, achievement motivation, and anxiety. *Journal of Research in Personality, 7*, S. 208-224.

Tversky, A. & Kahneman, D. (1983). Extensional versus intuitive reasoning. The conjunction fallacy in propability judgement. *Psychological Review, 90*, S. 293-315.

Vernon, B. & Nelson, E. (2000). Exposure to suggestion and creation of false auditory memories. *Psychological Reports, 86*, S. 344-345.

Walbiner, W. (1997). *Edukinesiologie. Ein neuer Heilsweg in der Pädagogik? (Literaturbericht und Kritik).* München: Staatsinstitut für Schulpädagogik und Bildungsforschung.

Walter, W. (1996). *UFOs – Die Wahrheit.* Königswinter: Heel.

Wason, P.C. (1960): On the failure to eleminate hypotheses in a conceptual task. *Quarterly Journal of Expermiental Psychology, 12*, S. 129-140.

Wason, P.C. (1968): Reasoning about a rule. *Quarterly Journal of Experimental Psychology, 20*, S. 273-281.

Waters, R. & Leeper, R. (1936). The relation of affective tone to the retention of experiences in everyday life. *Journal of Experimental Psychology, 19*, S. 203-215.

Weschke, B. (2000). *Erklärungsansätze für den Glauben an paranormale und esoterische Überzeugungen.* Unveröffentlichte Diplomarbeit, Otto-Friedrich-Universität Bamberg.

Wiemann, I. (2000). *Die „systemische Familientherapie Therapie nach Bert Hellinger" – eine gefährliche Heilslehre* [Online-Dokument]. Verfügbar unter: http://www.erziehungsberatung-hesse.de/texte/hellinger.pdf [Zugriff am 18.4.2001].

Wilkinson, G.; Piccinelli, M.; Roberts, S.; Micciolo, R. & Fry, J. (1997). Lunar cycle and consultation for anxiety and depression in general practice. *International Journal of Social Psychiatry, 43*, S. 29-34.

Witztum, D.; Rips, E. & Rosenberg, Y. (1994). Equidistant letter sequences in the Book of Genesis. *Statistical Science, 9*, S. 429-438.

Wolf, R. (1999). Das elfte Gebot: „Du sollst dich nicht täuschen!". *Skeptiker, 12*, S. 140-149.

Wunder, E. (1995a). Geburtshelfer Mond? Zum paranormalen Überzeugungssystem des Lunatismus und seiner empirischen Überprüfung. Teil 1: Die Forschungsgeschichte von 1829 bis heute. *Skeptiker, 8*, S. 7-14.

Wunder, E. (1995b). Geburtshelfer Mond? Zum paranormalen Überzeugungssystem des Lunatismus und seiner empirischen Überprüfung. Teil 2: Weitere schlechte Nachrichten für Mondgläubige. *Skeptiker, 8*, S. 51-57.

Zeigarnik, B. (1927). Über das Behalten von erledigten und unerledigten Handlungen. *Psychologische Forschung, 9*, S. 1-85.

Zimmer, D.E. (1990). *Tiefenschwindel.* Reinbek: Rowohlt.